JN023512

コスト削減の最強戦略

企業競争力を高める
間接材コストマネジメント

プロレド・パートナーズ
遠藤昌矢

東洋経済新報社

まえがき

〈なぜ、間接材コストの見直しが必要なのか〉

　昨今、コロナ禍に端を発した社会的規制（緊急事態宣言やまん延防止等重点措置）による売上の急減や、国際情勢の不安定化に伴う原材料価格の高騰により、企業の業績や収益は大きく影響を受けています。このような非常事態には、当面の資金流出（キャッシュアウト）を回避する企業防衛策として、固定資産の売却や人員の大幅削減など抜本的な打ち手が必要です。一方で、予測不可能な事態に対応するため、日頃から企業は何をどう準備する必要があるのでしょうか？

　平時から企業が取り組むべきことは、事業状況に応じて固定費を徹底して見直し、損益分岐点を引き下げ、非常事態でも利益を確保しやすい筋肉質な事業体質にすることです。一般的に固定費の代表格として人件費が挙げられますが、人材への投資は将来に向けた成長エンジンへの投資でもあるため、むやみに削減すると中長期的な成長に悪影響が出ます。

　厳しい事業環境の下でも将来への成長投資を犠牲にせず、筋肉質な事業体質にするために着目すべきは『間接材コスト』です。コスト項目の中でも原価や直接人件費以外の雑多な費用が渾然一体となっているため、「間接材コストとは、どこの何までを意味しているのか？」とイメージしづらいかもしれませんが、『間接材コスト』に着目すべき理由は3つあります。

　1つ目は、原価や人件費と比較すると間接材コストは多種多様な費目が混ざっていますが、売上高に対して間接材コストは5％〜25％程度を占めていることです。全社的に取り組むことで、間接材コスト全体を▲5％以上見直しできることも少なくないため、営業／経常利益ベースで数割改善できる可能性があります。

　2つ目の理由は、原価や人件費に関しては、すでに全社的に一元管理され、長年専門の担当部署（原価／直接材であれば調達部や購買部、人件費は人事

部）がマネジメントしています。また、1費目ごとの金額規模も大きいため、常に経営層の監視下で強い最適化圧力が働いています。それらと比較すると、間接材コストは多種多様な費目が拠点別や事業部別にバラバラに管理されていて、現場の担当者しか詳細な取引内容や条件を把握できていないものも多く、まだまだ見直し余地が残っています。

3つ目の理由は、間接材コストは"間接"というだけあって、抜本的に見直してコスト削減したとしても、将来の事業成長にマイナスの影響を及ぼさないことです。間接材コスト自体が成長の源泉というよりは、事業運営する上でどうしても必要なコストという意味合いが強いため、必要最低限の仕様やサービスレベルを見極めることで、現状よりも踏み込んだ見直しが可能です。

社内にはまだまだ「埋蔵金」が眠っており、それを掘り出して活用することで、企業としての競争力の強化、成長につなげるのです。また、グローバル企業では自社の経営資源を競争力のコア領域に集中させる一方で、ノンコアとなる事業や組織は外部へのアウトソーシングや売却などが劇的に進んでいます。今後10年〜20年を見据え、自社ですべての事業活動を賄うことは現実的でなく、特に間接材コストや間接部門に関しては外部へのアウトソーシングが進み、専業企業による組織運営や効率化が一般的になるでしょう。

〈コスト最適化支援に対する想い〉
「コスト削減」活動自体にポジティブなイメージを持つ方は少なく、一般的には"人員削減"などの後ろ向きの施策を連想する方が多いでしょう。一方で企業が利益を創出するためには、「売上を上げる」か「コストを下げる」の2つの選択肢しかない中で、"売上"側は外部環境やユーザーの影響を大きく受けるため、なかなか自社の思いどおりにマネジメントできません。一方で"コスト"に関しては、検討から決断までは自社内で完結できるため、利益創出には欠かせないマネジメント要素となります。

コストを最適化することは、単に取引企業に対して値下げ要請することではありません。ゼロベースで必要な仕様や取引条件を見直し、新しい候補先企業を含めて徹底的に検討することは、サービスレベルが高くコスト競争力

のある企業の発見や新しい取引開始の機会を生みます。自社のコストを徹底的に見直すことが、結果的には取引先の業界内の優秀な企業にとって新たな事業拡大／成長の機会を提供することにもつながるため、中長期的には他業界の新陳代謝も促します。

　我々は「価値＝対価」となるような社会の実現をビジョンとして掲げています。日々努力を重ね、製品やサービスの品質を高め、コスト競争力を高めている企業が成長し評価されるべきです。コンサルティングサービスを通して、クライアントとその取引先企業がいかにWIN−WINの関係を構築できるか、互いに切磋琢磨し成長し合える関係性を理想としています。また、現場の担当者にも前向きにコスト最適化に取り組んでいただくために、本書が役立つことを心から願っています。

2022年10月

プロレド・パートナーズ

執行役員　遠藤 昌矢

目次

PART 2

間接材コストを削減する 8 つのステップ

STEP 6
最適な取引先候補の見つけ方

STEP 7
WIN−WIN を実現する実践交渉テクニック　212

PART 1

なぜ、間接材コストマネジメントが重要なのか

昨今、コロナ禍による社会状況の変化で、自社の売上が数割（業界によっては売上が8割以上）減少、また国際情勢の変化によるグローバル・サプライチェーンの根詰まりや原油高、急激なインフレーションが発生しています（執筆中の2022年10月時点）。このような予測不可能な外部環境の変化は企業側でコントロールできません。事前に取りうる現実的な対応策としては、できる限り損益分岐点を引き下げ、利益を創出しやすい筋肉質な事業体にすることです。

　損益分岐点の引き下げには、固定費を中心とするコスト削減が欠かせません。金額規模が大きい直接原価に加えて、人件費、地代家賃や水道光熱費あたりが主要なコスト項目です。コロナ禍により売上が急減した企業では、自社保有のオフィスビルやホテルなどの資産売却による固定資産の圧縮や、銀行からの資金調達により財務の柔軟性を確保する事案が相次ぎました。また、人件費に関しても航空業界や飲食業界では、派遣社員／アルバイト契約の見直しに留まらず、正社員の他社への出向や人員整理にまで及んだ企業も多数あります。非常事態において、こういった抜本的なコスト構造の見直しはやむを得ないことでしょう。

　一方で、我々は平時より間接材コストも徹底して見直すべきだと考えています。

1

日本企業の社内には
コスト改善機会が眠っている

間接材コストは売上対比で5％～25％

　間接材コストというと、直接原価や投資以外のその他の雑多な費用項目と定義されるため、経営課題としての優先順位が後回しにされがちです。間接材コストが売上高に占める割合は業界によって異なりますが、概ね5％～25％であり、全業界平均では15％前後です。間接材コストに対して、抜本的にコストを見直せば、営業利益率ベースで数％は改善可能です（図表1-1-1）。

間接材コストとは何か

　そもそも間接材コストとは何を指しているのでしょうか？　簡単に言えば、原価や直接材以外のコストすべてであり、我々の定義ではそのうち直接人件費や将来に向けた投資（研究開発費や設備投資）を除いたすべての費用です。実際に、間接材コストの上位費目を見てみると、外注費（業務委託費）や地代家賃、販促費／宣伝広告費、物流費、通信費、水道光熱費、消耗品や工事費などが挙げられます（図表1-1-2）。

図表 1-1-1 業界別：売上高に対する間接材比率

業界	対象企業	売上高に対する 間接材比率（%）の目安
情報・通信業	通信、システム開発	20% ～ 25%
電気機器	電機、産業用機器	13% ～ 17%
食料品	菓子、たばこ、ビール、調味料	12% ～ 16%
銀行	都市銀行、地方銀行、信託銀行	10% ～ 14%
化学	総合化学、繊維、ファインケミカル	10% ～ 14%
小売業	総合スーパー、家電量販、 アパレル、コンビニ	7% ～ 12%
サービス業	人材派遣、広告代理店、警備	5% ～ 9%
輸送用機器	自動車、自動車部品	4% ～ 8%
卸売	卸売、商社	4% ～ 8%
不動産業	不動産	2% ～ 4%

　間接材コストの中でも各種業務委託費（派遣社員費など）やシステム開発＆運用、物流費、ビルメンテナンスといった費用の内訳は人件費が大部分を占めています。また、販促費／広告宣伝費のような売上へ直接影響を及ぼす費用項目も紛れ込んでいます。一般的に、間接材コストとして連想しやすい、水道光熱費、通信費、複合機、事務消耗品などは、単純な人件費の積算による単価換算ができないため、適正な価格水準の見極めが難しくなり、大きな見直し余地が隠れている可能性が高い傾向にあります。

業種別に見るコスト見直しの主要ターゲット

　間接材コストの見直しでは、まずは年間支払金額が大きな費目から改善余地の有無を検証します。業種や業態によってインパクトの大きい費目の順位は異なります。さらに同じ業界の企業であっても、「直営店かFC（フランチャイズ）展開か」、「店頭販売中心かEC販売中心か」、「外注しているのか、内製化されているのか」等の違いによって事業のコスト構造は大きく異なります

図表 1-1-2　間接材コストの主要費目

ここで対象となる間接材コストとは、一般販売管理費の中から直接人件費や研究開発費を除いたほぼすべての費目となります

エネルギーコスト
・電気
・ガス（都市ガス／LP／産業用）
・軽油／重油／灯油等

施設管理コスト
・賃料
・機械警備
・人的警備／駐車場管理
・エレベーター／ESC保守
・ビル／施設管理
・受変電設備保守
・消防設備保守
・衛生清掃
・レンタルマット／清掃備品
・廃棄物処理

店舗コスト
・現金輸送
・店舗消耗品（レジ袋等）
・POS／現金預入／クレカ端末の保守

オフィスコスト
・電話（携帯・固定）
・インターネット
・コピー料金（複合機）
・事務用品／消耗品
・印刷（チラシ／パンフ）
・業務委託／人材派遣
・機密文書管理／処理

金融コスト
・クレジットカード手数料
・オンライン決済
・損害保険（火災・賠償等）
・監査報酬
・株主名簿管理

ITコスト
・システム／サイト保守費用
・データセンター／サーバー
・ネットワーク（閉域網・専用線）
・ソフトウェアライセンス

物流コスト
・EC配送／宅配
・路線便／チャーター便
・センター／倉庫作業費
・包装資材（ダンボール等）
・倉庫保管／利用料

工事／修繕／建材コスト
・外注工事費
・原状回復工事
・定期修繕／内装工事
・建材／什器

その他
・製造消耗品
・食材／飲料
・制服／リネン
・広告（WEB・媒体掲載）
・採用（媒体・紹介会社）
・健康診断／検便
・自動販売機（手数料UP）

が、一般的な業界の特性ごとに間接材コストに占める割合が大きな費目を図表1-1-3にまとめています。

　全業界に共通して、人件費は大きな費目となりますが、直接雇用の形態も多く含まれるため、一義的にはコスト削減の対象から外しています。それ以外の費目では、「地代家賃」「物流費」「水道光熱費（主には電気代）」「施設管理／修繕」「広告宣伝費」「事務関連費」「外注費」などが複数の業界で大きな割合を占めています。外注費は一般総称の「外注費」という記載であったり、具体的に業務委託契約している個別費目別（「物流3PL」、「コールセンター」、「総務経理BPO」など）であったりと、見かけの割合は変わりますが、実態として「外注費」系の支払総額は図表1-1-4に示すとおり最大規模の割合を占めています。

　例えば、大手飲食店チェーンの場合、複数の業態やブランドがバラバラに運営されていることが多いため、広告宣伝費や工事費などは業態ごとに別々で契約／管理されています。加えて、いざ購買／発注の実態を把握するため

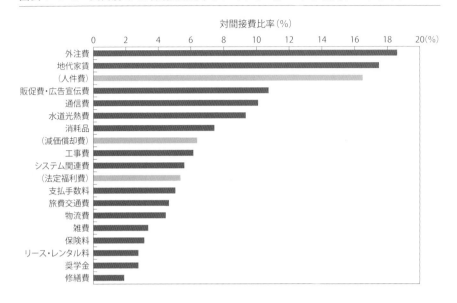

図表1-1-3　費目別での対間接費比率ランキング（プロレド社内データより）

対間接費比率(%)

費目	対間接費比率
外注費	
地代家賃	
（人件費）	
販促費・広告宣伝費	
通信費	
水道光熱費	
消耗品	
（減価償却費）	
工事費	
システム関連費	
（法定福利費）	
支払手数料	
旅費交通費	
物流費	
雑費	
保険料	
リース・レンタル料	
奨学金	
修繕費	

に、直近12カ月の詳細データを分析しようとしても、紙の請求書の束しかなく、まずは1カ月分の膨大な紙の請求書を入力し直さなければなりません。そのため、見直しの着手にはハードルが高く、担当者も相当な時間と工数をかけて現状を把握する必要があります。一方で、現状が把握できていない費目ほど、長年手つかずのまま放置され、見直し余地が大きい傾向にあります。

　我々の経験からも、詳細購買／発注データがクライアントの担当者の手元にあり、すぐに共有いただける場合は、すでにかなりの高いレベルで見直しができています。これはおそらく「手元に詳細データがある」＝「現場担当者が詳細な取引データまで把握しており、常日頃からしっかり見直している」という状態を示唆しています。

　一方で、詳細な購買／発注データが手元になく、入手するためには改めて取引先企業へ依頼する必要があり、担当者自身が見直しに消極的、または反抗的な場合ほど、大きなコスト削減余地が潜んでいます。日頃から取引内容や業務内容に関して、自社内でできる限り透明性を高くして"見える化"され

■業種別での間接材コストの内訳を「%」で表記。網掛けは各業界の上位 3 つの費目を示す（「その他」と「人件費」を除く）

費目 ＼ 業界	小売	製造	飲食	銀行/保険	卸売	建設	旅館/ホテル	学習塾
地代家賃	19%	4%	28%	7%	15%	9%	28%	12%
物流	14%	25%		5%	32%	3%		
水道光熱費	7%	20%	15%	6%	2%	3%	8%	3%
施設管理／修繕	9%	15%	4%	3%	3%		5%	3%
システム関連			3%	28%	2%	5%		
広告宣伝費	6%		6%	4%		15%		7%
事務関連費		3%				15%	3%	4%
外注費			17%	15%	5%			
支払手数料	11%		4%				8%	
通信費			3%	5%	2%	5%		
消耗品		8%	6%	4%				
保険料						3%		
その他	5%	25%		23%	39%	42%	18%	26%
人件費	29%		14%				30%	45%
間接費合計	100%	100%	100%	100%	100%	100%	100%	100%

ているかどうかが重要です。

3年単位で見直しできる費目は劇的に変化

　外部のコンサルティング会社や専門家の協力を得て間接材コストをすでに全社的に見直したという企業は少なくありません。しかし、その当時は徹底的に見直しできたとしても、3年以上経過すると市場環境や社会情勢、業界規制などが大きく変化しています。結果的に、3年前に見直した時はまったく相手にされなかった、むしろ逆に値上げ要請されたという費目であっても、3年経過すれば状況が一変し▲10%以上のコスト見直しが可能となっていることも珍しくありません。

図表1-1-5　3年ごとに見直しできる費目は劇的に変化

市況相場（単価）の変化		2012年	2015年	2018年	2021年
	電気	—	規制緩和 ⇒	競争激化 ↘	原油高騰 ↗
	複合機	競争激化 ↘	競争激化 ↘	競争激化 ↘	— ⇒
	通信	競争激化 ↘	競争激化 ↘	政府の値下げ要請 ↘	競争激化 ↘
	賃料（店舗、オフィス）	— ⇒	景気上向き ↗	景気上向き ↗	コロナ規制 ↘
	施設管理	競争激化 ↘	競争激化 ↘	— ⇒	— ⇒
	物流	競争激化 ↘	ドライバー不足 ↗	需要増加 ↗	上値で一服 ↗

値上げトレンド：↗　　　値下げトレンド：↘　　　変化なし：⇒

　図表1-1-5では主要な間接材コスト費目に関して、過去の市況相場が3年ごとにどのようなトレンドだったのかを一覧にしています。3年経過するごとに、市況相場が下落トレンドでコスト削減しやすい費目と、価格上昇トレンドで触れないほうがいい費目が目まぐるしく変化し、入れ替わっていることがわかります。

　例えば、電気料金は2016年当時、大規模需要家だけでなく、一般家庭を含めた小規模需要家まで完全に自由化されていましたが、まだまだエリアごとに一般電気事業者（東京電力や関西電力など）の存在感が圧倒的に強く、新電力事業者に対するクライアント企業の理解度も高くありませんでした。しかし、2018年頃から急速に新電力事業者の市場シェアが拡大し、一般電気事業者もエリアにとらわれず法人向けの大口契約を獲得する動きとなりました（例：九州電力も関東圏で新規の法人契約獲得に向けて積極的に営業していた）。それにより、2016年頃までは大口契約でも▲1%弱程度の基本料金の見直しがやっとだったにもかかわらず、2018年半ばには▲15%〜▲25%といった基本料金の見直しが当たり前になっていました（図表1-1-6）。

　またオフィス賃料の場合、2020年3月よりコロナ禍による緊急事態宣言などの社会情勢の変化により、それまでずっと値上げ基調だったのが、急激な空室率の上昇により値下げ基調へと急転換しました。合わせて、リモート

図表 1-1-6　過去、5 年間で市況相場が大きく変動した要因と該当費目

市況トレンド	引き起こす要因	該当費目
「値下げ」	規制緩和による競争激化	電気
	政府主導による値下げ要請／指導	携帯電話
	急速な需要の減速	出張費（宿泊費）、複合機、賃料
	技術革新による効率化	携帯電話、インターネット、サーバー等の IT 機器
「値上げ」	原油高や資源高によるコスト増	電気／ガス、ガソリン、物流
	人手不足による人件費の高騰	清掃、警備、物流、廃棄物処理、業務委託費
	好景気等による需要の急増	物流、木材、半導体
	企業間の過当競争に対する反動	電気、物流

ワークが普及し、複合機の利用が激減したことでコピー代の支払いが大幅に圧縮されました。一方で、デジタル環境の整備のための社内ITコストや自宅のインターネット環境の補助などの通信費は増加したのではないでしょうか。

　上記の事例からも 3 年以上経過すると取引先企業の業界環境だけでなく、ユーザーである自社の事業ニーズも大きく変化することがわかります。その結果、以前はまったく見直し余地がなかった費目が、現在は▲5％〜▲15％程度は見直せるというケースは少なくありませんが、逆もまた然りです。特に市況相場のトレンドに対してアンテナを張っておく必要があります。

　取引先企業はできるだけ高い単価条件で取引を継続したいと考えるため、市況相場が値下げトレンドになったとしても「今なら安くできますよ！」とは教えてくれません。逆に市況が値上げトレンドに転じた場合は、いち早い防衛措置が必要です。取引先企業から値上げ要請が来てから対応するのではなく、売上／市場シェア拡大を目指し、価格を据え置いている勢いのある取引先候補などをリサーチし、いざ既存取引先から問答無用の値上げを要請された場合の代替案を用意しておきましょう。

　最後に短期的な市況のトレンドとは別に、中長期的には単価や料率が下落

図表 1-1-7　中長期的にコスト低減余地が見込める費目

コスト低減余地が見込める背景／理由	中長期にはまだコスト低減余地がある費目						
	通信費	保険料	銀行手数料全般	IT関連	業務委託費	クレカ手数料	電気
「現状はまだ業界の規制に守られている」	○	○	○				
「給与水準が他業種と比較して高い」「企業としての付加価値の低下」	○	○	○	○			
「海外と比較して、まだ高値水準」	○	○	○			○	○
「今後も継続的に技術革新が見込める」	○		○	○	○		

傾向にある費目を確認します。今後の規制緩和や健全な競争環境の整備、または IT 等による技術革新の影響を受ける費目ほど、価格下げ圧力が働きます。特に、通信費や保険料、銀行関連の手数料に関しては、今後も業界内の規制緩和により既存大手企業の既得権益が薄れ、IT の発達により今以上にサービスの付加価値が失われます。結果的に中長期的にわたり価格破壊が進むため、継続的に見直していきましょう（図表1-1-7）。

なぜ、間接材コストは一元管理できていないのか

　間接材コストの見直しは、まず自社の支払状況を把握することから始めます。原価や直接材は取り扱う金額規模も大きいため、調達部や購買部のような専門部署が全社の取引を一元管理しており、独自に構築したシステムによって、取引先との受発注実績や個別の詳細な仕様情報まで確認が可能です。一方で、間接材は“原価や直接材以外のその他のコストすべて”という位置付けでもあるため、支払費目は多岐にわたります。結果的に、事業部や支社／拠点ごとで契約を締結し、個別決裁での支払いも多く、本社側で一元的に間接材コストの全体像に加えて、個別費目の詳細な内容まで把握できている企業はほとんどありません。間接材コストの支払いがなぜ一元管理できて

いないのでしょうか。

　間接材コストが一元管理できていない原因として、以下の6つが挙げられます。

　原因1. 間接材が多岐にわたり、事業部やエリアごとに個別で契約している
　原因2. 社内に購買／発注を取りまとめる専門部署が存在しない
　原因3. 現場の担当者へ任せきりで、内情がよくわからない
　原因4. 外部業者に任せきりで、実績データなどが自社の手元にない
　原因5. 間接材を一元管理できるシステムを持ち合わせていない
　原因6. Ｍ＆Ａ後に購買データの名寄せができておらず別管理のまま

　上記に挙げた6つがすべてではありませんが、我々がコスト削減を支援してきた中で、典型的に見られる原因です。個別の原因ごとにその実情と解決に向けた方向性を確認していきます。

原因1. 間接材が多岐にわたり、事業部やエリアごとに個別で契約している

　間接材の費目が多岐にわたるため、単純に全社的に一元管理できていない、または多大な手間をかけて一元管理するメリットがないという考え方です。損益計算書レベルで、ある程度年間支払金額が大きな費目（広告宣伝費、物流費、水道光熱費など）の総支払額は把握しているものの、その詳細な内訳や、他の細かな費目に関しては、現場の担当者以外は誰も把握できていないのが実情です。

　そもそも、「事業部Aが管理しているコールセンター運営費」「九州エリアの廃棄物処理費用」「工場Bの電気料金」といった費目の特性や取引先企業がまったく異なるものを一元管理したところでメリットを感じづらいでしょう。ただし、経営管理の観点では間接材コストに関しても、支払いの全体像を捉え、"年間で何にいくら支払っているのか"、"昨対比でどの程度増減しており、その理由は何なのか"といった情報は一元的に"見える化"してマネジメ

ント可能な状態であるべきです。

　間接材コストの一元管理にあたり、まず確認すべきは、経理の支払いデータである総勘定元帳をベースに、勘定科目＋大／中／小分類別、または支払先企業別といった区分で、正確な年間支払金額を算出することです。最終的に費目ごとの契約内容やその単価／料率、仕様といった詳細情報まで管理できるのが理想ですが、各費目の年間支払金額とその支払先を正確に把握することから始めます。まずは年間支払金額の大小で大まかな検討の優先順位を付けていきます。

原因2. 社内に購買／発注を取りまとめる専門部署が存在しない

　間接材コスト全般の支払いに関して、購買／発注を取りまとめる専門部署や専任担当が社内に存在しないというものです。経理部門が社内のすべての支払いを処理していますが、ここで定義する“あるべき専門部署／専任担当”とは、購買／発注の詳細内容まで把握し、その妥当性の評価、再検討を要する件は差し戻しする役割／権限まで担っていることを意味します。そういった組織機能や役割を段階的に4つのレベル（レベル1〜4）に分類すると、下記のようになります。

　レベル1. 社内に間接材コストを管理している管理部が存在しない
　レベル2. 専門部署や担当者が存在するものの、実質は支払処理のみを実施
　レベル3. 専門部署や担当者が基準となる単価や料率を元に取引の妥当性を評価
　レベル4. 専門部署や担当者が、取引先企業との打ち合わせに同席して条件交渉を実施

　初歩段階のレベル1とレベル2に関しては、前述で定義した間接材の“あるべき専門部署／専任担当”がまだ存在しない状態であり、たとえ専門の担当

部署があったとしても、事業部別、またはエリア／拠点ごとに所属する事業責任者がバラバラで決裁しており、その後の契約手続きや支払業務などの事務処理を受身的にこなしているだけです。

　中長期的にはレベル3以上の"あるべき専門部署／専任担当"を目指すべきですが、新たな組織を作ったり、購買／発注の決裁権限やプロセスを変更したりするには時間と労力を要します。また、組織体制や申請プロセスの再整備は、コンプライアンス上、取引の透明性を高める効果は期待できますが、必ずしも直接的にコスト削減を実現できるとは限りません。レベル1およびレベル2の状態止まりにある組織が早期にコスト削減メリットを享受するためには、個別の費目ごとにまずはプロジェクト単位で取り組みます。

　特に同じ費目であるにもかかわらず、エリア別や事業部別の契約ごとに単価や料率にバラツキが発生しているものを優先的に見直します。"バラツキがある"ということは、相対的に高単価／高料率となっている契約条件に関しては、見直し余地がある可能性が高いからです。また、5年以上契約条件が見直されていない、または自動継続となっている費目も見直し余地が大きいでしょう。

原因3.　現場の担当者へ任せきりで、内情がよくわからない

　全社規模での一元管理を目指す以前に、個別の費目単位でも、取引の詳細な内容を正確に把握できていないことも少なくありません。例えば、長年、現場の担当者が特定の領域に固定されていると、同じ部署の他のメンバーでさえも、実際に何をどうやっているのかよくわからない状態（蛸壺）になります。

　業務や取引内容を透明化するために必要な施策を以下にまとめます。

・3年ごとに担当を配置転換（調達部／購買部の中で担当費目を変更）
・複数人での担当制（特定の担当者しか事情がわからない取引を排除）
・外部企業との商談／打ち合わせには、必ず2名以上で出席

・外部企業とのメールのやり取りは、すべてCC：に上司／部署メンバーを入れる

・契約書／覚書、及び取引の実績データはすべてサーバー上で一括管理

　"5年以上、同じ担当者が専任で担当している"、または"特定の企業と5年以上取引を継続している"場合、取引先企業との関係が硬直的かつ属人的になりがちです。現場担当者にとって、長年取引関係にある企業の担当者は、細かな指示をせずとも臨機応変に対応してもらえるため重宝する一方で、他社からの新規提案に対しては後ろ向きになりがちです。結果的に、条件面ではそれほど優位性がない、または割高な取引が継続され、場合によっては癒着によるコンプライアンス違反へ発展する可能性もあります。

　こういった事態を予防するには、徹底的に担当業務を透明化（複数人担当制や、商談には2名以上同席のルール等）して、外部から実態が見えるようにする必要があります。合わせて、担当者も3年ごとに配置転換することをお勧めします。

原因4. 外部業者に任せきりで、実績データなどが自社の手元にない

　個別費目の詳細な取引内容が把握できていない原因として、受発注の状況は取引先企業側ですべて管理されており、自社の現場担当者の手元に詳細な実績データがないという状況です。この場合、総じて取引先企業側の細かな業務オペレーションやその工数の妥当性なども詳細は不明となっています。

　一般的に、自社の現場担当者が常に詳細な取引実績データを手元で管理している場合、すでに高いレベルでのコスト管理ができており、追加の改善余地は限定的であることが多いです。手元に詳細な資料／データがあるということは、日常的に自分自身で条件の妥当性や、改善の余地の有無を検討している証拠だからです。

　一方で、必要な資料／データ一式が手元にない場合、改めて取引先企業へ依頼する必要あり、現状把握だけでも最低1～2カ月程度が必要です。この場

合は逆に、大きなコスト改善の余地が潜んでいる可能性があります。

　特に、業務委託契約（IT開発／運用、物流3PL、総務／経理BPO等）では、委託先の業務実態がブラックボックス化しやすいため、現在の諸条件の妥当性を検証するためのデータ／資料の入手が困難になります。そのためにも、日頃から業務委託先企業と定例会議を設け、生産性の指標となるKPIや作業内容の改善に向けた施策を協議し、業務委託内容も"透明化／見える化"しておく必要があります。

　以下に示すとおり、電気料金、携帯電話、物流の宅配便に関しては、取引先企業のユーザーサイトへ登録すれば、WEB経由で3カ月分程度の実績データを簡単にダウンロードできますので、積極的に活用しましょう。

〈取引先企業のWEBサイトへの登録で3カ月分の取引実績が入手可能〉
　携帯電話料金：各キャリアの指定サイトから請求料金のデータが取得可能
　・ソフトバンク（3カ月分）
　・KDDI（3カ月分）
　・NTTドコモ（3カ月分）
　（以下は請求取りまとめ企業や代理店）
　・インボイス（6カ月分）
　・京セラ「グリーンネット」（23カ月分）
　・MXモバイリング（12カ月分）
　・ティーガイア（3カ月分）
　電気料金
　・主要電力会社のほぼすべて（3カ月分）
　配送（宅配便／路線便）料金
　・ヤマト運輸（3カ月分）
　・佐川急便（3カ月分）
　・名鉄運輸（3カ月分）
　・福山通運（3カ月分）
　・西濃運輸（6カ月分）

原因5. 間接材を一元管理できるシステムを持ち合わせていない

　現時点（2022年10月時点）で、全社の間接材コストを一元管理できる企業向けのツールでオススメのものがあるかというと難しい状況です。グローバル企業や大手企業の中には、「Coupa」（米国　Coupa Software）や「SAP Ariba」（SAP）などの管理ツールに対して、初期投資に数千万円、さらに年間利用料を数千万円～数億円も支払っていますが、高額な投資となるため、現実的に導入し利用できる企業は売上5,000億円以上の大手企業に限られます。

　コストマネジメントのアプローチとしては、まずは費目ごとの取引状況を一つひとつ"見える化"していくことが重要です。その結果、短期での目標として、費目ごとにコスト削減を達成していきます。中長期的には購買／発注内容を管理している購買部や調達部において、金銭の支払いが発生する取引はすべて単価や料率の妥当性を評価（レベル3）し、可能であれば、当該部署が取引先企業との打合せに同席して条件交渉（レベル4）まで推進します。

　また、我々プロレド・パートナーズでは、間接材コストの管理ツールとして『Pro-Sign』というSaaSサービスを提供しています。前述の「Coupa」「SAP Ariba」とは異なり、月額10万円からというリーズナブルな料金体系と、売上数十億円規模の企業様でも十分活用できる仕様であり、次世代型の間接材コスト管理ソリューションとして位置付けています。

原因6. M＆A後に購買データの名寄せができておらず 別管理のまま

　ホームセンターやドラッグストア業界に見られるように積極的なM＆Aで事業拡大してきた企業が、合併／統合後にどのようにコストを一元管理していくべきなのでしょうか。通常、M＆A後も各企業は当面別ブランドのまま事業を継続する場合が多く、間接材のコスト支払いも別々の管理のままです。仮に一元管理するとなると、各社の膨大な支払いデータを突合させ、名寄せする必要があり、かなりの期間と作業工数が必要です。大手企業の場合、名

寄せによるデータ統合と整備だけでも、外部の大手コンサルティング会社などを活用しても6カ月～1年は必要です。

　現実的には、全社的なデータ統合の実現を待たずに、先行してプロジェクトベースで取り組んでいきます。まずは各社の支払状況を取りまとめ、グループ全体での年間取引総額をベースに、ボリュームディスカウント効果を狙って、取引先企業と条件交渉していきます。

コスト見直しが実現できていない理由

　我々は、これまでに2,000社を超える企業へ間接材コストの適正化サービスを提供しています。昨今、外部のコンサルティング会社や専門家をうまく活用した社内改革プロジェクトの事例は増えており、間接材コストの場合は経営層または総務や経営企画部がイニシアティブをとって、現場の担当者や他部署を巻き込む形で進められています。

　一方で、現場の責任者や担当者にとって、外部のコンサルタントによる現場の見直しは歓迎すべきものではありません。現場の協力や理解が得られずに見直しの対象外となってしまうことも少なくありません。むしろ、関連する事業部や現場担当者は"他人の介入に対する反発"や"現状と自己の正当化"という形で、コスト適正化プロジェクトに対して後ろ向き、または反対であることが多いのです。経営層が「外部のコンサルティング会社を使ってでも改善したい」という意向を示しても、現場から抵抗があるということは、通常、社内の自助努力でコスト削減を推進することがいかに困難かを物語っています。では、コスト適正化プロジェクトに対して、社内の反発や障害が発生するのは、どういう背景や理由によるのでしょうか。

　本書の執筆にあたり、約2,000社を超えるクライアント企業の過去のプロジェクトを振り返り、『コスト改善余地があるにもかかわらず、多くの企業で見直しを実現できていない理由とは何か？』について調査しました。案件に関わったコンサルタント及び営業担当への詳細な聞き取りも合わせて検証し

てみると意外な結果が見えてきました。

　調査の結果、社内のコスト適正化に対して障害となっているのは、コスト削減のための直接的に必要な専門的な知見やノウハウの不足ではなく、「1位：現場担当者の動機付けの不足」や「2位：見直しが困難な"聖域"あり」といった人事や組織制度、及び企業カルチャーに関わる課題でした（図表1-1-8）。

1位：現場担当者の動機付け不足

　最も重要な課題カテゴリーである"現場担当者の動機付けの不足"に関しては、まず、「現場担当者にとって、コスト削減に頑張って取り組むメリットがない」が挙げられます。詳細な内容はPART2のSTEP2で解説しますが、ほとんどの日本企業における総務／管理部署において、コスト削減で成果を出したからと言って、その担当者が直接的なメリットを得られる仕組みになっていません。人事評価の中でも、総務／管理部署は年功序列が前提になっており、トラブルやミスを起こさないことが第一に優先されています。

　また、積極的に改善活動に取り組んだ場合、単純な値下げ交渉に留まらず、現場のオペレーションやルールの変更なども必要になってきます。既存の取引先を別企業へ変更した場合、その対応のために現場担当者の工数負担が増え、現場のトラブル発生率も必然的に上がります。結果、現場担当者にとっては、取り組むインセンティブがないばかりか、新たな仕事が増えてしまい、トラブル対応にも時間が割かれることになるため、コスト見直しは担当者個人にとってはデメリットのオンパレードなのです。

　コスト見直しの実現に向けては、現場担当者にとってのデメリットを上回る動機付けが必須であり、部署内でも改善に向けた積極性を前向きに評価する人事制度や部内のカルチャーが重要となります。すでに海外や外資系の企業では、調達／購買部でのキャリアは社内の出世コースの一つとみなされており、非常に強い権限と評価システムが導入されています。そこでは現状をいかに変革し進化させられるかが評価ポイントとなってきます。企業戦略上、

図表 1-1-8 「コスト見直しを実現できていない理由」調査結果

順位	課題カテゴリー	順位	「コスト削減余地があるのに、多くの企業が見直しを実現できていない理由」	
1	現場担当者の動機付け不足	3	現場担当者にとって、コスト削減に頑張って取り組むメリットがない	組織制度や企業文化の課題
		4	現状の仕事内容で手一杯であり、改善に取り組む余力がない／余計なことはやりたくない	
		11	コスト改善の取り組みで成果が出てしまうと、担当者として非難されてしまう	
2	見直し困難な"聖域"あり	1	社内で"聖域"扱いされており、見直しの対象外となる領域が多い	
		6	長年、同一の担当者で固定され、担当者以外は実情がわからない（蛸壺化）	
		8	取引先とは今後も取引を継続する前提となっている（馴れ合い）	
		9	担当者の業務に対して、他部署や他のメンバーから監視や検証がなされていない	
3	専門性の不足	2	どの程度の単価が適正なのか、わからない	専門的な知見やノウハウの課題
		7	どこにコスト削減の改善余地があるのか、わからない	
		15	専門知識やノウハウ（市況相場、優良取引先など）が社内に蓄積されていない	
		27	自社よりも取引先／交渉相手の方が圧倒的に専門知識を持っている	
4	専任担当やミッションの欠如	12	コストの見直しは、現場の担当者へ任せっぱなしにしている	
		16	社内にコスト改善を専任のミッションとしている人がいない	
		24	間接材を一括で管理している、またはコスト削減を推進する専門部署がない	
5	"見える化"されていない	5	全社で何をどれだけ購買／発注しているのか把握できていない	社内の管理体制の課題
		17	取引先から請求書が来るだけで、支払金額くらいしか把握できていない	
		26	紙ベースの請求書や伝票処理が多く、情報がデジタル化されていない	
6	一元管理できていない	13	事業部別や拠点別で契約／交渉／購買し、全社のスケールメリットを活かせていない	
		23	購買や発注の社内ルールが不十分で、現場が自由に購買できてしまう	
		25	取引先企業の管理がなされていない	
7	見直しアプローチが間違っている	14	経営判断が必要なアプローチまで踏み込めてない（内製化や廃止、IT／DX化、共同購買など）	
		19	取引先から「現状がギリギリです」「もう無理です」と言われ、根拠を検証せずに諦めている	
		20	現場担当者のできる範囲で頑張っているだけ（経営層や他部署の協力がない）	
		22	コスト見直しの適正な達成目標、KPIや期限等が設定されていない	
		29	複数社に相見積もりを取って、「価格を下げてくれ」と依頼するだけ	
8	経営陣のコミットメント不足	10	管理部署の権限が弱く、事業部や営業部からの反発で見直しできない	
		18	責任者である担当役員がコスト見直しにコミットしていない	
		21	経営層の間接材コストへの関心が低い	
		28	現場担当者の範囲内では、コストの見直しや改善に限界が来ている	

重要な部署と認識されており、CPO（チーフ・プロキュアメント・オフィサー）といった調達／購買部系のトップを設置する企業も少なくありません。

　次に重要な課題として挙がった「現状の仕事内容で手一杯であり、改善や見直しに取り組む余力がない／余計なことはやりたくない」においても、現場担当者の本音が垣間見えます。通常、社内の改善プロジェクトでは、実務を十分に理解している担当者が任命されますが、そういった方々は現場オペレーションの要でもあるため、通常業務だけでも多忙です。たとえ、その担当者がコスト見直しに前向きだったとしても、改善活動になかなか時間が割けず、スケジュールが遅れ、取り組み自体が立ち消えてしまうことも少なくありません。「コスト削減」≒「日常の業務の中で常に取り組むべきもの」という暗黙の了解が雰囲気としてあるため、通常業務＋αで対応を迫られてしまう傾向があります。

　実際にゼロベースでコスト削減に取り組むとなると、現状を詳細に把握するための資料やデータを揃えるだけでも相当な労力を要します。よって、社内改善プロジェクトに選出されたメンバーに対しては、経営層や上長が率先して担当者の業務量調整に働きかけると同時に、部内の他のメンバーへの周知と理解を得る必要があります。

2位：見直し困難な“聖域”あり

　「現場担当者の動機付け不足」と同じく、組織制度や企業文化の課題カテゴリーで挙がった2番目の原因は、「見直し困難な“聖域”あり」です。個別原因の中で最も該当することが多かった「社内で“聖域”扱いされており、見直しの対象外となる領域が多い」を始めとして、「長年、同一の担当者で固定されており、実情がわからない（蛸壺化）」や「取引先とは今後も取引を継続する前提となっている（馴れ合い）」といった状況も合わせて、社内に他者の干渉を許さない“聖域”を作り出しています。

　こういった聖域を打破するためには、経営陣の強いイニシアティブが必須となります。また、聖域に対して一時的にトップダウンで見直しを入れた場

合、その後も継続的に見直しが実施され、取引条件や現場のオペレーションが常に"見える化"されるためには、社内の組織やルールなどの仕組みづくりが欠かせません。今回の調査結果で、重要な課題カテゴリーとして挙がった、1位「現場担当者の動機付けの不足」、2位「見直し困難な"聖域"あり」は、全社的にコスト削減に取り組む際には、事前に経営陣が主導して対処しておくべき課題として、本書のPART2のSTEP2で詳細な対処方法を紹介しています。

3位：専門性の不足

　次に重要な原因として挙がったのが、専門的な知見やノウハウに関する課題です。経営層の悩みとして、全社的にコスト削減を展開したいが、各部署や現場担当者に打診しても「毎年しっかり見直しています」「現状が最安値水準でこれ以上の見直しは困難です」という返答しか返ってこないため、実際「本当はどこに改善余地があるのか？」「同業他社と比較して、自社はどの程度なのか？」がまったくわからないということがあります。

　また、多くの間接コストを担当する総務部では、日常的に多種多様な社内業務を抱える中で、1年または数年に一度の頻度で契約を更新する費目（通信費、複合機、電気料金、施設管理費など）に関して専門性を高めることは容易でありません。3年ごとに部署異動や配置転換が発生するため、前任者の知見やノウハウはほとんど立ち消えています。

　このような間接コストに関する専門性の不足を解消する方法は主に4つあります。

　1つ目は、取引条件を見直すタイミングが来た際に、"3社以上からの見積もり取得"や"2社以上の購買体制"といったルールを課すことで、取引関係に競争原理を持ち込み、新規取引先候補の提案や知見をフル活用することです。自社の現場担当者本人に専門性がなくとも、今まで以上に最適な条件や見直しのポイントを提案してもらいます。

　2つ目は、社内に専任担当や専門部署を設置することです。短期的にコスト

削減効果を出せる施策ではありませんが、中長期的に過去の見積条件や候補となる取引企業先の情報を蓄積することで、担当者個人ではなく部署／組織に知見を蓄積できます。また、専任担当を任命することで、契約更新や条件交渉の数カ月～半年以上前から事前リサーチにより十分な検証を行った上で、既存取引先との条件交渉に臨めるという点も大きいでしょう。

3つ目は、社内における専門的な知見の共有です。同じ調達／購買担当者だったとしても、分野や領域が違えばお互い「普段はどういった手順で交渉しているのか？」「最近ではどういう成功事例があったのか？」などは意外と共有されておらず、個々人が独自のやり方で進めています。こういった社内の担当者一同を集めて知見やノウハウが共有できる場を設けると、現場担当者から「新しい発見があった！」「社内でこんなアプローチをしているとは知らなかった！」といったフィードバックが多く寄せられます。

最後に4つ目は、定期的に外部のコンサルティング会社や専門家などに妥当性の検証を依頼することです。間接材コストであれば、3年ほど経過すると市況相場が大きく変わる費目が少なくありません。他業界の最新事例や自社よりも売上規模が大きな業界リーダーの調達や発注単価の水準を知る貴重な機会となります。

4位：専任担当やミッションの欠如

専任担当やミッションの欠如も現場のコスト削減が進まない理由として挙げられています。おそらく、管理部であれば毎年「コストを▲○％削減する」といった目標を課せられると思いますが、目標削減率には具体的な根拠はなく、実現へのアプローチも示されないまま、なんとかしてコスト削減することが現場に一任されています。現場の担当者へ任せっぱなしであれば、やはり手掛けられる範囲や深さも限定的にならざるを得ません。

一方で、コスト削減を徹底できている企業には、外部への支払いを全社的に一元管理している専門部署（調達部や購買部など）が存在します。さらに組織的な役割として、事後的な支払いの事務処理作業に留まらず、実際の仕

様やサービスレベルの見直しに加えて、取引先企業との交渉にも同席し、最終的な承認権限まで持っています。

　このように『コスト改善余地があるにもかかわらず、実現できない理由』の主な原因に関して、実は現場担当者自身で解消することは困難であり、人事評価や部署間の課題にも深く関連しているため、経営層が強いリーダーシップを発揮して対処する必要があります。

2

間接材コストマネジメントの
あるべき姿

コストリーダーシップ企業の競争力の源泉

　企業の経営戦略においては、同業他社との"差別化"をどのように実現するかが肝になります。本書のテーマである「コスト削減」に焦点をあてた場合、コストリーダーシップで同業他社と大きく差別化できている企業では、何がその競争力の源泉となっているのでしょうか？　コストリーダーシップを生み出している競争力の源泉を分類してみると、図表1-2-1に示すとおり4つのタイプが見えてきます。

Type1.　スケールメリット
　「スケールメリット」では、大量生産／大量発注によるスケールメリットを活かして、圧倒的に一商品あたりの生産コストや仕入れ価格を引き下げることでコスト競争力を実現しています。例えば、家電量販店業界で第1位のヤマダ電機が代表的な例です。国内家電メーカーからすると納品先の取扱金額が最も大きいため、他の顧客よりも安価な条件で納品する必要に迫られます。家電量販店ナンバーワンのヤマダ電機の売り場面積をいかに押さえられるかが事業の売上を大きく左右するため、汎用品カテゴリーにおいては、限界利

図表 1-2-1　コストリーダーシップを発揮している企業の競争力の源泉

コスト競争力のタイプ		概要	代表例
Type 1	スケールメリット	・同業他社よりも圧倒的な生産量や発注量でスケールメリットを活かし、1商品あたりの原価や仕入れ価格を引き下げて低価格を実現	・ヤマダ電機 ・ダイソー ・コストコ ・ホームセンターやドラッグストアの大手
Type2	現場改善	・工場での製造や管理の現場における絶え間ない改善活動により、原価や調達価格を低減し続けることでコスト競争力を実現	・トヨタ自動車(現場カイゼン) ・スズキ ・日本電産(1円決裁) ・大東建託 ・すかいらーく
Type 3	事業構造の転換	・従来の事業構造やバリューチェーンとは抜本的に異なる事業モデルで後発参入し、圧倒的なコスト破壊力を実現	・ユニクロ(SPA) ・ZARA(商品サイクル、広告宣伝なし、SPA) ・エムスリー(MR→WEB) ・ネットフリックス(レンタル→動画配信)
Type 4	最新テクノロジーの活用	・最新IT技術や機器をベースに、従来とは異なる圧倒的なコスト競争力を実現	・楽天モバイル(通信網の仮想化技術) ・DeepL(高度な翻訳技術) ・Google(情報検索技術)

益を割るような水準で引き渡している商品群もあります。

　この戦略は一見、業界のリーダー企業しか取り得ない戦略にも思えますが、大手企業が本格参入しないニッチな領域や市場にフォーカスすることで、中堅企業や地場企業でも同様の戦略を実行することが可能です。

Type2. 現場改善

　「現場改善」では、飽くなき現場改善への取り組みにより、最終製品のコスト競争力を高めています。有名な事例としては、トヨタ自動車における、現場のカイゼン活動や、カンバン方式による部品調達を通して、無駄/ムラ/無理を徹底的に排除することで、最終製品の単価を抑えています。また、日本電産の事例では、積極的にM＆Aを活用して事業拡大している中で、永守重信会長は直接買収先企業へ数カ月単位で乗り込み、すべての購買/発注に関わる決裁を1円単位で見直すなどの施策によって、赤字企業を早期に黒字転換させています。

Type3.　事業構造の転換

　「事業構造の転換」では、業界内で長らく当たり前となっている事業構造や商習慣をゼロベースで大胆に再構築し、今までにないコスト競争力を実現しています。例えば、従来のアパレル業界では主に製造元（メーカー）→一次卸→二次卸→小売といった仲介業者が多い業界構造に対して、ファーストリテイリングのユニクロは製造小売（SPA）で製造から小売まで一気通貫で手掛けるビジネスモデルによって、圧倒的なコスト競争力や商品力を実現しています。最近ではIT技術の発達や通信速度の飛躍的な向上により、「現場からオンライン上へ」「アナログからデジタルへ」「インハウスのシステム構築からSaaS型サービスへ」といった形で圧倒的なコストダウンを実現しているサービスが多数登場しているのも同じタイプと言えます。

Type4.　最新テクノロジーの活用

　「最新テクノロジーの活用」は、自社が独自に保有する最新のテクノロジーやIT技術により、従来よりも抜本的なコスト競争力を獲得するものです。例えば、楽天が携帯電話事業に参入する際に、携帯基地局にも"完全仮想化"する新技術をベースに構築することで、従来方式でネットワークを構築した場合に比べて設備投資で4割、運用では3割のコストを削減できるとしています。また、Google翻訳よりもはるかに翻訳精度が高いWEB上の翻訳サービス「DeepL」（独企業のDeepL GmbHが開発）に関しても、従来の翻訳家に頼っていた翻訳サービス自体を破壊するほどのインパクトがあります。

　このように、コストリーダーシップを発揮している企業は、Type1～4のいずれかの競争力エンジンをベースとして事業を発展させ、その後、トヨタ自動車であればType2「現場改善」＋Type1「スケールメリット」、ファーストリテイリングのユニクロであればType3「事業構造の転換」＋Type1「スケールメリット」というように追加のコスト競争力エンジンを取り込みながら、さらに高いコスト競争力を実現しています。Type1～Type4の代表的な企業はそれぞれアプローチは異なりますが、"同業他社に先駆けて、新しいコスト競

争力エンジンに着目"し、そこから"現状に甘んずることなく進化し続ける"という、コストリーダーシップを発揮しています。これらの企業が持つ共通した特性はどこから生まれているのでしょうか。ここで検証していきます。

間接材コストマネジメントのレベルを上げる

間接材コストの管理体制のレベル診断

間接材コストの最適化に関しては、必ずしも上記のような特別なコストリーダーシップや差別化戦略は必要ありません。むしろ、どの企業においても、当たり前のことに真摯に取り組むことで、間接材コストにおいては高いレベルでのコストマネジメントが実現できます。我々は、過去2,000社のクライアントを支援してきた中で、間接材コストに関して徹底的に見直しを実現し続けているエクセレント企業と、間接材コストが高止まりしているにもかかわらず自社では気づけていない、またはコスト削減は十分できていると思い込んでいる企業では大きな差異があることに気づかされました。

実際に、間接材の徹底したコスト管理ができている企業とそうでない企業では何が違うのかをいくつかの視点で確認していきます。特に間接材コストに関して徹底的な管理及び見直しができているエクセレント企業（図表1-2-2のレベル5）の特徴を見ていきましょう。

間接材コストを徹底的にマネジメントできている企業では、間接材コストを管理する強い管理部署（購買部や調達部など）が設置され機能しています（図表1-2-2）。

一般的な企業における管理部署では、契約管理や支払処理などの事務的業務が中心です。取引先企業との商談や交渉、その後の購買／発注の決定権は実質上、事業部や営業部などの発注元部署に権限にあり、管理部署はあくまで事後処理業務に留まります。

図表 1-2-2　間接材コストの管理体制のレベル診断

評価対象		レベル 1 問題あり	レベル 2 改善余地あり
I. 間接材コストの 専門管理部署	専門組織の有無	専門組織なし	拠点ごと／事業部ごと
	権限／役割		手続きの事務処理や支払い管理
	運営ルール		
	管理範囲		
	購買／調達体制		
II. 取引先企業の マネジメント	取引先企業に 対する管理や 協力関係	支払金額を把握していない	毎月の支払金額を把握出来ている
	相見積もり		
	見直し頻度		契約更新の前のみ
III. 社内の 環境整備	現場担当者の 動機付け		
	子会社／関連 会社との関係	子会社／関連会社との取引継続が大前提	
	システム体制		支払管理のシステムあり

間接材コストの管理体制レベル →

レベル3 標準	レベル4 優秀	レベル5 エクセレント
全社を一括管理している専門の管理部／担当者あり		
申請に対して承認／決裁権あり		
	事実上の否認権限あり	
	管理部主導で相見積りを取得	
	管理部主導で条件見直しや廃止を提案	
	個別取引の費用対効果の検証	
	条件交渉に同席	
		条件交渉を主導
		管理部で仕様を指定
3年毎に担当者の配置転換あり		
	外部企業とは2名以上で商談	
	2名以上が詳細条件まで把握（業務透明化）	
契約内容と支払い金額を管理		
	単価や仕様条件を把握	
		グループ全体まで把握
2社以上の購買体制が基本		
出来る限りの集中購買		
	拠点別の分散購買にも購入ルール／基準あり	
	グループ全体で共同購買	
		他社との共同購買
過去12カ月分の実績データを手元で管理出来ている		
サービス系の取引先企業とは定例会で改善策を協議		
	単価や料率の根拠を把握している	
	毎年、取引先の評価（品質や対応スピード）	
	サービス系の取引は原価構造を把握している	
		原価低減の取り組みを実施
3社以上見積もりが原則		
		5社以上見積もりが原則
	海外サプライヤーにもアプローチしている	
		見積もりは自社で形式指定
	毎年見直し（自動更新は認めない）	
	1年の短期契約が原則	
現場担当者への社内表彰／報酬制度あり		
	人事評価制度に評価項目あり	
外部企業も活用		
	条件次第で取引停止／外部企業へ切り替え	
		清算や解体も検討
		専用システムあり

一方で、エクセレント企業（レベル5）においては、間接コストに関わる決裁権限だけでなく、詳細な仕様の検証や、外部企業との条件交渉にも直接関わっています。また、単価や料金の妥当性を検証するための相見積もりの取得とその内訳の精査や、その後の継続的な費用対効果の検証を主体的に推進しています。エクセレント企業における間接材コストの管理部署は、単純に事業部や営業部の購買／発注を管理しているわけではなく、事業部や営業部側にある購買／発注機能や担当者とその業務をそのまま管理部署へ丸ごと移管／集約し、管理部署側が一連の業務や権限をすべて担うという建て付けになっています。

　また、強い管理部では部内の業務内容に関して高い透明性が担保されており、「3年ごとに担当者を配置転換」、「外部企業とは常に2名以上で商談する」、「必ず2名以上で担当（1名の専任担当はNG）」といったように各担当者が特定の領域内で蛸壺化しないように、常に業務や取引の透明性を担保する運用ルールが整備されています。

　「Ⅰ．間接材コストの専門管理部署」の存在に留まらず、エクセレント企業では全社的にも間接材コスト見直しに関するルールや環境が整備されています。特に「Ⅱ．取引先企業のマネジメント」レベルにはその優劣が顕著に現れました。

　間接材のコストが高止まりしている"問題あり"企業では、取引状況や現場のオペレーションが取引先企業に任せきりとなっており、直近12カ月の実取引データなども自社の手元で管理できていません。そのため、いざ改善活動に着手しようとしても、まずは現状把握のためのデータを集めるだけでも数カ月かかる、または集めきれずに途中で断念してしまうといった事態に陥っています。また、取引先から値上げ要請を受けた際も、その内容の妥当性がわからないため、できる限り値上げ幅を抑えるお願いをするという程度の対応しかできません。

　一方でエクセレント企業においては、常に取引実績データを自社の手元でも管理及び分析を行い、現在の契約条件の妥当性やさらなる改善の機会を常に検討し続けていました。また、取引条件の単価や料率の根拠や背景まで詳

細に把握している場合が多く、中長期的にサービス系の企業や地場の取引先企業に対しては、サプライヤー企業側の原価低減に向けて共同で取り組んでいるケースも見られました。相見積もりに関しても、必ず5社以上に依頼することが社内ルールとして義務付けられていたり、見積もり依頼の回答も可能な限り自社指定のフォーマットを用い、見積もりの詳細な細目別でのコスト構造を明記させるような形式になっています。

結果的に"問題あり（レベル1）"から"エクセレント（レベル5）"の間には、かなりの差がついています。このような企業間の大きな差はなぜ生まれてしまったのでしょうか。また、今後、自社の間接材コストのマネジメントレベルを引き上げていくには具体的に何をすべきなのでしょうか。

経営層のリーダーシップにより"進化"と"定着"のサイクルが必要

結論から言えば、間接材コストの管理体制のレベルアップには、経営層のリーダーシップと強いコミットメントが欠かせません。"問題あり"の企業ほど、コスト削減は現場の各担当者任せで、現場の担当者に事実上の決定権も委ねられ、最終的には自己正当化されるような流れになっています。現場担当者は現状以上に業務や責任を増やしたくないため、取引条件が法外に割高であったとしても意に介しません。

エクセレント企業であるほど、間接材のコストマネジメントは経営層のミッションであり、執行役員レベル以上の間接材コストに対する理解が深く、自ら率先して現場の陣頭指揮を執っています。コスト削減というと何かと現場レベルからのボトムアップ・アプローチで徐々に改善していくというイメージがつきまといますが、この方法で間接材コストの管理レベルが上がることはありません。現在の社内のオペレーションや現場のやり方を変革するには、経営層によるトップダウンアプローチが必須となります。

今後、自社で間接材コストの管理レベルを引き上げるためには、A.『管理レベルの"進化"』とB.『新ルールの"定着"』という2つの要素が欠かせないと考えています。現状のコスト競争力レベルから、まずは第一段階として

図表 1-2-3　間接材コストの管理体制のレベルアップに必要な要素

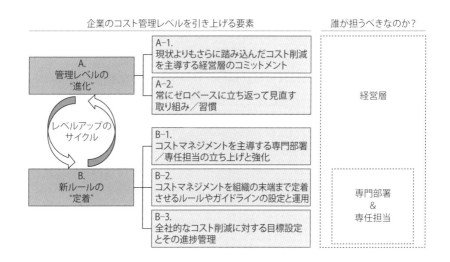

A.『管理レベルの"進化"』により次のコスト競争力レベルへステップアップするためのきっかけをつかみ、第二段階のB.『新ルールの"定着"』により、組織内の隅々まで横展開すると同時に定着させていきます。中長期的には『進化』→『定着』→『進化』→『定着』→『進化』→……のサイクルを繰り返すことで、間接材コストの管理体制はレベルアップしていくメカニズムです（図表1-2-3）。

第一段階の管理レベルの"進化"には経営層のリーダーシップが必須

　第一段階は現状のコストの管理体制や調達／発注に関するルール、サプライヤー企業への関与度合いを一歩でも"進化"させることです。この場合の"進化"は、必ずしも一足飛びに全社的な取り組みを展開し、組織全体としてコストリーダーシップを発揮できる状態になることを意味しません。ある特定の事業部や部署に限定した取り組みや、試験的な運用でもかまいません。重要なのは、現状のオペレーションや検討の枠組みを前提とせずにゼロベースで見直し、新しいコスト構造や仕組みの構築に向けて一歩踏み出すことで

す。

　この一歩は通常、現場からのボトムアップ・アプローチで動き出すことはありません。現場担当者はあくまで現状の枠組みの中で、オペレーション・エクセレンス（最適化）を目指して改善活動します。この“進化”への第一歩は、まさにトップダウンで経営層が陣頭指揮をとって取り組むべきテーマです。

　経営トップが強烈な“進化”の源泉を生み出し続けている事例としては、日本電産の永守重信会長やダイソーの矢野博丈社長、スズキの鈴木修元会長などが有名です。いずれの場合も経営トップが最前線に立ち、現状よりもさらに踏み込んだ見直しに次々と着手しています。日本電産が赤字企業のM＆Aを実施した直後に、永守会長自身が数カ月間、買収先企業に常駐し、1円単位ですべての購買や発注申請を見直すといった徹底した取り組みをしています。このようにトップが実際に現場でやりきって見せることで、一気に相手先企業の購買／発注に対する意識レベルや社内の常識が変わります。

　こういった取り組みには、経営トップや経営層の強いコミットメントが欠かせません。仮に外部の専門家やコンサルティング会社を活用した場合、特定のノウハウやスキル、あるべき姿に対する示唆は十分得られるかもしれませんが、最も重要なのは“現場の反発に屈しないリーダーシップ”と“最後までやり切る力”です。コンサルティング会社の提案内容が素晴らしくとも、経営陣の強いコミットメントがなければ現場の反発（「自己防衛」や「できない理由の並べ立て」等）で取り組みは頓挫します。外部の知見やノウハウを活用すること自体は有用ですが、経営陣の強いコミットメントを忘れてはいけません。

第二段階の新ルールの“定着”には専任部署／担当者が必要

　次は、第一段階での“進化”のきっかけをどう組織内で横展開し、かつ“定着”させていくのかという段階です。経営トップやプロジェクトチームが一時的にいい取り組みを実施したとしても、それだけでは企業または組織全体と

して他社と差別化できる競争力を発揮できません。

　第一段階の"進化"のきっかけを大々的に社内で横展開し、かつ定着させるためには、新たなルール／ガイドラインの設定と運用（B-2）やコストマネジメントの目標設定とその進捗管理（B-3）を全社的にマネジメントする専門部署や専任担当（B-1）が必要となります。

　新しい"進化"のきっかけを立ち消えさせることなく、新たなルール／ガイドラインという形で誰もが取り組める一般的なアプローチに落とし込み、組織の末端にまで浸透させていく必要があります（B-2）。全社展開のタイミングでは、複数の事業部や拠点、担当者から必ず反発やトラブルが発生するため、ルールやガイドラインを現場の実情にフィットさせるための微調整が必要です。このような対応は従来の総務や経理部、または経営企画では荷が重いため、専門部署や専任担当が必要です（B-1）。

　日本電産の永守会長が、買収先の企業において数カ月間、1円単位で購買／発注のチェックをしたとしても、いったん取り組みが終了してしまえば、おそらく数年後には跡形もなく元のオペレーションに戻ってしまいます。そこで、「1円単位で購買／発注のチェック」という施策を明文化し、業務マニュアルのように誰でも運用できる形式まで落とし込まなくてはなりません。また、運用段階においても、社内に事業部や部署が多いほど、例外となる対応やルールの微調整が発生するため、専門的に対応できる部署や担当者が必要です。一連の取り組みが全社的に展開され、最終的には"それをやることが当たり前"と誰もが思うようなレベルまで昇華できれば、"企業カルチャーにまで落とし込み、根付かせた"と言えます。

経営層が見据えるべきコストマネジメントの全体像

　そもそもコストマネジメントとは、何の、どこまでを指すのでしょうか。企業にとって利益を創出する方法が「売上を上げる」か「コストを下げる」の二択のみだとすると、後者に該当する施策や活動はすべて広義のコストマ

ネジメントとなります。

　一般的にコストマネジメントと聞くと、取引先企業との値下げ交渉や、事業部の現場でOA用紙や電気を節約するといった現場担当者によるボトムアップの改善活動をイメージされるかもしれません。また、不景気や業績不振による人員削減のような後ろ向きの取り組みという印象もあります。一方で、経営層のトップダウンによるDX（デジタルトランスフォーメーション）による業務効率化や子会社／関連会社の統廃合、また他社との共同購買／共同配送スキームによる業務効率化など、強い意志を持って事業の在り方を抜本的に変革するような"攻めのコストマネジメント"と捉えることもできます。

CMR（Cost Management Re-engineering）という考え方

　我々がコストマネジメントの全体像を捉える場合、現場担当者の取り組みに留まらず、経営視点からの抜本的な変革までを範疇とします（図表1-2-4）。この全体概念は既存のコストマネジメントの枠組みやガイドライン、組織体制自体をゼロベースで見直す領域まで踏み込むため「CMR」（Cost Management Re-engineering、コストマネジメント自体の再構築）と名付けており、まさに経営戦略として、どの領域でどの選択肢を実行すべきかの目利きと経営判断が問われます。

経営層に求められるのはコスト構造の再構築

　企業が業界内でコストリーダーシップを発揮できるかどうかは、「現場レベルでどれだけコスト削減を頑張れるか」ではなく、経営層のコストマネジメントの手腕次第と言っても過言ではありません。経営層／マネジメント層に求められる役割は、現業の延長線上で「去年より▲3％削減しろ！」と現場のお尻を叩くことではありません。各部署や担当者へコスト削減の目標数字だけを設定し、「自社はコスト削減を徹底してやっている！」と胸を張っているようでは、経営層として失格です。現状からさらに▲数％を削り出す活動は

図表 1-2-4　CMR（Cost Management Re-engineering）

			主要な施策一覧
A. コストの最適化 (Cost Optimization) 〈現場が主導、経営層が意思決定〉	外部企業との条件見直し	単価／料率	・コスト構造分解による適正単価の見極め ・相見積もり取得 ・取引先企業の変更 ・単価／料率の交渉
		仕様／品質	・過剰品質の見直し ・過剰頻度の見直し ・ムダや不要を除外 ・ITや新サービスによる代替 ・契約条件の最適化
	社内の見直し	使用量	・使い方のルールやガイドラインを設定 ・設備や機器への投資 ・使用量の管理ツールの導入
		業務プロセス	・業務改善による工数削減、生産性 UP（BPR）
B. コストの再構築 (Cost Restructuring) 〈経営層が主導＆意思決定〉	自社内で推進	IT 導入／ DX	・業務フローの見直し ・IT ツールや DX による工数の削減
		外注⇔内製	・外注⇔内製の使い分け ・子会社／関連会社との取引見直し
		廃止	・不要な商品やサービスを廃止 ・子会社／関連会社の整理／清算
		購買／発注の一元管理	・集中⇔分散購買の仕分け ・購買／発注のルール／ガイドラインを設定 ・購買部による一元管理
		リーダーシップの発揮	・現場担当者の動機付け ・聖域の撤廃 ・事業のコスト構造の抜本的な見直し ・コスト削減へのコミットメント
	他社と協業	共同運営	・共同購買 ・共同配送 ・協同組合などへの参加

現場を取り仕切る課長以下のミッションであり、経営陣は現在の延長線上ではない、より抜本的な変革を中心に担っていくべきです。

では、経営層が果たすべきコストマネジメントとは何でしょうか。それは、現状のコスト構造や事業の在り方自体をゼロベースで見直し、抜本的に再構築することです。間接コストに関して、例えば「外注⇔内製化」「購買／発注の廃止」「ITによる代替や自動化」のように事業環境や現場のニーズに合わせて素早く判断することが求められます。

外部企業へ委託または発注している業務に関しては、その妥当性を検証するため、他社との比較（相見積もり等）や自社で内製化した場合のコスト試算などをベースに、客観的な経営判断が求められます。来年度の予算計画も前年実績の延長線で作成しがちですが、一歩立ち止まり改めて予算実績の費用対効果を精査する必要があります。効果が上がっていない商品やサービスに対する支払いや投資は、次年度には大幅に見直す、または廃止します。

　予算額をできる限り多く確保したいと考える事業部や営業部主導での変革は不可能です。全体最適の観点で客観的な評価に基づき、現場にも厳しい変革を迫る権限を持つ経営層の仕事と言えます。IT／DX化に関しても、現場の業務プロセスを抜本的に効率化し、人員数自体の見直しにつながりかねないため、現場からの発信（ボトムアップ）で改善を提案されることはありません。さらには自社内の枠組みに留まらず、業界内の同業他社との協業や、協同組合等の立上げや参画により、自社単独での取り組み限界を超えた効果を創出するアプローチも視野に入れておきましょう。

　直接的なコスト削減や生産性の見直し以外にも、間接的に社内の購買プロセス自体の役割や、全社の購買や発注を管理する購買／調達部の役割と権限を見直すことで、より広範囲にわたるコストマネジメント効果の波及が期待できます。購買／発注プロセスやガイドラインを整備したからといって、直接的にコストが下がるわけではありませんが、組織や拠点の末端までガイドラインやルールを浸透させることで、マネジメント層では把握しきれていないロングテール部分の購買や発注にまで統制が効き、コスト見直し効果を浸透させることができます。

現場担当者に求められるコスト最適化に向けた活動

　現場の担当者にとっては、日々の業務をこなす中での改善余地を見つけ出し対処していく活動サイクルが中心になります。経営層に求められるコストマネジメントは既存の枠組み自体の"再構築"だったのに対して、現場担当者は既存の枠組みの中で、いかにコストを"最適化"できるかが焦点となりま

図表 1-2-5　費目別でのコスト見直しアプローチ

費目		A. コストの最適化（Cost Optimization）〈現場担当者が主導〉		
		外部企業との条件見直し		社内の見直し
		単価／料率	仕様／品質	使用量
エネルギー	電気／ガス	○		○
施設	賃料	○		
	機械警備	○	○	
	人的警備／駐車場管理	○		○
	エレベーター／ ESC 保守	○		
	ビル／施設管理	○	○	
	受変電設備保守	○		
	清掃	○	○	○
	レンタルマット／清掃備品	○	○	
	廃棄物処理	○	○	○
店舗	現金輸送	○	○	
	店舗消耗品（レジ袋等）	○	○	○
	POS レジ／現金預入機の保守	○	○	
オフィス	電話（携帯・固定）	○	○	○
	インターネット	○		
	コピー料金（複合機）	○	○	○
	事務用品／消耗品	○	○	○
	印刷（チラシ／パンフ）	○	○	○
	業務委託／人材派遣	○	○	
	機密文書管理／処理	○		
金融	クレジットカード手数料	○		
	損害保険（火災・賠償等）	○	○	
	監査報酬	○		
	株主名簿管理	○	○	
IT	システム／サイト保守費用	○	○	
	データセンター／サーバー	○	○	
	ソフトウェアライセンス	○	○	○
物流	配送費	○		
	センター／倉庫作業費	○		
	包装資材（ダンボール等）	○	○	
	倉庫保管／利用料	○	○	○
工事	外注工事費	○	○	
	建材／什器	○	○	
その他	製造消耗品	○	○	○
	食材／飲料	○	○	
	制服／リネン	○	○	○
	広告（WEB・媒体掲載）	○	○	
	採用（媒体・紹介会社）	○	○	○
	健康診断／検便	○		

| 業務プロセス | B. コストの再構築（Cost Restructuring）〈経営層が主導〉 | | | |
| | 自社内で推進 | | | 他社と協業 |
	IT／DX化	外注⇔内製	廃止	共同運営
	○	○		○
			○	
	○	○	○	
			○	
○		○	○	
		○		
	○		○	○
	○		○	○
	○		○	○
	○		○	○
	○	○	○	○
○	○	○		
		○		
○		○		
		○		
			○	
				○
○	○	○		○
○		○		○
				○
		○	○	
○	○	○	○	
○	○	○		

す。

　ユーザーマネジメントに代表される使用量の低減は、まさに日常の業務の中での創意工夫が求められる領域です。また、外部との取引条件に関しては定期的に単価／料率や仕様、その他の諸条件を事業状況に合わせて最適化していきます。

　現場担当者が常に現状に甘んじることなく、見直しや改善を継続していくためは何が必要なのでしょうか。まずは、「現状が100点満点（改善の余地がない）ということはあり得ない」という前提で、常に疑いを持ち、何かしら改善することが前提という姿勢です。

　現場の担当者が他部署などからコスト改善活動を打診された際に、「現状が最適であること」や「見直しには大きなリスクがある」といったような自己正当化により反論する場面をよく見かけます。見直し余地があるのかないのかを議論すること自体に意味がなく、そのような反論を組織内で許してしまっていること自体が大きな問題です。見直し余地がないという状態はあり得ないので、少しでも改善できる可能性があれば、何度でも繰り返し取り組むフットワークの軽さこそが求められます。

　また、担当している領域の取引状況や現場の詳細なオペレーションをしっかり"見える化"しておく必要があります。取引先企業に任せっきりで「詳細はわかりません」「依頼した内容はトラブルなくやってもらっています」という程度では、追加の改善余地どころか、現在の取引条件の妥当性さえも理解できません。特にITシステム保守や物流などでは業務委託先に丸投げとなっているため、料金や各種条件に関しては委託先側の言いなりにならざるを得ない状況を多く見かけます。

　図表1-2-5は先に紹介したCMR（Cost Management Re-engineering）の全体像の視点で、費目別でのコスト見直しでは実際にどのようなアプローチが有効なのかを一覧表にまとめています。

PART 2

間接材コストを削減する
8つのステップ

PART2 では、間接材のコスト適正化に向けて、どういった手順で検証し実現していくのかを紹介します。コスト削減までの見直しの手順を時系列順に並べると、大きく 8 つのステップへ分類できます。ステップごとに各章でその詳しい内容を解説します（図表 2−0）。

　まずは現場でのコスト適正化に着手する事前準備として、STEP1「コスト削減余地の事前分析」において、取り組み対象となる領域のリストアップとその優先順位付けを明確にします。その後、STEP2「コスト削減を成功させるための事前準備をする」を通して、現場担当者の改善に向けた動機付けをします。

　STEP3「仕様やサービスレベルの最適化」以降では、検討対象となったそれぞれの費目ごとに現場担当者を巻き込んでコスト見直しに取り組んでいきます。最終目的は "コスト削減" ですが、いきなり取引先企業へ値下げ依頼や価格交渉（STEP7）をしてはいけません。事前の検討事項として、現在の事業状況に対する仕様／サービスレベル（STEP3）や価格（STEP5）の妥当性を精査し、社内での購買体制（STEP4）と取引先候補（STEP6）も改めて見直し余地がないかをゼロベースで検討します。

　最終的には取引先企業との契約締結（STEP8）または取引条件の合意により、具体的に年間でいくらコスト削減できるのかが確定します。

　以降の各章（各ステップ）では、時系列での見直し手順に加えて、個別費目（印刷費や携帯電話料金など）ごとの具体的な見直しアプローチや事例も踏まえ、現場で実践的に活きる知見やノウハウをお伝えします。

図表 2-0　間接材コストを削減する 8 つのステップ

		間接材コストを削減する8つのステップ
事前準備	STEP1	コスト削減余地の事前分析
	STEP2	コスト削減を成功させるための事前準備
コスト削減実施	STEP3	仕様やサービスレベルの最適化
	STEP4	購買体制の見直し
	STEP5	発注／調達単価の最適化
	STEP6	最適な取引先候補の見つけ方
	STEP7	WIN-WINを実現する実践交渉テクニック
完了手続き	STEP8	契約書のチェックポイント

STEP 1

コスト削減余地の事前分析

総勘定元帳データをベースに、
見直し対象の優先順位付け

　間接材の支払いが一元管理されていない状況で、どのように見直し対象を特定し、優先順位付けしていけばいいのでしょうか。まずは間接材、または一般販売管理費に関して、「年間で何に対してどれだけ支払っているのか」といった全体概要の把握からはじめます。経理部署が保有している全社の支払いデータ（総勘定元帳）を分析／集計し、「勘定科目」ごとの「年間支払額」とその「支払先企業」を明らかにします。

総勘定元帳データからまずは支払状況の全体像を把握

　総勘定元帳の支払いデータから着手する理由は、間接材／一般販売管理費に関する全支出を一元的にデータで管理している情報リソースが他に存在しないからです。原価／直接材は、専門の購買部や調達部において、自社で組み上げた社内システム上で一元管理している例は多く見られます。一方で、間接材は、業務委託費、宣伝広告費、水道光熱費、物流費、通信費、事務機

器消耗品、施設管理費、賃料、金融手数料など、その範囲は原価以外という定義で多岐にわたるため、事業部別、エリア別、拠点別などで個別に契約／発注／支払いを実施している費目も多く、個別の担当者から情報をすべてかき集めるとなると膨大な作業になってしまいます。

　その点、総勘定元帳であれば、「調達単価や料率は不明」「詳細な仕様がわからない」「支払先企業が記載されていたり、なかったり」というように把握できる情報は限定的ですが、経理部のシステムから一括でデータ（CSV形式）をダウンロードできるため、データ入手だけであれば数分から数十分で完了します。

　いきなり、事業部や拠点／店舗に対し、個別の取引条件や支出の詳細情報の提出を依頼する方法もありますが、まだ優先順位も付いていない段階で、他部門や事業部を横断して大掛かりに依頼するのは得策とは言えません。また、全国の各拠点へ情報回収を依頼する場合、依頼先の拠点にも手元に目的とする資料／データがない場合も多く、各拠点がそれぞれの取引先企業へ再度依頼をかける必要があるため、企業間の伝言ゲームとなり、コミュニケーションコストが膨大にかかります。結果的に、6カ月以上経っても必要なデータや情報が部分的にしか集まらず、全社的な見直しの取り組みを途中で断念することになりかねません。

総勘定元帳データを活用するための準備とデータ加工の手順

　経費支払過程の処理データの集合体でしかない総勘定元帳から、間接材の個別費目別での年間支払額を確認するためにはデータの加工と集計が必要です（図表2-1-1）。

　はじめに、間接材コストとはまったく関係がない資産データ（B／S関連）や収益計上（売上側）などのデータが混在しているため、損益計算書（P／L）内のコスト支払部分のみを抜き出します（手順1）。また、コスト支払いに関しても原価／直接材に関する支払いデータを除外し、間接材のみを残します（ただし、間接材の中でも一部、工場の水道光熱費（特に電気料金）や副資材

図表 2-1-1　総勘定元帳のデータ加工手順

総勘定元帳のデータ加工手順		実施内容
手順1	損益計算書(P／L)の間接コストを抽出	・損益計算書(P／L)のコストに関する勘定科目以外は除外 　✓資産系、負債系、収益系の勘定科目の削除 ・原価／直接材の費用を削除 　✓工場の電気料金などは原価側に計上されているため要注意
手順2	コスト見直し対象となる費目を絞り込み	・見直し対象外となる費目を除外 　・減価償却費や税金支払い、社内の配賦コスト 　・直接人件費や研究開発費 　・部門間やグループ企業間の社内取引や費用の振り替え／配賦
手順3	分類して名付け(ラベリング)	・勘定科目の大／中／小の分類別で分類 　✓(例)：物流費(大)⇒輸配送費(中)⇒宅配便(小) ・交渉先となる支払先企業別で分類 　✓(例)消耗品は多岐にわたるため、卸業者などの支払先別で集計
手順4	集計した後、優先順位付け	・支払金額が大きい順に一覧で表示する 　✓Excelのピボットテーブルで分析可能 ⇒検討の着手順を明確にするための優先順位付け

等は、製造原価側に計上されているため、直接原価区分でも今回の見直し対象となるデータは残します)。

　間接材コストのデータのみを抽出できれば、さらに減価償却費などのコストの見直しの対象外となる費目を除きます(手順2)。直接人件費や研究開発費なども通常はいったん対象外とします。また、間接材コストだとしても、社内の部署間取引や、ホールディングスによる各部への共通費用の配賦などは、外部企業への実際の支払いは発生していないため対象外とします。

　手順2までの作業が完了すると、間接材コストの中で純粋に外部企業への支払分のみのデータになります。ここからは間接コストの支払いデータを意味のある塊ごとに分類して名付け(ラベリング)していきます(手順3)。通常は勘定科目別の大分類または中分類くらいまで分類を行い、その勘定科目に紐づく支払先企業が複数出てくる単位で整理します(例：勘定科目上、大分類「水道光熱費」で中分類「電気料金」まで分類し、その支払先の電力会社が複数社リスト化され、各電力会社への年間支払金額が明記されている状

態）。分類のレベル感としては、「電気料金」「施設管理費」「電話料金（固定／携帯）」「チラシ印刷」など、現場担当者が実際にコスト見直しを取り組む単位で括ります。

　一方で、卸業者や施設管理会社などが支払先の場合、1つの取引先企業に対して複数の勘定科目／費目が関わっているため、前述の分類方法とは逆に、取引先企業ごとに分類した上で、その内訳を勘定科目ごとに分類します（例：ある施設管理会社との取引の内訳に、清掃費、警備費、エレベーター保守、電気設備保守、廃棄物処理などの複数の費目が含まれる場合）。この場合は、コスト見直しにおいても、取引先企業の窓口経由で複数費目の条件を交渉します。

　最後に全体の分類と名付けが完了したら集計し、検討の塊単位で総支払金額が大きい順で一覧表を作成します（手順4）。

　上記の手順1〜手順4では、総勘定元帳のデータがある程度整理されていることを前提としています。場合によっては、総勘定元帳データに、「"手数料"としか記載されておらず内容が不明」「支払先企業名がほとんど記載されていない」「複合機に関する支払いがどのデータなのか特定できない」など、総勘定元帳データが分析できる状態ではないこともあります。その場合、改めて勘定科目の大分類／中分類／小分類の記載ルールや、支払先企業などの重要情報は必ず記載するなどを徹底し、その後3カ月〜6カ月にわたり正確なデータを蓄積し、事前分析に耐えうるデータベースを構築しましょう。

年間支払総額の大きさや見直しやすさから、対象費目を優先順位付け

　事前分析の初期段階では、総勘定元帳の支払いデータを年間支払金額の大きい順に並べ、見直しによる財務インパクトが大きそうな費目から優先順位を付けます。さらに可能であれば、金額規模の大小だけでなく、その費目の特性に着目すると、より見直し余地がありそうな費目が見えてきます。例えば、「市況単価が下落傾向」、「半年以内に契約更新を迎える」、「同じ費目にもかかわらず、事業部やエリア別でバラバラ」などの観点から、改善余地が大

きそうな費目を推察します。

　コスト見直し余地が大きい可能性がある費目の特徴や条件は、下記のとおりです。

- ・年間支払金額が相対的に大きい
- ・取引先との契約更新タイミングが近い（3カ月前～半年前）
- ・市況単価トレンドが下落傾向にある
- ・長年（5年以上）、契約条件や単価が見直されていない
- ・事業部やエリア別でバラバラの契約がなされており、本社で一元管理できていない
- ・比較的着手しやすそう／シンプルなので短期で結果を出せそう
- ・契約が自動更新となっている

　上記のような観点で各費目の優先順位付け（A.最優先費目、B.優先費目、C:対象費目、D：対象外の4段階くらい）をし、まずは「A.最優先費目」から着手していきます。「A.最優先費目」は少なくとも5～6費目は選出すべきですが、財務インパクトが大きいという観点だけでなく、たとえ少額であったとしても短期間でコスト削減成果を創出できそうな（見直し着手から3カ月以内）シンプルな費目を選出することも重要です。

　今後、「B.優先費目」、「C:対象費目」へと全社規模で見直し活動を横展開していく際、社内で関連する他部署を巻き込むための実績作りが重要であり、先行して「A.最優先費目」の中で確実かつ短期に結果を出せる見込みがあるものを複数入れておきます。

費目タイプ別での効率的な現状把握のアプローチ

　いざ、個別の費目ごとに取り組む際、現状把握のための契約書／覚書、また単価や料率に加えて、詳細な仕様やサービス内容を把握する必要がありま

図表 2-1-2　現状把握に手間と時間がかかる費目特性とその攻略法

	特性	特徴の詳細内容	該当する費目
I	多種多品目／ロングテール	✓取扱商品数が数千～数万費目に及び、購買データが膨大 ✓他社への見積もり依頼や内容の精査が大変	✓事務消耗品 ✓店舗消耗品 ✓副資材 ✓各種工事
II	現地ごとに異なるオペレーション	✓拠点別または店舗別でサービスが展開されている ✓契約内容と現場の運用にズレが生じており、現地調査が必要	✓清掃／警備 ✓施設管理 ✓現金輸送
III	業務委託先がブラックボックス	✓一連の業務プロセスを一括して委託している ✓業務実態がブラックボックス化し、業務量や料率の妥当性が不明	✓IT業務委託 ✓物流3PL ✓総務経理BPO
IV	取引先が情報を開示してくれない	✓取引先の協力が得られず、必要な情報が入手できない ✓現場の詳細な実態把握に多大な時間がかかる	✓業務委託費 ✓通信費 ✓廃棄物処理 ✓電気料金
V	エリア／拠点別でバラバラの契約＆支払い	✓契約元も取引先もバラバラなため、情報をかき集めないといけない ✓情報収集に多大な時間と手間がかかる	✓固定電話 ✓チラシ印刷 ✓クレジットカード手数料

す。しかし、この現状把握こそがコストの見直しを実施するにあたり、最も手間と時間がかかる場合が多いことに驚かされます。特に下記の5つの特性を持つ費目の場合、現状把握だけでも1カ月以上、場合によっては半年程度の期間を要することも珍しくないため、どうすれば効率的に現状把握できるのかを紹介します（図表2-1-2）。

特性I. 多種多品目／ロングテール

代表的な費目：事務消耗品、店舗消耗品、副資材（工具や備品、鋲螺等）、各種工事

多種多品目となるオフィス事務や店舗における消耗品、または工場や現場作業に伴う副資材（工具や備品、消耗品）は、とにかく取扱商品の種類が多く、数千費目～数万費目以上に達します。実際の発注データも膨大な量となり、Excelファイルでは処理しきれない場合もあります。これだけ費目数があ

ると個別商品ごとで購入の必要性を精査したり、類似費目の集約化を検討したりするにも膨大な手間がかかります。

〈コスト見直しのための最短アプローチ〉

　多種多品目／ロングテール系費目の見直しアプローチは、まず年間購入金額が大きな上位費目だけにフォーカスします。一般的に言われる「2：8の法則」が示すとおり、上位2割の費目で年間購買金額の7〜8割以上を占めます。また、支払金額全体の6〜8割程度をカバーしているのであれば、上位1割未満の費目数でも構いません。まずは年間支払金額の上位商品だけでも、「費目名」「型番」「仕様」「単価」「数量」「年間支払額」をリスト化し、複数社へ見積もりを依頼します。部分的な見積もりにはなりますが、そもそも現在の調達単価からどの程度の見直し余地がありそうか、また、どの卸業者や代理店に価格競争力がありそうかの当たりを付けることができます。

〈TIPS〉

　多種多品目を扱う卸業者や代理店が案件ごとに十分な利幅を確保しようとする場合、1製品あたりの単価が高く、全体に占める金額割合も比較的大きい製品の「単価」を高めに調整する傾向があります。1製品あたりの単価が高くないと、なかなか利益創出効果が出ないことに加え、ロングテール側の小額商品の単価を操作したところで、大した利益貢献にはならないからです。よって、この傾向を逆手に取り、全体の見積もりや単価水準の妥当性を検証する際には、メイン品目の中から「単価が高い一般品（特注品でない）」をいくつかピックアップし、市況相場と比較してどの程度の価格水準なのかを検証します。

　最近では、ネット検索等でも意外と市況での調達単価を確認できます。事務消耗品や副資材だけでなく、各種発注工事の内訳にある資材／機器に関しても、個別の商品ごとに市況単価をチェックします。利幅がかなり盛られている場合、どこからでも購入できるような一般的な製品が市況単価の1.5倍から数倍以上の価格に設定されていることも少なくありません。

特性Ⅱ. 現地ごとに異なるオペレーション

代表的な費目：清掃／警備／廃棄物処理／レンタルマットなどの施設管理、現金輸送

清掃／警備／廃棄物処理などに代表される施設管理系サービスは、一般的には本社主導で基準となるサービス水準や仕様を取り決めています。しかし、経年に従って、現場ごとの個別ニーズへの対応によってサービス内容がカスタマイズされたり、担当者の変更をきっかけに徐々に属人的なオペレーションが行われたりして、気がつけばどの拠点も当初の契約書／仕様書に記載されている内容と大幅なズレが生じます。そのため、現場での作業内容を正確に把握するには、拠点ごとに現地の実態調査が必要になり、多大な労力がかかってしまいます。

〈コスト見直しのための最短アプローチ〉

社内の全拠点に対して、拠点ごとに異なる現場のオペレーションを一から調査するには膨大な労力がかかります。そこで、現実的なアプローチとしては、代表的な拠点や店舗を数件ピックアップし、新しい取引先候補企業へ現地調査を踏まえた見積もり作成を依頼します。拠点ごとの詳細実態を把握することに意味はありますが、ただ詳細を把握しただけではコストを削減できません。

単純な実態把握とは別に「現在のサービス内容が現場ニーズにとって最適なのか？」「現状から何か改善の余地があるのか？」も、今後改善すべき課題を特定する必要があります。

コスト削減する上での最短アプローチは、新しい取引先候補企業に対して「最低限、担保してほしいサービスレベルや要件／仕様」と「ターゲットとなる料金水準（現状より▲5％〜▲10％程度安い水準）」を伝え、実現可能かどうかを精査してもらうことです。現状よりも魅力的、または安価な提案が出てくれば、それをもって既存取引先と改めて条件交渉するか、他社へ変更す

るかの検討を進めます。

〈TIPS〉

　既存取引先や新規の見積もり依頼先企業へは、前提となる「サービスレベルや要件／仕様」を複数提示することをお勧めします。現状維持となる「サービスレベルや要件／仕様」をパターン１とすると、パターン２は「パターン１からさらに簡素化した要件／仕様」での見積もりを依頼します。見積もりを依頼された企業は、より簡素化された条件のパターン２では、必然的にパターン１よりも安価な料金や単価を提示するしかありません。また、別のアプローチとしては、「現状の料金体系よりも▲10％安くできるサービスレベルや要件／仕様」をパターン３として、取引先企業からは特定の料金／価格を前提として、具体的なサービスレベルや要件／仕様の見直し案を提案してもらいます。

　現状とは前提が異なるパターン２「現状より簡素化した要件／仕様の前提」やパターン３「現状より▲10％安くする前提」を提示することで、単純に価格が"下がる⇔下がらない"の押し問答になりがちな交渉から、より建設的にサービスレベルの見直しを含めた協議が可能になります。

特性Ⅲ． 業務委託先がブラックボックス

　代表的な費目：IT業務委託、物流3PL、総務経理BPO

　現場の業務を他社へアウトソーシングしている業務委託費目は、委託先の業務実態を把握するのが大変です。業務委託先は、「委託業務の実態を不透明にして（ブラックボックス化）、料金の妥当性をわかりにくくする」、「他社へのスイッチングコストをできる限り引き上げる」、「裏側で生産性改善／効率化を進める」といった取り組みを通して、継続的に高い利益率を確保しようとします。一方で、改めて業務委託先のオペレーション工程をすべて明らかにするには、専任のメンバーを複数名立てて、数カ月程度の現地調査やヒアリングが必要になります。

〈コスト見直しのための最短アプローチ〉

　業務委託先の実態把握には、まずはできる限り、業務委託先の企業から月額料金の内訳やその根拠を開示してもらいます。人件費であれば「人件費単価」×「労働時間」、資材／物品系であれば「購入単価」×「数量」といったように支払金額を個別の要素へ因数分解していきます。その中でまず着目すべきは「単価」の妥当性の検証です。「時間」や「量」の切り口は、現場のオペレーションが関わってくるため、客観的にどの程度が妥当な水準なのかの判断が困難です。一方で「単価」であれば、人件費単価や資材／物品の単価は、市況相場と比較し、妥当性を評価できます。

〈TIPS〉

　業務委託先の「必要労働時間」は、客観的に妥当性を評価しづらく、「この対応や開発にはこれだけの人数や時間が必要です」と言われれば、なかなか現場担当者も反論できません。そこで解決策の一つとして、業務実態を"見える化"してくれる最新IT監視ツールが有効です。特に、IT業務委託や経理／総務BPOのように業務委託している現場のメンバーがPC上の作業を中心に実施している場合、特定のソフトウェア（「PC端末監視ツール」など）を導入すれば、遠隔サーバーからPC端末ごとにどの作業やアプリケーションにどれくらいの時間を割いているのかなどの詳細データをリアルタイムで実測できます。ツールにより実績の工数を確認した結果、業務委託先の人員数を3割程度削減できたという事例もあります。

特性IV. 取引先が情報を開示してくれない

　代表的な費目：業務委託費、通信費、廃棄物処理、電気料金

　取引先企業へ受発注管理などの業務を依存している場合、いざ実態を把握するために取引先企業へ各種情報の開示を依頼しても協力が得られずに、現状把握でさえままならないパターンです。商習慣的に個別取引ごとに発注書や申込書で対応している場合、直近の12カ月分の詳細な取引データは、取引

先企業へ依頼しないとわからないことが少なくありません。業務委託先企業も、あえて自社のオペレーションの詳細内容やコストの内訳をさらけ出して情報共有しようとは思わないため、一般的に情報共有自体に非協力的です。

〈コスト見直しのための最短アプローチ〉

　本来であれば、見積もり依頼に必要な過去12カ月分の取引詳細データは、常日頃から自社の手元でも管理しておくべきです。どうしても取引先企業への依頼が必要な場合、相手側も「何か見直そうとしているな」「他社への見積もり依頼を検討している」と気づくため、「3カ月以上前のデータは残っていない」、「過去のデータを抜き出せるシステムになっていない」などの理由でデータ共有の協力を断ってきます。そこで、まずは当月または直近3カ月程度の実績データや必要資料から揃えていきましょう。その後は、定常的に自社内でも詳細な取引データを蓄積していくような運用体制を構築し、取引先企業任せにしないことが大事です。

〈TIPS〉

　詳細な実績データを取引先企業へ依頼する場合、「なぜ、今必要なのか？」の理由として、「コンプライアンスの関係上、全社的に取引先企業との実態調査が必要になっている」「取締役会／監査役から取引の実態確認の指示が出ている」などの大義名分を立てた方が、情報共有に協力してもらえる確率も上がります。単に「データを開示してください」と依頼するだけでは、取引先企業としても何のメリットもなく、逆に相見積もりを取られて現在の取引を失うリスクが高まるからです。今後も取引を継続する上で、コンプライアンスの観点から詳細な実績データの確認が必須というニュアンスで打診します。

　取引先と契約更新する、または、新たな企業との取引を開始する際には、契約書や覚書において、「毎月、何の情報をどれくらい詳細に共有してもらうのか」も取り決めておくことをお勧めします。現場の運営に関わる業務委託先企業とは最低月1回程度は定例会を設け、実績データだけでなく、主要なKPI（重要業績評価指標）の確認や現場改善に向けた取り組みを協議します。

特性V．エリア／拠点別でバラバラの契約＆支払い

代表的な費目：固定電話、チラシ印刷、クレジットカード手数料

自社及び取引先企業ともに、エリア／拠点ごとに契約や案件が個別管理となっているため、法人対法人間の全体像を把握していないパターンです。典型的な事例として、固定電話回線は通常、各拠点や営業所が個別でNTTなどの通信会社と契約していきます。一方で通信会社側も回線開設後は、毎月の回線ごとの請求金額を算出し、所定の拠点へ送付するだけとなります。その後、拠点の統廃合や固定電話から携帯電話／スマートフォン中心の利用が進む中で、ほとんど使われなくなった固定電話の休眠回線が多数放置されていたりします。

請求書上で通話料金が発生していなかったとしても、社外からの連絡がどの程度来ているのか、どこまで回線を残しておく必要性があるのかを誰も理解していないため、延々と使わなくなった回線の基本料金を払い続けているのです。

〈コスト見直しのための最短アプローチ〉

コスト見直しに際して、なかなか現状把握の近道がないかもしれません。少なくとも、各拠点別で情報を収集し、全社の固定電話回線を確認する必要があります。また、着信の有無は請求書や各種データでは判別できないため、個別の回線の必要性に関しては、各拠点の現場担当者や責任者に判断してもらう必要があります。必要性の有無が不明という場合、"とりあえず継続する"という判断になりがちですが、"必要性が不明な場合はいったん解約する"くらいのスタンスで整理すべきです。

〈TIPS〉

最近では、企業ごとに通信費の請求をまとめて管理するビリングサービスを活用するのも有効です。通信会社自身が提供しているサービスだけでなく、

独立系では株式会社インボイスなどが有名です。ビリングサービスを提供している企業がより安価な回線を卸売している場合もあります。また、本社側で利用状況や支払いを一括管理できるため、回線の必要性の精査や拠点別での横比較などもしやすくなります。

STEP 2

コスト削減を成功させるための事前準備

現場担当者がコスト削減活動に否定的である4つの理由

　全社的なコスト見直しに取り組む場合、経営層として単に現任の担当者へ「現状よりも▲○％以上を目標にコスト削減を実現せよ！」と業務命令を出すだけでは期待する成果は得られません。コストを最適化するためには、いくつもの組織的な課題や障害をクリアする必要があります。第一に、コスト見直しの活動自体が社内で前向きに捉えられ、現場担当者や選出されたプロジェクトメンバーが躊躇することなく、活動に専念できる環境が必要です。そのために経営陣が準備すべきことは、現場担当者、またはコスト削減に取り組むプロジェクトメンバーが見直しに対して積極的に取り組めるようにする"動機付け"です。

　過去、2,000社以上のコスト削減を支援してきた中でコスト削減の余地があるにもかかわらず、それが実現できていなかった最大の理由は、「現場担当者がコスト削減に取り組む動機付けが不十分だったから」です。具体的に、どういった原因で現場担当者がコスト削減に対して、後ろ向きの反応を見せたのでしょうか。そこには大きく4つの理由があります（図表2-2-1）。

図表 2-2-1　現場担当者がコスト削減活動に否定的である理由

現場担当者がコスト削減活動に否定的である理由		特徴の詳細内容
理由1	コスト削減を実現しても評価されない（給与や賞与は年功序列）	✓年功序列なので、必要最低限のこと以上は取り組む意欲が高くない ✓取引先の変更は、担当者の手間が増え、トラブルの原因にもなるためやりたくない
理由2	日常業務が忙しく、手が回らない	✓コスト見直しに積極的だったとしても、現状の業務に＋αでは手が回らない ✓結果、見直しも後回しとなり、十分に結果を出せないまま立ち消えとなる
理由3	コスト削減ができてしまうと、担当者として非難される	✓「大きなコスト削減成果」＝「現場担当者が今まで怠慢だった」となる可能性 ✓外部のコンサル／専門家を活用しても、成果は現場担当者の手柄とすべき
理由4	他人に横槍を入れられたくない	✓部長／課長といった役職者でも、担当領域のあら探しはされたくないのが本音 ✓担当の業務内容がブラックボックス化している状態を良しとしない組織風土が大事

理由1. コスト削減を実現しても評価されない（給与や賞与は年功序列）

　現場担当者がコストの見直しに消極的な理由の一つが、「コスト削減を実現したとしても、自分の評価は特に変わらない（給与や賞与は今までどおり年功序列のまま）」というものです。通常、間接コストの多くの費目は、総務部、財務部、情報システム部など企業内でもコストセンターとして位置付けられる管理系部門が所管です。人事評価において、営業部のように売上目標に対してどれだけ達成できたか、というような加点方式の評価体系ではなく、決められた業務を正確にトラブルなく遂行できているか否かが重視されます。

　管理部において、「誰かが目覚ましい成果を挙げた！」という事例は稀であり、むしろミスなく日常業務をこなすことが重要視される結果、年功序列的な人事評価／組織体制になりがちです。「コスト削減をやってもやらなくても、給料やボーナスは一切変わらない」「どうせ年功序列なので、余分な仕事はしたくない」という意向が働きやすくなります。

経営陣がとるべき理想的な対応策としては、コスト削減の成果／仕事ぶりが直接的に人事評価へ反映され、昇給やボーナスの増額の可能性につながるように評価制度を再設計することです。昨今では管理部門においてもジョブ型人事制度が導入されつつあり、個別のポジションごとに職務／職責が明記され、期待以上の成果を発揮した人材にはプラスアルファの賞与や早期昇進が実現されつつあります。

　しかし、現状の人事評価制度を変更するとなると、数年がかりの一大プロジェクトとなってしまいます。そこで、現実的な対応策としては、"コスト削減プロジェクトの取り組みに参加していること"、または"コスト見直しで成果を出すことがちゃんと評価されている／注目を集めている"と感じられる社内環境や雰囲気を、経営陣が率先して醸成することです。具体的には次のような施策を実施することにより、人事制度を変更しなくても、現場担当者のやる気を引き出すことが可能です。

　人事評価制度の変更以外に現場担当者のモチベーションを上げる施策例としては、以下があります。

施策例1.「社長直轄の重要プロジェクトと位置付けて、社内でも注目を集める」
施策例2.「現場担当者の上長や担当役員にも、重要なミッションとして正式任命する」
施策例3.「定期的に経営陣を交えた報告会を開催する」
施策例4.「『社長賞』などの社内表彰制度を設ける」
施策例5.「特に活躍したメンバーには、社外研修や視察出張といったインセンティブを与える」

理由2. 日常業務が忙しく、手が回らない

　次に、現場担当者がコスト見直しに消極的になる理由が、「日常業務で手一杯であり、追加のコスト削減に対する取り組みに手が回らない」というもの

です。現場担当者はコスト削減の必要性に共感し、取り組み姿勢も前向きだったとしても、現実的には日常業務だけでも手一杯という状況に加え、追加でコスト削減のミッションを指示されたもののとても手が回らない、また着手したものの後回しとなり成果が出ないまま立ち消えてしまう場合があります。

　この場合、経営陣、または各部門長が取るべき対応策としては、コスト削減プロジェクトの取り組みに選出されたメンバーの業務量を調整することです。現状の通常業務を100％とすると、少なくともプロジェクト期間中はそのうち30％〜50％近くの工数をプロジェクトに割く必要があるため、通常業務の30％〜50％を部署内の他のメンバーへ振り分けるか、またはいったん当該業務を中断する必要があります。

理由3.　コスト削減ができてしまうと担当者として非難される

　現任担当者がコスト削減を指示されて活動する際に、大幅なコスト削減が実現してしまうと、逆に経営陣や上長から「今まで何をやってたんだ！なぜ、もっと早く見直せなかったのか‼」と叱責されて、むしろ人事評価上もマイナスに働く、または評判が落ちることを懸念する担当者もいます。特に、外部のコンサルティング会社や専門家を入れて、大々的に実施する際はなおさら、「外部のコンサルタントまたは専門家が入って大きな成果が出れば、逆に今まで現任だった自分は非難の対象になりかねない」ということで、取り組みに対して、非協力的、または敵意を露わにするということも珍しくありません。

　この場合の経営陣の役割は、事前に現場担当者に対してコスト削減に前向きに取り組んでほしい旨を直接コミュニケーションします。現状からどれだけさらに踏み込んで見直せたのかを評価し、その成果は大きければ大きいほど高く評価されることを伝えます。また、外部のコンサルタントや専門家を活用した場合においても、プロジェクトで創出された成果はすべて現場担当者の成果とすることを約束すれば、現場担当者は外部の協力者を敵視することなく、むしろできる限りうまく活用しようというマインドセットになるはず

です。経営陣や担当者の上長は、「今まで何をやっていたんだ！全然見直せていなかったじゃないか」といった「犯人探し」をしてはいけません。

理由4. 他人に横槍を入れられたくない

　現場担当者が「他部署のメンバーや外部から自分の担当している領域に横槍を入れられたくない」という理由です。長年、専任で担当しているメンバーに多く見られ、自分なりのやり方を確立してきたため蛸壺化し、担当者しか詳細がわからないという事態に陥っています。現任担当者は自分独自のやり方が心地よく、既存取引先も気心が知れているため、日常業務は取引先の担当者へ任せきりという傾向があります。結果的に"現在の条件がベストであること"、"取引先を怒らせてしまうとリスクが大きいこと"などを主張して自己防衛に走ります。介入者に対しては、たとえ社長であっても、専門的な領域であることを理由に、「他部署や外部の人間は現状の特殊性や詳細内容を理解できていない」「いざとなったら、私は責任取れません」「自分が納得いかないことは受け入れない」と態度を硬化させます。

　この場合、経営陣の役割としては、専任担当を長期固定し蛸壺化してしまうような組織運営をやめるべきです。たとえ専門的な領域であっても、3〜5年で配置転換し、かつ必ず2名以上が現場の詳細まで把握している体制にします。ただし、組織運営や人員配置のルール変更には時間がかかるため、どうしても現場担当者が動かない／コスト削減に後ろ向きであれば、見直し自体の活動は別の第三者（社内の経営企画や社長室の特任担当、または外部のコンサルタント／専門家）にいったん任せるという発令を行い、抵抗勢力となった現任担当者を一時的に外すといった措置も必要です。

　以上、コスト削減の見直しに対して、現場担当者レベルでの後ろ向きの姿勢や反発への対応は、事業会社の経営陣だけでなく、第三者としてコスト削減プロジェクトを支援する外部の専門家やコンサルティング会社にとっても極めて重要な視点です。我々も過去のプロジェクトにおいて、社長など経営

陣は「ぜひ、コスト削減できるものは徹底的にやってほしい！」とやる気満々であったとしても、事前の現場へのコミュニケーションや根回しが充分でない場合、プロジェクト着手後に現場からの協力が得られない、または感情的な理由で反発が相次ぐなど、さまざまな障害が発生してしまうことを経験しているからです。

なぜ「聖域化」された領域ができてしまうのか

　経営企画室や総務部が社内の旗振り役として、コスト見直しのために担当部署へ打診した際、「すでに自分たちで取り組んでいる」という理由で、協力して見直す活動を拒否することが少なくありません。本当に見直す余地がないのか、我々の経験上、見直しに反対または抵抗する部署ほど、多くの改善余地や無駄が潜んでいます。見直しできるはずの領域が、なぜ外からは手出しできない"聖域"とされるのか、その背景と解消の方法を紹介していきます。

　典型的に企業内で見られる"聖域化"のパターンは図表2-2-2に示すとおりです。

パターン1. 専任担当者の長期固定による蛸壺化

　まずは、特定費目の専任担当者が長年にわたり固定化されている場合です。大企業では管理部門の規模も大きく、調達部や購買部のような専任の部署が存在する場合、担当の候補となる人材も複数在籍しているため、組織運営として3〜5年ごとの配置転換がルール化されている場合が多いでしょう。一方で、地方の中堅／中小企業では、管理部の人員数も限られており、調達／購買を専門的に担当する組織もない場合が多く、一人で何役もこなしています。

　また、物流などの現場のオペレーションに深く関与するものや、工事／改修のように専門知識や資格が必要となる担当者も、他に適任となる候補者が

図表 2-2-2　典型的に企業内で見られる"聖域化"の4つのパターン

"聖域化"のパターン		詳細内容
パターン1	専任担当者の長期固定による蛸壺化	✓担当者が長年専任として固定され、同部署の他人からも内情がわからない状態 ✓会社の利益よりも、担当者にとっての仕事の「やりやすさ」「楽さ」が優先され、場合によっては取引先との癒着によるコンプライアンス違反に発展する可能性あり ✓専門性の高いポジションで発生しやすく、食材の調達や、建設／工事関連の担当、その他各種有資格者が担当となる場合は注意が必要
パターン2	取引先との今後の取引継続を前提とした馴れ合い	✓今後も取引を継続する前提で、条件交渉や契約更新を実施 ✓取引を失うリスクがないとわかれば、取引先は強気の交渉が可能。結果的に、自社のリクエストや依頼が受け入れられず、割高または不利な条件で取引し続ける事態に陥るリスクあり ✓中長期的には馴れ合いにより商品やサービスの品質も低調になりうる ✓創業時から長年取引している同郷企業、または子会社／関連会社との取引に注意が必要
パターン3	部署間の連携不足（部署ごとに個別最適化）	✓全体最適の視点に欠け、発言力が強い部署の言いなり、または反論できない状態 ✓売上責任を持つ営業部や事業部側の利害関係が極端に優遇され、コスト見直しが軽視される ✓少しでも売上にマイナス要素の可能性があれば、提案がすべて否決される場合も多い
パターン4	合理性よりも慣習やメンツを重んじる文化	✓「創業時からの取引だから」、「あの時、協力してもらったから」、「怒らせて取引してもらえなくなると大変だから」などの感情論を経営層が引きずっている状態 ✓取引先に必要以上に遠慮したり、下手になっており、不利な取引条件を見直せずにいる ✓ビジネスとして取引を考えた場合、最低限の競争環境や取引関係における緊張感は必要

いないという理由から固定されがちです。原価や直接材に近い領域でもある食材などは、「肉」「魚」「野菜」などのジャンルごとで担当が分かれ、長年担当者が固定されているのが一般的です。

　担当者の専門性が深まるという効果はありますが、担当期間が5年を超えてくるとむしろ弊害の方が大きくなります。担当者と取引先企業との関係性が深くなり、ある程度自分にとって都合のいい属人的なやり方が随所に出てくるからです。また、取引先企業側も自社に関する理解が深まるため、担当者間の「やりやすさ」や「楽さ」が優先されがちです。

〈脱"聖域"実現へのアプローチ〉

　専任担当者の固定配置による蛸壺化を防ぐためには、定期的な配置転換が効果的です。しかし、管理側の人員が限られローテーションが難しい場合は、業務内容を徹底して"透明化"する必要があります。ある業務領域に対して、担当者以外に少なくとも上長を含め2名以上が詳細な業務内容まで把握している必要があります。

　担当者の定期的な配置転換が困難な場合の対処法としては、以下があります。

　　・複数人での担当制（特定の担当者しか事情がわからない取引を排除）
　　・外部企業との商談／打ち合わせには、必ず2名以上で出席
　　・外部企業とのメールのやり取りは、すべてCC：に上司／部署メンバーを入れる
　　・契約書／覚書、及び取引の実績データはすべてサーバー上で一括管理

〈TIPS〉

　直接的な脱"聖域"の方法論ではありませんが、別々の領域を担当している調達／購買担当者が社内に複数名いる場合は、担当者間で見直しアプローチやノウハウ、最近の成功事例等を意見交換するセッションは有効です。自分以外の担当者が、「日頃どういうアプローチで、どう交渉しているのか」「最近ではどのような取り組みや成功事例があったのか」等はお互い知らないことがほとんどです。定期的に全担当者を招集し意見交換すると、新たな気づきや手法などの発見があり、部内での見直しに対する機運も高まります。

パターン2.　取引先との今後の取引継続を前提とした馴れ合い

　取引先企業に対して、今後も取引の継続を前提として、条件交渉や契約更新している場合です。取引先企業は取引を失うリスクがないため、条件交渉においても強気に臨めます。現状以上に妥協する必要がないため、料金や単価の見直しや各種改善施策のリクエストに対しても前向きな協力が得られま

せん。このような馴れ合いの状況では、中長期的に、商品やサービスの品質も改善が見られず、低調な状態でマンネリ化に陥るリスクがあります。

　取引先が創業時から長年取引がある同郷企業、または子会社／関連会社との取引に多く見られます。業務委託先（IT業務委託先や物流の3PL等）企業は現場のオペレーションを握っているため、他社に変更するにもスイッチングコストが高く、自然と取引継続が前提になりがちなので注意が必要です。

〈脱"聖域"実現へのアプローチ〉

　長期契約中や、業務委託契約により、実質的にはすぐに取引先を変更できない（最短でも数年後でないと変更できない）場合でも、取引先企業に"今後も取引の継続が前提"といった温度感を一切出してはいけません。条件交渉上、取引先企業が"今後も取引の継続が前提"と認識した時点で、もはや各種条件の交渉は不可能となりゲームオーバーとなります。我々コンサルタントもクライアントから「取引先の変更は不可」という前提条件を示されたとしても、条件交渉時に取引先企業には一切その前提を悟らせません。

　取引先企業との健全なビジネス関係には、常にオープンな競争環境と適度な緊張感が必要です。取引先には改善努力を怠れば、この取引を失うリスクがあると感じてもらう必要があります。実質的に数年先まで取引先が変更できない場合でも、現在の交渉において見直し努力を怠れば、数年先には取引を失うことになりかねないという温度感を実感してもらう必要があります。

〈TIPS〉

　子会社／関連会社との取引は、企業グループ内取引ということで長年"聖域化"されています。かつて、子会社／関連会社の設立時は、自社グループ内での業務内製化を目的として、本社とは別の給与体系などを導入して設立されています。外部企業よりも有利な条件で取引できる上、事業上の利益もグループ内に取り込めるというメリットがありました。しかし、何十年も経過する中で、子会社／関連会社自身の人件費や固定費が高止まりし、競争環境が働かない環境下に浸っていたため事業競争力が失われていることがあ

ります。結果として、現状では、取引先を外部企業へ変更した方が、価格面でも品質面でも優れているという事態が考えられます。

　子会社／関連会社とのグループ内取引であっても、妥協なく市況相場と比較し、もはや存在意義がなくなっている場合は、構造改革（子会社／関連会社の清算など）も視野に入れて検討すべきです。

パターン3.　部署間の連携不足（部署ごとに個別最適化）

　部署間での連携や検討が不十分なため、売上に直結する部署（営業部や事業部）や、現場の専門知識を持つ部署（物流部や店舗開発部など）の発言権ばかりが強く、経営層や他の管理系部署が反論できないという状態です。現場の見直しやコスト削減施策は、本来はメリット↔デメリットを加味した費用対効果を定量的に算出し、合理的な判断を下すべきです。しかし、発言力が強い部署は、少しでもデメリットになる可能性があれば、あらゆる提案や施策を却下してしまいます。大手企業の場合、間接材の取引先企業が、自社の営業部にとっては重要顧客でもあるというケースは珍しくありません。この場合でも「Business is business」という客観的な視点を持ち、条件に適正化の余地があればしっかり交渉して見直してもらわないと、社内コストの増大に歯止めがかからなくなります。

〈脱"聖域"実現へのアプローチ〉
　コスト見直しに否定的な部署に対しては、その根拠や背景の妥当性を検証する必要があります。見直しに消極的または反抗的な理由が、事実に基づいているのか、または感情論や推論の域を出ないのかで対応が変わります。営業部からは、「重要顧客なので、自社の間接コストでの値下げ交渉はNG（重要顧客からクレームを受け、取引を失うリスクが有るという理由）」といった反論はよく耳にしますが、本当にそこまでリスクが顕在化しているのでしょうか？

　大企業同士の場合、間接材で取引している部署と、営業部が顧客として相

手にしている部署が異なり、相手先企業としては何の関連付けもしていない（リスクは顕在化していない）ことも多いためです。仮に取引関係があったとしても、自社で取引をしているのは1業界1社とは限らないので、通信費や保険、複合機などは自社内で複数社と取引しているのが通例です。取引先企業にとっては、競合となる企業との取引内容は正確にはわからないため、社内のシェアが何％程度なのか、他社はどういった価格水準や条件を提示してきているのかも不明なので、臆せずしっかり交渉しましょう。

〈TIPS〉

　コスト削減の施策に関して、メリットとデメリットの両面がある場合、両方の影響度合いを定量化し金額換算することが重要です。「A社は営業上のお得意様なので、間接コストでの値下げ交渉はやめてくれ」という話の場でも、「A社への売上による粗利益額」と「今回の間接コストでの値下げ交渉で得られる価格改善額」を純粋に金額ベースで比較すべきです。

　また取引先企業を変更する際も、スイッチングコストが発生しますが、こちらも具体的な違約金や手数料だけでなく、社内の関連部署にかかる工数に関しても、「所要時間」×「時給単価」で算出し、スイッチングコスト全体を定量化して金額に換算すべきです。よく社内から「取引先に多大な工数がかかるため現実的ではありません」という反論が出がちですが、"多大な工数"とは何時間なのか、などを定量化して可視化することで、感情論や憶測ではない、客観的な数字に基づいた判断が可能となります。

パターン4. 合理性よりも慣習やメンツを重んじる文化

　"聖域"として手を出しにくくする背景として、「創業時からの取引先企業で同郷だから」、「あの時、無理を言って協力してもらったから」、「怒らせて取引してもらえなくなると大変だから」などの感情的な理由を経営層や現場責任者が引きずっている状態があります。合理的な理由で見直しできないというよりは、感情論が先行し、見直しを検討すること自体に拒否反応を示し

ます。取引先企業と長期的に良好な取引関係を維持することは重要ですが、必要以上に遠慮し下手に出ていると、結果的に取引条件が改善されず、割高な取引条件で長年手つかずになることも珍しくありません。

〈脱"聖域"実現へのアプローチ〉

　意思決定を担うべき幹部や現場責任者が感情論により思考停止状態に陥っているため、現状打破には社長または担当役員レベルが先頭に立ち、合理的な見直しを断行するという強い意思表示をすることが必要です。一方で、取引先企業との関係性がセンシティブな場合も多いため、まずは新規の取引先候補企業へ見積もりや提案を打診し、実際にはどの程度の改善余地がありそうかを評価しましょう。改善余地が大きいと判明した場合、「複数の他社から現状よりも良い提案をもらっている、少なくとも、他社水準並みには見直してほしい」といった客観的な根拠を持って見直しを依頼すれば協力してもらえます。

〈TIPS〉

　長年、二人三脚で成長してきたパートナー企業に厳しい見直しを要求するのは気が引けます。ましてや、取引金額や発注量を低減する、または新たに他社との取引を開始するといった話は切り出しにくいものです。この場合、自社が自主的な意向で取り組んでいるという体ではなく、「コンプライアンス上、全社的に取引先の妥当性を検証しないといけない」、「取締役会／監査役から取引の透明性を求められている」、「銀行から取引先との妥当性を問われている」など、外部からの働きかけにより、透明性を持った形へ見直さざるを得ない状態である、という前提にすると対立関係が緩和し、波風が立ちにくいでしょう。

STEP 3

仕様やサービスレベルの最適化

仕様やサービスレベルの最適化のための
4つのアプローチ

　前章までは間接材のコスト最適化において、組織／人事上で障害となりうる要素とその対処方法を紹介してきました。現場担当者への動機付けといった人事的な側面もあれば、「ここは暗黙の了解で聖域」「外部からは手が出しづらい」といった会社の組織上、または歴史上の負の側面は経営層自らが率先して事前に解消することが欠かせません。本章からは、直接的にどうやって間接材コストを最適化していくのかを紹介していきます。

　「単価や料率をどう引き下げるか（STEP5にて紹介）に着手する前に、そもそも「現在、購買または発注している仕様内容やサービスレベルが、現在の事業状況や現場のニーズとマッチしているのか？」を精査します。5年または10年前に契約した内容であれば、おそらく、その後の市場や事業環境の変化に伴って、現場のニーズと大きくズレていることも珍しくありません。また、2020年3月以降はコロナ禍により、これまでの事業の在り方や従業員の働き方自体が激変しており、半年前／1年前の契約条件でさえ、ゼロベースから見直す必要があります。

仕様やサービスレベルの適正化には下記の4つの視点から見直し余地を検討します。

アプローチ①過剰品質の見直し
アプローチ②過剰頻度の見直し
アプローチ③無駄（必要なく廃止すべきもの）をなくす
アプローチ④最新のITツールや新サービスによる代替

アプローチ①過剰品質の見直し

　はじめに、商品やサービスが「過剰品質（オーバースペック）」となっているため、必要最低限のレベルに最適化するアプローチです。一般的に過剰品質というと、"高級な社用車を何台も保有している"、"社内の資料をすべてカラーで印刷している"、"従業員全員に最新のiPhone端末が配布されている"といった目につきやすくわかりやすいものを想像しがちですが、それだけではありません。「複合機」や「携帯電話／スマートフォン」に関して、現場における仕様ニーズやサービスレベルを個別に精査していくと、さらに踏み込んだ見直しが可能になります。

　「複合機」では本体1台1台ごとに用途や月間の使用枚数が異なるため、必ずしも同じ最新機種が必要というわけではなく、場合によっては各フロアにある複合機の台数自体も見直しが必要です。また、「携帯電話／スマートフォン」に関しても、営業担当者のように通話中心で発信回数が非常に多い方から、事業部が変われば通話は受けるのみでデータ通信が中心という担当者もいるため、まとめて一律のプランが最適とは限りません。

事例. 「複合機」における過剰品質の見直し

- 現場あるあるの事例
  - ・契約満了となった複合機を一律で最新機種へ入れ替え
  - ・今までと同じ場所に同じ台数を発注して設置
  - ・必要以上に「カラー印刷」や「片面印刷」の比率が高い
  - ・社内会議などで常に人数分の資料をプリントアウトする前提となっている

- 何が課題なのか？
  - ・1台1台の利用実績を分析し、現場に必要な機種や台数を選択できていない
  - ・割高な「カラー印刷」や「片面印刷」を特に理由もなく多用している
  - ・ペーパーレス化に向けた活動が意識的になされていない

- 具体的な解決策
  - ・1台ごとの複合機の稼働実績に応じ、最適な出力速度の機種を選択
  - ・必要な複合機の台数の精査と配置場所の見直し
  - ・複合機の利用に関するガイドラインの設定（モノクロや両面印刷を活用）
  - ・ペーパーレス化に向けた大型ディスプレイやタブレット端末の導入

　複合機代やコピー費用（1枚ごとに加算されるカウンター料金）のコスト削減には、大きく2つのアプローチがあります。複合機メーカーや代理店と複合機の契約を締結する際に諸条件を最適化する（「1. 複合機メーカーとの契約に関わる単価や条件の最適化」）アプローチと、その後、日常業務の中で複合機の利用方法を見直す（「2. 複合機の利用方法の改善による利用料金の最小化（ユーザーマネジメント）」）アプローチです。

どちらも複合機代やコピー費用の支出抑制に効果的ですが、本章ではまず「1．複合機メーカーとの契約に関わる単価や条件の最適化」について確認します。（「2．複合機の利用方法の改善による利用料金の最小化（ユーザーマネジメント）」に関してはPART3の「1」「社内ユーザーマネジメントにおける4つのアプローチ」をご参照ください。）

　「1．複合機メーカーとの契約に関わる単価や条件の最適化」をするために検討すべき項目は、図表2-3-1に示したとおり多岐にわたりますが、大枠では下記の3つに分類されます。

　　アプローチA．複合機の台数と機体自体の仕様の選択
　　アプローチB．複合機メーカー／代理店等とのサービス条件の選択
　　アプローチC．その他（契約形態や残債処理、古い機体の処分）の選択

　「アプローチA．複合機の台数と機体自体の仕様の選択」では、契約更新または契約期間中の見直し時に、複合機のどういう機種を何台導入すべきかを見極める必要があります。そのために、まず複合機1台1台の利用実態を把握し、現場のニーズに応じた設置台数と本体のスペックの高さ（≒出力速度）を最適化していきます。その際に判断指標となるのが、複合機本体の稼働率（％）実績です。

　ここでいう複合機の稼働率（％）とは、「月間の利用枚数（実績）」と「複合機本体の出力速度（出力できる枚数／分）」を用い、下記のように定義しています。

　　複合機の稼働率（％）＝
　　「月間の利用枚数の実績」÷「機器の出力速度（出力枚数／分）」÷「1カ月
　　の標準勤務時間8,400分（＝7時間×20日を"分"換算）」

　「1カ月の標準勤務時間」は、1日7時間かつ月20日間の勤務時間としてお

図表 2-3-1　複合機の価格／契約条件において検討すべき項目

【最適なプラン設計／実現に必要な検討要素】	【コスト最小化に向けた主なアプローチ例】
複合機本体 複合機メーカー （1社集約か、複数社MIXか） 本体購入価格 （業界最低価格の見極め） 仕様／スペック （出力速度、カラー品質等） 最新機種だけでない選択肢 （新機種、型落ち、新古品）	・複合機メーカー毎の現在の販売戦略（利益重視⇔案件獲得、今期の残り販促金の有無、など）に応じた本体金額協議 ・導入機種／設置台数／利用枚数から最適な提案条件を引き出す ・各メーカーの機種全面リニューアル（約3年ごと）／部分リニューアル（約1年ごと）スケジュールを把握し、新機種⇔型番落ち予定の幅広い選択肢を考慮、など
サービス料金 カウンター単価 （固定費⇔変動費の最適化） 保守契約の詳細内容 （定期保守、故障対応、など） 控除率、割引率 （実績に応じた割合設定） オプション保守サービス （時間外保守の条件、など）	・1台1台の利用枚数実績を把握し、最適なターゲット価格を設定 　・モノクロ、カラーの使用比率に応じた単価設定協議（カラーの削減メリット享受） 　・新規導入台数や使用枚数に応じたカウンター単価見積もり ・使用状況／メンテナンス実施状況を把握し、適正な保守必要時間に合わせた保守契約条件を設定
契約条件、導入や切替時における手法 購入契約形態 （リース、レンタル、買取） 契約主体 （親会社主体、店舗主体） 残債の処理方法 （違約金、新リースへ組込等） 新規入替台数 （最適な台数の割り出し） 新規入替時期 （個店別⇔全体スケジュール） 廃棄費用 （メーカー引き取り、業者買取） 他のOA機器の取り込み （プリンター、FAXなど）	・既存リース契約の残債部分の新規リース料への上乗せについて新規サプライヤーに交渉（新規サプライヤー負担への交渉） ・切り替え＆新規導入台数のボリュームメリットと残債負担額のトレードオフをシミュレーションし、最適な導入プランを設定 ・リース残期間と残債を考慮した最適な入替時期を複合機別に検討し、入れ替えに伴う発生コストを最小化 ・機種入れ替え時に発生する廃棄コストの低減（下取りによる効果がある場合を含む）を含めた、入れ替えコストの最小化の検討 ・店舗によってはプリンター、FAX、スキャナーを別途利用している場合、複合機への使用統合化や切り替えも検討

り、平均してどの程度の時間稼働していたのかの割合（％）を算出します。複合機本体の稼働率（％）の目安では、一般的に2%～7%程度が適正とされており、7%を超えると故障やトラブルの頻度が上がる可能性があるため、注意が必要とされています。注目すべきは、稼働率が2%未満であれば、「低」稼働という評価になり、設置台数の見直しや、より安価な低速機グレードへの変更などの改善余地があります（図表2-3-2）。

　実際にある企業における複合機全台数の稼働率を1台ごとに算出してみたところ、複合機ごとの稼働率の分布は図表2-3-3のようになりました。ここでは、稼働率が2%未満となる"低"稼働機が46台と全体の過半数（56%）を占めていたため、該当機体を中心に改善余地を検証していきます。

　まず検討すべきは、STEP1「複合機の設置台数の削減」余地です。複合機

図表 2 - 3 - 2　複合機本体の稼働率：適正基準の目安

複合機の稼働率（％）	評価	改善に向けたアクション
0%～2%未満	低い	「設置台数の見直し」や「低速機への変更」
2%～7%未満	適正	―
7%以上	高い	（メーカーや機種によっては機器トラブルの発生率が上がるため注意が必要）

＊「稼働率（％）」＝「月間利用枚数」÷「機器の出力枚数／分」÷「１カ月の標準勤務時間8,400分（＝７時間×20日）」と定義

図表 2 - 3 - 3　事例：複合機の機体別の稼働率分布

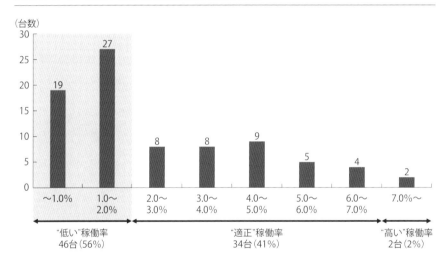

が"低"稼働の状況にあるということは、現在の設置台数や複合機の性能（出力速度）が過剰品質（オーバースペック）であることを示しています。例えば、"低"稼働の複合機が同じフロア内で近接している場合、2台を1台に集約したとしても稼働率は4％未満で留まるため、設置台数の削減が可能です。また、片方の機体が適正な稼働率（2％以上）だったとしても、集約する2台の合計稼働率が7％を超えない水準であれば、無理なく台数を削減できます。

　ただし、2台の複合機が"近接している"といっても、実際は「何メートル離れているのか」、「特定の時間帯に利用が集中していないか」、「情報セキュ

図表 2-3-4　複合機の低速／中速／高速の違いによる機体価格の差（目安）

複合機本体	出力速度 （出力枚数／分）	本体のカタログ定価 （万円／台）	相場価格	
			価格帯 （万円／台）	平均価格 （万円／台）
低速機	〜 20 枚	73 〜 104	22 〜 62	42
中速機	20 枚〜 35 枚	109 〜 163	32 〜 98	65
高速機	35 枚〜	171 〜 460	51 〜 276	163

リティ管理の観点から部署を跨いだ集約は可能なのか」等の現場ニーズや利用実態を確認し、生産性の低下やコンプライアンス違反を招かない配慮が必要です。

　STEP1「複合機の設置台数の削減」の検討後に、まだ低稼働率（2％未満）の複合機が残ってしまう場合、現在からより安価な低速の複合機への変更（STEP2）を検討します。例えば、高速機（45枚／分）で稼働率が1.5％止まりなのであれば、低速機（15枚／分）でも稼働率は4.5％程度であり、十分に現場のニーズを満たせます。稼働率が7％を超えない範囲を目安に高速機から低速機への変更が可能かを検証します。メーカーや機種にもよりますが、一般的に高速機から低速機への変更により、複合機1台あたりの購入価格が▲120万円程度削減できます（図表2-3-4）。

　高機能な最新機種は魅力的ですが、「オフィスPCからのプリントアウト」「コピー」「スキャナー」「FAX」の4大機能以外はほとんど活用されていないのが実情です。同じ高速機でも比較的機能がシンプルなものを選択しましょう。

　アプローチB「複合機メーカー／代理店等とのサービス条件の選択」では、主にカラー及びモノクロのカウンター単価（1枚あたりの出力単価）が最も支払金額へ影響します。その際にも、複合機1台あたりの月額利用枚数が多いほど、カウンター単価は安価に設定されるため、事前にできる限り複合機の台数を集約し、1台あたりの稼働率を高めておくことが必要です。

　その他、保守契約やオプションサービスの内容によっても月額の支払料金

が変わります。本来必要のないオプション機能やサービスが標準的にパッケージされており、余分な追加料金を支払っている可能性もあるため注意します。また、複合機メーカーとの直接契約がほとんどかと思いますが、同じメーカーの複合機でも大手代理店（大塚商会など）経由からの提案のほうが安価という場合もあります。

　最後に、アプローチC「その他（契約形態や残債処理、古い機体の処分）の選択」は直接的に複合機／コピー代には関連しませんが、契約内容（違約金条項など）や機器の購入方法（レンタル⇔リース⇔買取）、残債の処理方法や現在の機体の廃棄方法などでも工夫の余地があります。長期で複合機を使用する場合、レンタル契約やリース契約よりも直接買取しその後下取りという選択肢の方が、財務的なメリットが大きい場合もあります。複合機のレンタル料金無料の場合は、逆にカウンター単価が割高になると同時に、月額の最低基本料金が設定され、結果的に割高になる可能性が高いので注意が必要です。

　他の複合機メーカーへ切り替えをする際には、現行の複合機の残債部分の処理が課題になります。残債部分は新規リース料へ上乗せする形で処理することも可能なので、乗り換え先の複合機メーカーの担当者に相談してみましょう。実際の複合機の機体入れ替えのタイミングを個別の複合機ごとに調整すれば、残債部分をある程度は少なくできます。

事例.「携帯電話」における過剰品質の見直し

- 現場あるあるの事例
  - ・通話／データ通信量が多い人を基準とした料金プランと端末を全社一律で採用
  - ・高い割引率を得るために、長期契約（3年または4年）を締結

- 何が課題なのか？
  - あまり利用されていない端末に、過剰な料金プランとサービスオプションが適用されている
  - 必要以上にハイスペックで高額な携帯端末が支給されている
  - 使われていない休眠端末が多数あり、基本料金を支払い続けている

- 具体的な解決策
  - 事業部や部署単位ではなく、個別端末ごとの利用実績に合わせたプランを適用
  （3〜5種類程度の雛形プランを用意し、端末ごとに割り当てる）
  - 携帯端末の機種見直しや不要端末の解約
  - 携帯端末間で通話量やデータ通信量を共有する"シェア型料金プラン"を採用
  - 契約期間や違約金条項の見直し

　法人向けの携帯電話に関して、見直すべき視点は多岐にわたりますが、見直すべきポイントを分類すると、下記の3つとなります（図表2-3-5）。

　アプローチA．料金プランとそのオプションサービスの選択
　アプローチB．携帯端末の機種の選択
　アプローチC．契約（契約期間や中途解約の違約金など）の最適化

　「アプローチA．料金プランとそのオプションサービスの選択」では、会社や部署全体で一律に同じサービス内容ではなく、携帯端末1台1台の利用実績やニーズに応じた料金プランを適用します。まずは携帯端末ごとに、「通話時間」と「データ通信量」の実績を把握します。
　携帯電話の利用実態を把握するために、「通話」及び「データ通信」に関して、過去の平均利用量（通話時間（分）やデータ通信量（GB））に加えて、月間での最大利用量も合わせて確認します。ご存知のとおり、料金プランで

図表 2-3-5　携帯電話の価格／契約条件において検討すべき項目

【最適なプラン設計／実現に必要な検討要素】　　　　　【コスト最小化に向けた主なアプローチ例】

料金プランとオプションサービス	通信キャリア　　　　　　（SoftBank、au、ドコモ等） 通話料金プラン　　　（無料通話○○分、通話放題等） データ通信プラン　　　　（○Gプラン、○GBシェア等） 海外オプション　　　（通話割引、ローミング設定等） 付属のサービス・オプション　（テザリング、留守番電話）
×	
携帯端末	本体の端末種別　　　　（iPhone、Android、ガラホ等） 本体機種　　　　　　　（iPhone8、iPhone13等） 故障時などの保守条件　　　　　　（故障時、紛失時等） MDM（デバイスマネジメント）（端末状況、アプリ管理等）
×	
契約関連（契約期間や違約金など）	本体の契約形態　　　（一括購入、割賦販売、レンタル） 契約期間　　　　　　　　　　　（2年、3年、4年） 違約金の設定　　　　　　（回線違約金、割賦残債等） 各種割引　　　　　　　（ビジネス割引、法人割引等） 保守窓口　　　　　　　　　　（代理店、MVO本体等） 端末導入のスケジュール　（端末の納期、セットアップ等）

- 端末ごとの通話及びデータ通信実績にマッチした料金プランの設定
- 通話量やデータ通信量は契約全体での総量シェアにすることで、高額プラン（かけ放題や大容量データ通信）の解約
- 余分な付属オプションやサービスの見直し

- 必要性が低い、または不要端末の解約
- 端末ごとの利用ニーズに応じた機種／性能の最適化（すべてに最新のiPhoneが必要ではない）
- 使用状況／メンテナンス実施状況を把握し、適正な保守必要時間に合わせた保守契約条件を設定

- 既存端末の割賦支払いの残債部分を、別の通信キャリアへ転嫁（新たに契約するキャリアとの交渉）
- 契約期間の変更による割引率UP
- 切り替え＆新規導入台数のボリュームメリットと残債負担額のトレードオフをシミュレーションし、最適な導入プランを設定
- 割賦支払いの残期間と残債を考慮し、最適な入替時期を携帯端末別に検討し、入れ替えに伴う発生コストを最小化

　設定された通話時間及びデータ通信量の最大（MAX）容量を超過した場合、割高な追加料率が適用されてしまうため、基本的には料金プランの最大（MAX）容量を超えないように料金プランを選択します。

　個機ごとの利用実態に見合った料金プランを適用していきますが、それと同時に、全契約端末の通話時間やデータ通信量の総和を端末間でシェアできる「全契約端末間での通話時間及びデータ通信量のシェアあり」の条件も引き出しましょう（個人向けの「家族シェアプラン」と同じような概念）。この「シェアあり」条件が適用できれば、ある特定の携帯端末で偶発的に通話時間やデータ通信量が急増して跳ね上がってしまった場合でも、他の端末の未消化容量で埋め合わせできるため、追加チャージを請求されません。また、必要となる通話時間やデータ通信量も総容量での管理が可能になれば、より無

図表 2-3-6　携帯電話「端末別」での "通話" プランの見直し

■前提：契約している携帯端末の通話プランはすべて「かけ放題（通話無制限）」に加入していた
■通話プランの見直しにより、端末間で通話時間をシェアできる「シェアあり」プランの提案 B または C が最有力
・提案 A：端末ごとに過去の MAX 通話時間／月をカバーするような料金プランへ加入
・提案 B：提案 A に、端末間（D～F と G～K）での通話時間の「シェアあり」を適用
・提案 C：端末間（C～K）のシェアを前提に、最低限の料金プランで統一（全体で 270 分以内なら OK）

スマートフォン端末 No.	過去6カ月の実績		現在のプラン	新料金プランの検討		
				提案 A	提案 B	提案 C
	MAX 通話時間（分／月）	平均通話時間（分／月）	シェアなし	シェアなし	シェアあり	
			プラン統一	端末ごとに最適化		プラン統一
端末 A	184	118	かけ放題	かけ放題	かけ放題	かけ放題
端末 B	160	98	かけ放題	かけ放題	かけ放題	かけ放題
端末 C	85	42	かけ放題	150 分	150 分	30 分
端末 D	45	32	かけ放題	60 分	60 分	30 分
端末 E	41	31	かけ放題	60 分	60 分	30 分
端末 F	34	25	かけ放題	60 分	60 分	30 分
端末 G	25	14	かけ放題	30 分	30 分	30 分
端末 H	14	10	かけ放題	30 分	30 分	30 分
端末 I	10	9	かけ放題	30 分	30 分	30 分
端末 J	7	4	かけ放題	30 分	30 分	30 分
端末 K	3	0	かけ放題	30 分	30 分	30 分
通話時間合計（A と B 除く）	264 分	147 分	制限なし	480 分	480 分	270 分
月額支払金額の評価			高	中	中	中～低

駄のない割安な料金プランの選択が可能です。

　まずは通話料金プランの見直しについて、携帯端末A～Kまでの11台を例として、分析アプローチを確認していきます（図表2-3-6）。端末ごとに過去6カ月のうちで通話時間が最大だった月の通話時間を「MAX通話時間（分／月）」として、6カ月間の月あたり平均通話時間を「平均通話時間（分／月）」として記載しています。端末ごとに通話実績が大きく異なるにもかかわらず、現状ではすべて通話時間無制限の「かけ放題」プランに加入しています。まずは端末ごとの「MAX通話時間（分／月）」を確認し、料金プランで設定されている最大通話時間を上回らないように（「MAX通話時間（分／月）」、「料金プランの最大通話時間（分）」）各料金プランを適用していきます（図表2-

図表 2-3-7　携帯電話「端末別」での "データ通信" プランの見直し

■前提：契約している携帯端末のデータ通信プランは、一律「50GB」に加入していた
■データ通信プランの見直しにより、端末間でデータ通信量をシェアできる「シェアあり」プランの
　提案 B または C が最有力
・提案 A：端末ごとに過去の MAX のデータ通信量／月をカバーするような料金プランへ加入
・提案 B：提案 A に、端末間（B～D と E～I）でのデータ通信量の「シェアあり」を適用
・提案 C：端末間（C～K）のシェアを前提に、最低限の料金プランで統一（全体で 55GB 分以内なら
　OK）

スマートフォン 端末 No.	過去 6 カ月の実績		現在の プラン	新料金プランの検討		
				提案 A	提案 B	提案 C
	MAX 通信量 （GB／月）	平均通信量 （GB／月）	シェアなし	シェアなし	シェアあり	
			プラン統一	端末ごとに最適化		プラン統一
端末 A	18GB	6GB	50GB	50GB	50GB	5GB
端末 B	7GB	4GB	50GB	10GB	10GB	5GB
端末 C	6GB	2.5GB	50GB	10GB	10GB	5GB
端末 D	6GB	2.3GB	50GB	10GB	10GB	5GB
端末 E	3.7GB	1.8GB	50GB	5GB	5GB	5GB
端末 F	3.1GB	1.6GB	50GB	5GB	5GB	5GB
端末 G	2.6GB	0.9GB	50GB	5GB	5GB	5GB
端末 H	2.4GB	0.7GB	50GB	5GB	5GB	5GB
端末 I	0.5GB	0.2GB	50GB	5GB	5GB	5GB
端末 J	0.2GB	0.1GB	50GB	2GB	2GB	5GB
端末 K	0.1GB	0.1GB	50GB	2GB	2GB	5GB
データ通信量 合計	49.6GB	20.2GB	550GB	109GB （シェア不可）	109GB	55GB
月額支払料金			高	中	中	中～低

3-6 の提案A）。

　さらに、個別に最適化した提案Aに通話時間の「シェアあり」条件を加え
た提案Bが可能かどうかを交渉しましょう（「シェアあり」を設定する際は、
同じ通話プラン間でのシェアが前提となります）。端末ごとに最適化しただけ
の提案Aと比較すると、提案Bはある特定の端末で通話時間が料金プランの
最大（MAX）設定量を上回ったとしても、他の端末の空き容量分でカバーで
きます。また、「シェアあり」条件が可能であれば、通話時間の総量管理がで
きるので、できる限り割安なプランで統一した契約形態（提案C）も選択で
きます。

　上記の通話料金プランの見直しアプローチは、データ通信料金プランにも
適用できます（図表2-3-7）。

利用実態に則して最適な料金プランが適用できれば、その他のオプションサービスも、携帯端末利用者のニーズに合わせて取捨選択します。また、「海外通話の時間が長い」「データ通信量が膨大」といった場合には、該当する料金プランやサービスオプションを適用する前に、そもそも利用すること自体の妥当性の精査、無料のインターネット通話（Skypeなど）やビデオ会議ツールの活用（TeamsやZoomなど）、PC経由でのデータ通信やWi-Fi経由での利用頻度を高めるなどのユーザーマネジメントによる解決方法も検討すべきです。

　アプローチB.「携帯端末の機種の選択」において散見される課題は、最新iPhoneのようなハイグレード携帯端末を全社一律で導入しているようなケースです。通信会社からは「高機能端末／最新端末を大幅割引」というセールストークで提案されているかもしれませんが、ビジネス用途で高機能端末が必要なことは稀であり、圧倒的に安価な汎用機でも問題ありません。また、企業規模が大きくなるほど、実際はほとんど使用されていない携帯端末が在庫となっていたり、個人の手元で放置されていたりすることが多いため、不要な端末はすぐに解約します。

　アプローチC.「契約（契約期間や中途解約の違約金など）の最適化」では、契約期間がコスト削減に最も大きな影響があります。昨今では政府の要請もあり、携帯通信の料金プランは大幅な値下げ傾向が継続しています。いくら長期契約で＋αの割引率が付いたとしても、1〜2年後にはその割引率を大きく上回る格安料金プランが提案されている可能性が高いため、最短の契約期間（2年間）を選択するのが基本です。

　一方で通常の2年契約に＋1年追加することで、さらに▲10％以上の値下げ条件が引き出せるのであれば、長期契約も検討の価値はあります。仮に、3年の長期契約の残り1年という時点で、もし市況の料金水準が契約条件を下回っていれば、契約期間の満了を待たずに通信キャリアに対して条件見直しの交渉は十分可能です。

事例.「損害保険」における過剰品質の見直し

　損害保険料も、現在の事業状況に合わせて契約内容を見直すことで大きな削減余地がある費目です。保険商品の契約内容を精査するためには、ある程度の専門知識が必要ですが、下記にあるような基本的なポイントを整理すれば、自社にとって最適な保険条件が見えてきます（図表2-3-8）。

　損害保険料の見直しでは、まず損害保険の契約内容が現在の事業状況に適した条件になっているのかを確認していきます。その中でも特に着目すべき点はA「補償内容の最適化」、B「契約方法の見直し」、C「引受リスクの検証」の3つです（図表2-3-8）。

　まず、「A．補償内容の最適化」の中で損害保険料の見直し効果が大きいのは「支払限度額」と「免責条件」です。「支払限度額」に関する見直し余地がある事例としては、「そもそも支払限度額が設定されていない（無制限）」や、「100店舗全店に火災保険をかける際に、支払限度額が100店舗すべてに火災が発生した想定の限度額となっている」などが例として挙げられます。

　前述の事例の場合、エリアも場所も異なる100店舗すべてが一度の事故で、あるいは1年間で火災になるという事態は現実的には発生しません。この場合は、改めて一度の事故における支払限度額を設定します。一般的に「通常起こり得る最悪の条件下で発生する一事故において、蓋然性があり、かつ現実的な範囲内で予想される最大の損害額」と定義されているPML（Probable Maximum Loss／予想最大損害額）をリスクコンサルティング会社などの現地調査によって算出し、それを支払限度額とすることで実質的に保険によって損害をフルカバーできます。

　また、年間累計支払限度額を設定する場合は、「過去10年〜15年間での最大火災件数／年」×「1件あたりの支払限度額」を年間の累積支払限度額として設定しておけば、経験則上はほぼ最大リスクまでをカバーした支払限度額になります。この場合は、まず前者のPML（予想最大損害額）から一度の

図表 2-3-8　損害保険の見直しで検討すべき項目

【最適な条件設定に必要な検討項目】　　　　　　【コスト最小化に向けた主なアプローチ例】

	検討項目	コスト最小化に向けた主なアプローチ例
A. 補償内容の 最適化	支払限度額	支払限度額を設定していなかったが、予想最大損害額を試算し、現実的な支払限度額を設定することで、保険料を低減
	免責条件	免責金額を設定していなかったが、免責金額を10万円に設定。結果、自己負担額は500万円ほど増加したものの、保険料は2,000万円ほど低減
	保険金額	全施設を新価で契約していたが、収益性が悪く、全損した場合撤退する方針の施設があると判明。当該施設は時価での契約とし、保険料を低減
✕ B. 契約方法の 見直し	包括契約	火災保険を施設別に契約しており、施設によっては補償内容が不十分だった。全施設分を包括契約とし、補償内容の最適化と保険料低減の両方を実現
	契約期間	長期契約による割引を付帯させ、保険料を低減
	保険設計方法	保険金額を複数のレイヤーへ分割。保険会社によって引受スタンスが異なることを活かし、レイヤーごとに最適な保険会社を選定することで、保険料を低減
✕ C. 引受リスクの 検証	再発・災害防止策	事故の再発防止策や日頃の防災対策を提示し、保険会社にとって引受リスクが小さいことをアピールすることで、保険料を低減 ■再発・災害防止策 ・火災による工場全焼事故の発生を受け、スプリンクラーを設置 ・ゲリラ豪雨による浸水で修繕費用が発生したため、止水板を準備 ■社内の取組例 ・防災チームの設置、防火ガラスへの交換、など
	社内での防災の取り組み	
	過去の保険金事故歴	

事故における支払限度額を設定する方から検討します。「支払限度額」の設定のポイントは、現実的に発生しうる最大規模の損害を定量的に算出し、それに必要な補償金額を設定することです。

　次に「免責条件」ですが、そもそも「免責」とは、「保険金が支払われないこと」を指し、免責となる特定の条件を「免責条件」といいます。損害が発生した場合、損害保険会社は契約に基づいて保険金支払義務を負いますが、特定の条件により発生した損害については、保険金支払義務を負わないことを約款上規定しています。例えば、契約者などの故意による場合や戦争による被害などについて、免責事項として規定しているのが一般的です。

　現実的に企業の損害保険で見直すべき点は、少額の損害や事故による支払いに関する条件です。そもそも損害保険に加入する目的は、企業の存続を脅かすほどの大きな損害や事故に対して、保険商品でリスクヘッジするためのものです。日常の事業運営レベルで対応できる少額損害案件をわざわざ保険対象にする必要はなく、むしろ、損害の実費を直接支払った方が財務的には

メリットがあります。

「免責条件」の見直しの成功事例としては、免責金額を10万円と設定し、10万円以下の損害に対しては保険対象外とするようなパターンがあります。結果、年間＋500万円ほど自社による実費補填が必要になりましたが、一方で保険料は年間▲2,000万円の削減を実現できました。

次に、「B.　契約方法の見直し」において、保険料の削減に大きく寄与するのが「包括契約」と「契約期間」です。こちらは前述のA「補償内容の最適化」よりもシンプルでそれほど専門性も必要ないため、必ず検討いただきたいポイントです。「包括化」は文字どおり、同じ損害保険会社との契約に関して、拠点や事業部別、あるいはグループ会社別でバラバラに保険契約を締結している場合や、損害保険の種類別で個別に契約しているものを包括的に取りまとめて契約します。同じ損害保険会社との保険契約であれば、できる限り一元化（包括化）し一つの保険契約としてまとめ上げることで、保険会社としてもリスク分散が可能となるだけでなく、事務負担が軽減する（保険証券発行数の削減など）ため、全体の保険料金を割安に設定できます。また、契約者としても保険料低減だけでなく、保険契約の維持管理能力の向上（契約条件の統一化／補償内容の重複防止／付保漏れ防止など）が期待できます。

また、「契約期間」に関しても、できる限り長期契約で締結したほうが、割引（長期係数）の適用に加え、契約期間中は保険料率改定の影響を受けずに済むため、単年契約よりも大きなコストメリットが期待できます。

一方で、近年の大型台風やゲリラ豪雨をはじめとする自然災害の多発により、損害保険会社の取り扱う火災保険の収支は急激に悪化傾向にあります。その結果、各社共通して長期契約の引受自体が難しくなっている上、長期契約による割引幅も縮小しています。

最後は、「C.　引受リスクの検証」となります。損害保険会社がリスク発生率の低減につながる取り組みと認めたものを自社内で実施していれば、保険料金を引き下げてもらえます。損害保険会社が規定している「再発／災害防

止策」や「社内での防災の取り組み」に関して担当者にアドバイスをもらいながら、自社内で取り組めるものがあれば積極的に実行しましょう。

アプローチ②過剰頻度の見直し

次に、過剰頻度（品質レベルは適正だが、頻度が過剰）の見直しです。文字どおり、多すぎる頻度を適正な水準まで低減するアプローチですが、意外と現場担当者はその改善余地に気づいていません。例えば、オフィスの執務スペースの清掃（掃除機かけ）や、店舗／販売店での現金回収などが長年にわたり毎日の定常業務となっている場合、"毎日実施するのが当たり前"という前提になっているからです。

また、同業他社はどういった水準で運用しているのかを知らなければ、現状に対して課題を認識することはありません。ある意味、部外者または外部の目線からゼロベースで「本当にこれって毎日する必要がありますか？」といった課題意識を投げかけることが効果的だったりします。まずは最低限の必要レベルを客観的に見極めた上で、自社にとって何がどこまで必要かを見極めましょう。

事例.「現金輸送」の過剰頻度の見直し

- 現場あるあるの事例
  - 毎日、店舗の現金を回収することが当たり前
  - レジ締めにおいて、1円単位で数字を合わせるために時間がかかっている

- 何が課題なのか？
  - 現金回収を毎日実施する必然性は乏しい
  - レジ締め時だけでなく、現金回収後にも再度金額の集計に工数がか

かっている

- 具体的な解決策
　　・現金回収頻度を毎日→週2回または3回程度へ低減
　（大型の現金預入機なども活用）
　　・現金預入機の導入により、自社／業者双方の現金総額計算の手間がゼロに
　　・警送会社指定の金庫やデリバリーボックスは廃止

　現金輸送費の原価構造は、集配金にかかる人件費がほとんどを占めています。一方で、昨今の人件費単価は業務委託費や人材派遣を含めて時給単価の引き下げは困難です。そこで現金輸送費の見直しには、現金輸送を担う警送会社側の業務負担や担当者の業務時間をいかに軽減できるかがポイントになります。警送会社への負担度合いを軽減し、料金の改定へとつなげるための代表的な負担軽減施策が下記の3つとなります。

〈現金輸送費の見直しに向けた3つの観点〉
負担軽減策1. 集配金の頻度を変更（毎日→週数回）
負担軽減策2. 現場での作業（集計作業や立会）負担の軽減
負担軽減策3. 警送会社側の機器の価格交渉や解約

　取引先企業（警送会社）の作業負担の軽減に最も効果があるのは、負担軽減策1「集配金の頻度を変更（毎日→週数回）」です。現金輸送業務のコスト構造では人件費が大部分を占めるため、集配金頻度の低減は直接的に人件費の削減に寄与します。
　よく企業側の経営幹部から「店舗の売上は毎日進捗を管理しており、経営上、毎日の集配金は必要」というコメントをいただきますが、経営管理上、毎日の店舗売上（情報／データ）を管理することと、実際に銀行口座へ売上金額を入金することは別問題です。週1〜2回の集配金でも、これまでどお

図表 2-3-9　毎日の集配金を、数回／週に低減した場合の前提条件

	集配頻度／週	集配の曜日（例）	1回あたりの集配金量 （何日分か）
現状	毎日	全曜日	1日分
シナリオ別の分析	週4回	日曜、火曜、木曜、土曜	2日分を3回 1日分を1回
	週3回	月曜、木曜、土曜	3日分を1回 2日分を2回
	週2回	火曜、土曜	4日分を1回 3日分を1回

り、毎日、店舗売上は管理できます。ただし、集配金の頻度を低減すると店舗側での現金売上や釣り銭を今までよりも大量に保管するため、大型の現金預入機や金庫が必要となる場合もあります。

　それでは具体例を用いて、店舗への集配金の頻度をどの程度まで低減できるかをいくつかのシナリオ（週4回、週3回、週2回）を想定して検証します（図表2-3-9）。

　集配金の頻度を低減すると、店舗側で保管しておくべき現金売上や釣り銭の量が増加します。毎日集配金を実施していた場合と比較して、仮に週2回にした場合は、最大で4日間の現金売上＋釣り銭を保管するため、単純計算でも4倍近い保管容量が必要です。集配頻度の低減には、あらかじめどの程度の保管容量があれば十分かを分析する必要があるため、過去12カ月間の店舗売上の実績データを確認します。

　「預け入れが必要となる"売上（現金分のみ）"＋"釣り銭の量"の合算量」と「現金預入機の容量」を比較します。分析に必要な実績データと必要な検証事項は下記のとおりです。

〈分析に必要な実績データ〉
○1年間の日別の店舗売上高
○1日の売上高に対して必要となる「現金預け入れ量」＋「釣り銭量」の割合

↓

〈上記のデータから検証すべきこと〉

検証1. 現在の現金預入機の最大容量の85％以内に収まっているのか

検証2. 現存機では85％を超過する場合、どれくらい大型の預入機が必要
　　　か

　「毎日⇒週4回」へ変更する場合、集配金の内訳が「2日分を3回、1日分を1回」となるため、1週間の中で最も売上が大きくなる曜日は1日分を1回で回収し、それ以外の曜日は2日分を集配金していくことになります（例えば、1週間で日曜日の売上が最大になる場合、日曜分は1日分で回収し、残りは月曜＋火曜、水曜＋木曜、金曜＋土曜、の単位で集配）。

　「毎日⇒週4回」の集配金の曜日パターンが確定すれば、実際に過去12カ月の店舗の日別売上データから、この集配金パターンで1年間に最も現金保管量（現金売上＋釣り銭）が大きくなる期間を特定します（「日曜日の売上が最大になった日」、または「それ以外の［月曜＋火曜］、［水曜＋木曜］、［金曜＋土曜］のどこか2日分の売上金額合計の最大になった2日間」のいずれかの期間）。最も売上合計が大きくなる期間が特定されれば、その期間に必要な「預け入れが必要となる売上（現金分のみ）＋釣り銭の合算量」が試算できます（図表2-3-10）。

　このように売上金額の実績データをベースに、集配頻度のシナリオ別で、現実的に現金預入機から現金が溢れない、または釣り銭切れにならない水準がわかります。上記の「毎日⇒週4回」の検証方法を「毎日⇒週3回」や「毎日⇒週2回」でも同様に実施し、最終的には現在の現金預入機ではどの程度まで頻度を減らせそうか（下記のプラン1）、また、現金預入機を大型化することで、さらにどこまで頻度を低減できるのか（下記のプラン2）を確認します。

　プラン1. 現在の現金預入機の容量でどこまで集配金頻度を減らせるのか
　　　　　　（ただし、預入量の過去最大料が、預入機の容量の85％を超えな

図表 2-3-10　現金輸送における集配金頻度の低減シミュレーション

■現金輸送に関して、毎日の集配金から、どの程度集配頻度を減らせるか（週4回～週2回）を分析
・集配頻度別で保管すべき「現金売上」＋「釣り銭」の最大量／金額を把握
・保管すべき現金の最大量が現金預入機の最大容量の85%以内に収まるのかを要検証

集配頻度／店舗NO	現金預入機に格納する必要がある最大金額（円）「現金売上」＋「釣り銭」				現金預入機の充填率（%）					
	毎日	週4回（日、火、木、土）	週3回（月、木、土）	週2回（火、土）	週4回（日、火、木、土）		週3回（月、木、土）		週2回（火、土）	
					現行機	大型機（新規）	現行機	大型機（新規）	現行機	大型機（新規）
店舗 A	○○,○○○	○○,○○○	○○,○○○	○○,○○○	56%	28%	84%	42%	143%	71%
店舗 B	○○,○○○	○○,○○○	○○,○○○	○○,○○○	48%	24%	72%	36%	122%	61%
店舗 C	○○,○○○	○○,○○○	○○,○○○	○○,○○○	43%	22%	65%	33%	111%	55%
店舗 D	○○,○○○	○○,○○○	○○,○○○	○○,○○○	41%	20%	61%	31%	104%	52%
「集配頻度」×「現金預入機」の組み合わせ評価							最有力 ◎		次点 ○	

い）

プラン2. 現金預入機を大型化した場合、さらにどこまで集配頻度を減らせるのか

　今回の事例では、現行機を前提とした場合、週3回まで頻度を減らせます（最有力◎）が、週2回になってしまうと現行機では容量が不足していることがわかります。しかし、現行機よりも容量が2倍近い大型機を新規で導入する（次点○）ことで、週2回の集配であっても十分運用が可能となります。

　上記の最有力◎「現行機で週3回」と次点○「新規の大型機の導入で週2回」のいずれかが現金輸送関連費用を最も低減できる案となります。

　一般的に現金預入機の耐用年数は5年なので、リース契約する場合も5年間の支払い／償却です。仮に現在の現金預入機を大型化し、機器の代金が＋60万円値上がりしたとすると、単純に月あたり1万円の値上げとして現金輸送費に反映されます（5年×12カ月＝60カ月分割）。現金預入機の大型化により月あたりの支払金額が＋1万円となれば、週3回⇒週2回への変更により、そもそも現金輸送契約を▲1万円以上値下げできなければ、週2回の集配金実現のために大型化した現金預入機のメリットはないとわかります。

また、警送会社へ毎日の集配金を依頼しているが、現時点で店舗に現金預入機を導入していない場合は、現金預入機を導入した際にどの程度のメリットがあるのかを検証しましょう。基本的に警送会社認定の現金預入機を導入することで

・集配頻度の見直し（毎日⇒週2〜4回）
・現金集計作業の省略（店舗側と警送会社側の両方）
・現場での現金集配作業への店舗側の立会が不必要になる

といったメリットがあるため、現金預入機の導入による月々のリース支払額よりも、警送会社側の作業負担や人件費を軽減することによる月額料金の低減メリットの方が大きい可能性があります。

　最後に、警送会社から導入している機器（入出金機、金庫、デリバリーボックスなど）の価格交渉や解約を検討しましょう。警送会社指定の入出金機を導入している場合、ほぼ同機能の機器だったとしても、警送会社によってかなり価格がバラついているのが実情です。同じ警送会社の同じ機器であっても、クライアント企業によって価格は出し分けているため、重要な交渉ポイントとなります。一般的には地場または中小の警送会社も含めた相見積もりを取得し、価格交渉時の交渉カードとして利用するのが有効な手段です。中堅の物流企業が提供している「警備輸送サービス」（カンダコーポレーションなど）も価格競争力があります。

　また、警送会社指定の余分な機器（専用の金庫やデリバリーボックス）を契約している場合は、解約した場合のメリットを確認しましょう。一般的に警送会社の専用金庫やデリバリーボックスを導入することのメリットとして、

・顔または指紋認証などで、現金の出し入れに店舗側の立会が必要ない
・収納されている現金に関して、警送会社側が保険に入り保証してくれる

という点が挙げられますが、別途自前の現金預入機や金庫の方が安価です。

　警送会社の金庫／デリバリーボックスは月額数万円（リース代＋保険料）費用が発生しますが、自前の金庫を活用し、そこに盗難用の保険をかけたとしても、保険料は月額1,000円程度でしょう。（ただし、自前で現金預入機を用意する場合、受け渡しまで責任は自社にあるため、オペレーション変更を

含めて検討することをお勧めします。）

事例.「清掃」の過剰頻度の見直し

- 現場あるあるの事例
  - 日常清掃は場所を限らず（フロア、廊下、階段、トイレ、外構等）すべて毎日実施
  - 定期清掃の床洗浄や窓ガラス洗浄は外部業者の指定頻度で実施
  - 同じ場所でも清掃する方によってやり方がバラバラ

- 何が課題なのか？
  - 「汚れ度合い」や「必要な清潔レベル」は場所ごとに異なるが、一律の頻度で清掃しており、過剰頻度となっている箇所がある
  - 清掃頻度の適正レベルを把握しておらず、清掃会社に任せきり
  - 同じ場所の清掃でも担当者によって手順や所要時間がバラバラ

- 具体的な解決策
  - 掃除エリアや箇所ごとに清掃"頻度"を再調整
  - 清掃マニュアルの見直しとその徹底
  - 社内の拠点や事業所間での清掃頻度や実施方法のバラツキを是正
  - 現場ニーズや同業他社との比較で、清掃の品質／水準の妥当性を検証
  - 自動清掃ロボットや特殊ワックスなどのハイテクツールを活用

　清掃費の原価構成は人件費が大部分を占めており、清掃「単価」の低減は清掃員の時給単価に直結するために「単価」の見直しは困難です。着目すべきは、清掃「時間」の低減であり、清掃の実施頻度を適正化し、清掃方法の効率化を目指します。特に必要のない清掃作業をなくす、またはより効率的な清掃手順により同じ衛生レベルを目指します。
　清掃サービスにおける仕様の最適化に向けた着眼点は、下記のとおりです。

着眼点1.　掃除エリアや箇所ごとの掃除頻度を最適化

着眼点2.　清掃可能時間帯の拡大により清掃会社のスケジュールを再調整

着眼点3.　清掃マニュアルの徹底により、所要時間や清掃方法を標準化

着眼点4.　掃除用具や薬剤、ロボの活用による省力化

　コスト削減効果が最も大きいのが、「着眼点1.　掃除エリアや箇所ごとの掃除頻度を最適化」です。エリアによって清掃頻度が過剰になっている場合、適正頻度へ設定し直すことで、どの程度清掃時間（≒清掃員の人件費）を削減できるのか検証します。一般的なオフィスの日常清掃では、執務フロアに加えて、廊下、会議室（来客用、社内用）、エントランス、トイレ、階段、外構などがあります。

　トイレなどは毎日の清掃が欠かせない場所の代表例ですが、来客が目にすることがない執務スペースや廊下、階段などは必ずしも毎日の清掃が必要とは限りません。また、定期清掃となる窓ガラス洗浄や床のワックスがけなどを年に何度実施するかは拠点や施設ごとでバラバラなケースが多く、実施頻度の標準化が有効です。

　場所ごとに適正な清掃頻度を見極めるにはどうすればよいのでしょうか？以下に4つほど具体的なアプローチを示しましたが、うち2つ程度のアプローチから妥当と思われる適正頻度を見極め、その後は実際に運用していく中で現場検証していきます（図表2-3-11）。

　「方法1.　自社内の店舗や営業拠点間での横比較」では、文字どおり自社内で展開している拠点や店舗間における清掃サービスレベルの差異やバラツキを確認します（図表2-3-12）。すでにフランチャイズ展開している大手企業では本部主導で清掃の仕様が統一されていますが、店舗や営業拠点ごとに現場の裁量に任されている場合、清掃の仕様や頻度はバラバラです。拠点ごとに清掃エリア別で、実施頻度や方法を比較し、基準となる清掃サービスのレベルを設定します。

図表 2-3-11 適正な清掃頻度を見極めるためのアプローチ

	検証方法	概要
方法1	自社内の店舗や 営業拠点間での横比較	✓店舗や営業拠点間での実際の清掃頻度の違いを明確化 ✓現場の衛生レベルを確認した上で、適正な統一頻度を設定
方法2	現場の清掃担当者へ ヒアリング	✓直接的に過剰頻度であったり、さほど汚れていない場所の 有無をヒアリング
方法3	清掃業者へ 新規提案を依頼	✓新しい清掃業者から現地調査を踏まえた上で提案を取得 ✓現在よりも低頻度または簡略化できる掃除箇所を検証
方法4	同業他社とのサービス レベル比較	✓同業他社との勉強会や、他社からの転職組へのヒアリング により把握 ✓同業他社との清掃頻度比較により過剰頻度を確認（図2-3- 13を参照）

図表 2-3-12 営業所ごとの清掃頻度のバラツキを是正

営業所	㎡数	業者指定	清掃頻度／週			
			床清掃	テーブル拭き	ゴミ収集	吸い殻収集
東京	2,000	なし	2回	2回	2回	―
新宿	1,000	なし	3回	―	3回	―
横浜	2,000	なし	5回	5回	5回	5回
さいたま	4,000	あり	3回	―	3回	―
大阪	1,000	あり	3回	3回	3回	3回
名古屋	1,000	なし	5回	5回	5回	5回
札幌	1,000	あり	―	―	―	―
仙台	1,000	あり	―	―	―	―
福岡	1,000	なし	5回	―	5回	―
			新基準を設定			
新しい清掃の統一基準			2回	（従業員で 対応）	2回	（従業員で 対応）

　下記の事例では「床清掃」「テーブル拭き」「ゴミ収集」「吸い殻収集」それ
ぞれの頻度や方法が、別々の基準で実施されています。ビルオーナーや管理
会社側から指定がなければ、清掃頻度や方法は統一基準で現場ニーズを満た
せるはずです（営業拠点の場合、入居しているオフィスビルとの賃貸契約書
上で、清掃業者や清掃頻度や方法が指定され、見直しできない場合も少なく

ありません）。この事例の場合は、結果的に「床清掃」と「ゴミ収集」は週2回で統一し、「テーブル拭き」や「吸い殻収集」は毎日従業員が対応する運用へ変更し、現場の衛生レベルを落とさずにコスト削減を実現しました。

「方法2. 現場の清掃担当者へヒアリング」では、現場の状況に詳しい担当者、または実際に清掃を担当している方へのヒアリングや現場視察を元に、"どの程度まで清掃頻度を減らしても大丈夫か"、"清掃方法をより簡略にできないか"を検証し、見直し案の仮説を立てます。その仮説に基づいて、数週間程度、部分的に試験運用し、妥当性を確認します。方法1のように比較する対象がない場合は、このように手探りで現場の実情に合わせたトライアンドエラーを繰り返して改善活動を推進します。

「方法3. 清掃業者へ新規提案を依頼」では、清掃業者側に適正な清掃頻度や現場の作業方法を提案してもらいます。清掃業者は文字どおり"清掃のプロ"であり、自社と同業態の他社を含めて多数の清掃実績があるため、最低限必要な清掃品質を見極める知見や経験を持ち合わせています。ただし、現在契約中の清掃業者からすると、清掃人員や清掃時間の削減は直接取引金額の減少につながるため、積極的な見直し提案は期待できません。新規案件獲得に積極的な新しい清掃業者2～3社に対して、現地調査を踏まえた上で提案してもらいましょう。

「方法4. 同業他社とのサービスレベル比較」も清掃の適正頻度を見極めるには有効です（図表2-3-13）。民間企業の場合、なかなか同業他社の清掃頻度や衛生レベルを知る機会はないように思えますが、昨今は転職により同業他社からの中途入社者も増えているため、意外と社内従業員へのヒアリングにより前職での同業他社の内情を聞き出せます。また、地方自治体や大学、病院などではむしろお互い情報共有した方が有益であるため、共同検討を打診してみてもいいでしょう。

図表 2-3-13　日常／定期清掃に関する各社の実施頻度のバラツキ

「高い」　清掃の頻度　「低い」

	清掃場所	清掃の頻度				
		一般的な目安	A社	B社	C社	D社
日常清掃	執務フロア	週：2〜5回	5回	5回	3回	2回
	会議室（社外）	週：1〜5回	5回	5回	3回	1回
	会議室（社内）	週：1〜5回	5回	3回	3回	1回
	トイレ	週：3〜5回	5回	5回	5回	3回
	廊下	週：1〜5回	5回	3回	3回	1回
	階段	週：1〜5回	5回	3回	3回	1回
	エントランス	週：2〜5回	5回	5回	3回	2回
	外構	週：1〜5回	5回	5回	3回	1回
定期清掃	床洗浄（ワックスがけ）	年：2〜6回	6回	2回	2回	2回
	窓ガラス洗浄	年：2〜6回	6回	6回	2回	2回
	エアコンフィルター洗浄	年：4〜12回	12回	4回	4回	4回
	レンジフードフィルター交換	年：4〜12回	12回	6回	6回	4回

　「着眼点2．清掃可能時間帯の拡大により清掃会社のスケジュールを再調整」も料金見直しに有効な手段の一つです。一般的に店舗などの清掃可能な時間帯が限定されるほど、清掃会社は清掃員のシフト組みや人員確保が困難になり、清掃料金単価も割高になります。特に来客を迎え入れる必要がある店舗では、営業時間外での清掃が基本となり、清掃可能な時間帯が営業時間終了後〜社員の最終退社時刻までの数時間に限られます。そのため、店舗開店前の時間帯や、営業時間帯でも昼下がりの閑散となる時間帯をうまく活用し、より柔軟な清掃スケジュール調整を可能にすることで、清掃業者側も人件費を低減できます。

　「着眼点3．清掃マニュアルの徹底により、所要時間や清掃方法を標準化」は、清掃効率を上げるためのアプローチです。ここでは、「清掃マニュアルがない」というよりも、「清掃マニュアルがあるにもかかわらず、そのとおりに実施されていない」という原因である場合が多いです。なかなか現場の作業手順まで確認する機会はありませんが、ホテルの1室の清掃方法を見ても、明確にマニュアルが決められているにもかかわらず、ベテラン担当者ほど属

人的な独自の手順で作業し、若手社員に対しても独自の指導をしています。改めて、清掃手順とその所要時間に関して、何年かに一度は検証すべきです。また、清掃マニュアル自体も当初作成されたものが必ずしも正解とは限りません。数カ月以上運用した段階で、改めて不必要、または不足している作業を検証すべきです。

最後、「着眼点4. 掃除用具や薬剤、ロボの活用による省力化」が挙げられます。例えば、定期清掃の床ワックス剤に関して、そのコーティング機能の耐用期間はまちまちです。多少は高額なコーティング剤であっても、作業人件費の方がコスト割合は高いため、年間実施回数が半減すれば十分にコスト削減効果があります。また、廊下やフロア、エントランスなどの比較的障害物がなく広い空間があれば、営業時間外や深夜に掃除ロボを活用するのも有効です。すでに大手企業を中心に導入や実証試験が実施されていますが、年々初期投資額も下がっており、レンタルなどの選択肢もあるため、通常の人手による清掃費と比較検討する価値があります。

アプローチ③
無駄（必要なく廃止すべきもの）をなくす

過剰品質や過剰頻度の見直しに留まらず、さらにもう一歩踏み込んで、そもそも購入や発注自体を止め、支払金額をゼロにできるものがないのかを検証します。現在、支払いが発生しているため、何かしら「購入／発注した方がいい」、「活用すると便利」などのメリットがあると思いますが、一度視点を切り替えて、「それがなかった場合、代替案としてどう対応できるのか」、「事業運営上、絶対にないとダメなのか」という不可欠性の視点から改めて精査します。

また、無駄な支出は、意外と目立たない少額の月額定額払いのもの（例：雑誌の定期購読、WEBサービスの月額利用料など）に多数潜んでいることが

多いため、支払項目のロングテール部分の少額部分まで含め、徹底的に可視化する必要があります。契約が自動更新になっているようなサービスも、見直し余地が高い傾向にあります。

事例.「ソフトウェアライセンス（Microsoft365など）」の　　　　無駄を廃止

- 現場あるあるの事例
  - 全社で実際に現場が必要としているライセンス数を把握できていない
  - PCへ一律インストールする数をベースにライセンス数を管理している
  - （マイクロソフトのOffice Professional Editionを標準搭載）
  - 包括ライセンス契約を締結している

- 何が課題なのか？
  - 現場で必要とされるライセンス数と契約しているライセンス数が乖離している

  （＝余分なライセンス数を契約しており、不必要な支払いが続いている）
  - PC端末の故障や入れ替えの際に、端末からライセンスを回収できていない
  - （Professional EditionのAccessやInfoPathはほとんど活用されていない）
  - 包括ライセンス契約により、割高なライセンスフィーを支払い続けている

- 具体的な解決策
  - PCへのインストール数ではなく、現場での利用実績を元にライセンス数を管理
  - （マイクロソフトのOfficeのStandard Editionを標準搭載）
  - 包括ライセンス契約の解約

ソフトウェアのライセンス料金に関しては、上記の事例のMicrosoft365だ

図表 2-3-14　主要なソフトウェアライセンス

カテゴリ	主要製品例
グループウェア	✓ Microsoft 365 ✓ Google Workspace ✓ サイボウズ Garoon ／ Office ✓ Adobe
業務支援ツール（営業管理）	✓ Salesforce ✓ Microsoft Dynamics 365 ✓ Oracle Sales cloud
マルチクラウド	✓ AWS（Amazon Web Services） ✓ Azure（Microsoft Azure） ✓ GCP（Google Cloud Platform）
コミュニケーションツール	✓ Microsoft Teams ✓ Zoom ✓ Slack ✓ Chatwork ✓ LINE WORKS
ストレージサービス	✓ Box ✓ Dropbox ✓ Google ドライブ

けでなく、図表2-3-14にあるようなグループウェア（Google Workspaceやサイボウズなど）、営業支援系のSalesforce、コミュニケーションツールであるChatworkやLINE WORKS、オンライン会議ツールであるZoomやMicrosoft Teams、ストレージサービスであるBoxやDropboxなど見直し対象は多岐にわたります。どのサービスも社内で必要なライセンス数やID数を管理し、現場のニーズに応じた水準のサービスプランを選択する必要がありますが、従業員数や組織規模が大きくなればなるほど、ライセンス／ ID数の管理や利用実績の把握が困難になります。ソフトウェアライセンスに対する年間支払金額が、当初の想定以上に膨らんでいることも少なくないため、常にライセンスを適正に管理できる体制が必要です。

　ソフトウェアのライセンス料金の見直しアプローチは、現場の利用実態にあったライセンスの導入（アプローチ1）と、ランセンスの購入先である代理店（リセラー）の再選択（アプローチ2）です。

アプローチ1. 現場の利用実態にあったライセンス数と必要な機能やプランの選択

  1-1. 現場の利用実績を踏まえたライセンス数の管理

  1-2. 担当者別のニーズごとに適したサービスプランを選択

  1-3. 包括契約の解除

アプローチ2. ライセンスの購入先である代理店（リセラー）の見直し

1-1. 現場の利用実績を踏まえたライセンス数の管理

　契約済みのソフトウェアライセンス数は通常、情報システム部署が管理していますが、それぞれのハード機器（PC端末やサーバー、スマートフォン端末等）に対して事前に決められたソフトウェアをインストールし、その数量でライセンス数の過不足を確認しています。この場合、ソフトウェアをインストールした数が、現場の業務で実際に利用されているソフトウェアのライセンス数とは必ずしも一致しません。PC端末にインストールされたものの、その後、一度も起動されていないソフトウェア（マイクロソフトの「Access」など）は相当な数に及びます（私自身の会社PCにも「Access」はインストールされているものの、6年間一度も起動していません）。ソフトウェアライセンス数の管理はインストール数ではなく、本来は数カ月に一度程度の頻度で、各端末のアプリケーションの起動状況をリモートでモニタリングし、実際の利用実績を確認した上で、必要なソフトウェアライセンス数を管理するべきです。

　また、PC端末やサーバーの故障や入れ替えに伴い、利用可能なライセンスを端末から回収せずに、ハード機器と一緒に廃棄処分している場合があります。通常のライセンス契約では端末間のライセンス移管は許諾されているため、使用済みとなったハード機器からは必ずライセンスを回収しましょう。

1-2. 担当者別のニーズごとに適したサービスプランを選択

　一般社員の個人用PCには一律に同じソフトウェアのパッケージプランをインストールしていることが多いのではないでしょうか。Microsoft 365 E5プラ

ン（大手企業向けのプレミアムプラン）を標準搭載にしている場合、「本当に社員全員にプレミアムプランが必要なのか？」、「よりライトなプランであるE3（月額3,910円）やF3（月額870円）でも十分な人は誰か？」を正確に把握できれば、最低限必要なサービスプランに対する支払いで済むはずです。

きめ細かい現場のニーズ把握は大変と思われるかもしれませんが、前述のとおり、「該当するソフトウェアが立ち上がったのかどうか？」「立ち上がっていた場合、閲覧しただけなのか、編集して資料を作成しているのか」などは、情報システム部署がリモートでの一元管理できます。アドビのAcrobat製品の場合、ほとんどの方は閲覧するだけのViewer機能だけで十分であり、編集機能まで必要な方は限定的です。

ライセンス料金を徹底的に突き詰めるのであれば、Excelのピボットテーブルやマクロの利用、または外部企業向けに資料作成を必要とする方のみMicrosoft Office365の導入申請をあげてもらうような運用もありえます。

1-3. 包括契約の解除

管理業務が面倒という理由で、包括ライセンス契約を締結している場合、必要以上に割高になっている可能性が高いです。包括ライセンス契約だとしても、管理する必要がないわけではなく、契約対象ソフトウェアのみの管理が多少楽になる程度です。包括対象外のソフトウェアは引き続き通常の管理が必要であり、包括対象となっているソフトウェアでも、1年に1回程度の棚卸しは必要です。

マイクロソフトの包括契約を1万台規模で締結する場合、新規契約3年分で約10億円、更新する場合も6億円程度の費用がかかります。大企業ほど新バージョンへの入れ替えに時間がかかりますが、通常は最新より1つか2つ前のバージョンでも業務上問題ありません。最新バージョンがリリースされるごとに入れ替えるよりも、延長サポートが終了するまで5年〜10年程度ある場合は、現状のバージョンを継続して利用し続けるほうがコストパフォーマンスは高いでしょう。

図表 2-3-15　主要なソフトウェア・ライセンスのリセラー（reseller）

カテゴリ	リセラー（reseller）企業例
商社／卸系	✓ 大塚商会 ✓ IIJ（インターネットイニシアティブ） ✓ ソニービズネットワークス ✓ リコージャパン
SIer系	✓ SCSK ✓ CTC（伊藤忠テクノソリューションズ） ✓ MSYS（丸紅情報システムズ） ✓ 日立ソリューションズ ✓ 富士ソフト ✓ 東芝デジタルソリューションズ
通信系	✓ NTT、NTTデータ ✓ KDDI ✓ SoftBank
専業系	✓ クラスメソッド（classmethod） ✓ サーバーワークス（Serverworks） ✓ ソフトウェアワン（SoftwareONE）

　アプローチ2. は、ソフトウェアを開発した企業から直接オンライン上でアカウントを購入することもできますが、下記にあるようなリセラー（reseller）と呼ばれる営業代理店を通して購入すれば大幅なディスカウントを引き出すことも可能です。リセラーによってライセンスの仕入れ値やリセラー側の利益水準の設定が異なるため、リセラーの選び直しや変更によって▲5％〜▲15％程度のコスト削減効果が見込めます（図表2-3-15）。

事例.「クレジットカード手数料」の無駄を廃止

- 現場あるあるの事例
  - 複数の企業とアクワイアリング契約やオンアス契約をバラバラの料率で締結

- 何が課題なのか？
  - 必要でないアクワイアリング契約やオンアス契約を高めの料率で契約
  - 結果的に売上対比で0.5％〜1.0％程度の余分な手数料を支払っている

- 具体的な解決策
  - ・契約先のカード会社の絞り込み
    - ✓アクワイアラの集約
    - ✓不必要なオンアス契約の解除
  - ・カードブランドの絞り込み（実質はVISA ／ MastercardのみでOK）

　近年、小売業では売上に占めるキャッシュレス決済は3割～4割程度に達しており、年々その割合は上昇しています。キャッシュレス決済と言えばクレジットカードがメインですが、その他電子マネーやデビットカード、QR ／バーコード決済など多岐にわたります。今回はキャッシュレス決済の中でも事業会社が加盟店の立場として最も費用負担が大きいクレジットカード手数料を事例として取り上げます。

　クレジットカードには、VISA、Mastercard、JCB、AMERICAN EXPRESS (AMEX)、Diners Clubといった国際ブランドが存在します。VISA、Mastercardブランドは自らカード発行業務や加盟店管理を行っておらず、ブランドレギュレーション（規約）の管理運営のみを行います。加盟店管理を担う会社のことを「アクワイアラ」と呼び、VISAとMastercardブランドは、1つの加盟店に対して複数のアクワイアラが存在するマルチ・アクワイアリング方式を採用しています（図表2-3-16）。

　具体的には、三菱UFJニコス、三井住友カード、ユーシーカード、イオンクレジットサービス、楽天カードといったカード会社が、VISA、Mastercardブランドのアクワイアラとなります。VISA、Mastercardブランドを扱えるアクワイアラは複数ありますが、すべてのアクワイアラと契約する必要はなく、1社と契約することでVISA、Mastercardブランドが使えるようになります。したがって、アクワイアラ各社は競争関係にあり、加盟店の手数料率についてもしのぎを削っています。

　複数のアクワイアラと契約する場合、加盟店と直接契約していないアクワイアラの売上も代行する「アクワイアリング契約」と自社の売上のみを管理する「オンアス契約」の2種類があります。

図表 2-3-16　VISA／Mastercard のマルチ・アクワイアリング契約

■加盟店はすべてのカード会社と契約せずとも、消費者はどのクレジットカードでも決済可能

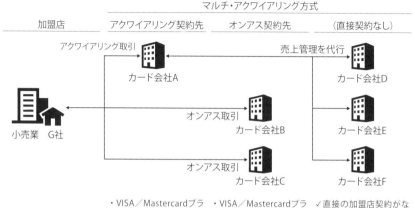

一方、JCB、AMEX、Diners Club ブランドは、ブランドの運営からカード発行業務、加盟店管理まで担っています。これは1つのカード会社が代表して加盟店管理を行うシングル・アクワイリング方式といい、具体的にはジェーシービー、アメリカン・エキスプレス、三井住友トラストクラブが「アクワイアラ」となります。

したがって、個別に3社と契約するか、もしくはJCB、AMEX、Diners Club ブランドは提携しているため、ジェーシービー1社と契約することで他のブランドが使えるようになります。

なお、JCB、AMEX、Diners Club ブランドは手数料率を独自に決めており、競争関係にないため、VISA、Mastercard ブランドと比較すると一般的には手数料率は高い傾向にあります。

また JMS や GMO フィナンシャルゲートといった決済代行会社と契約することで、すべての国際ブランドが利用できます。決済代行会社を利用すると、カード会社との個別の契約が不要となるため、情報が一元管理されるといっ

図表 2-3-17 クレジットカード手数料（＝加盟店手数料）：3%の場合のコストの裏側

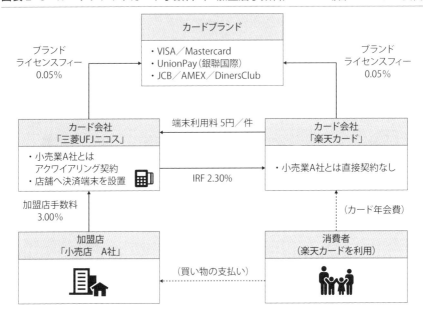

たメリットがある一方で、代行サービスの手数料が加算されます。

　クレジットカード手数料（＝加盟店手数料）は個別の決済ごとに支払われますが、その裏側ではどのような手数料や費用のやり取りが発生しているのでしょうか。具体的にある小売企業Aがアクワイアラである三菱UFJニコス株式会社とクレジットカード手数料率3.0％で契約している事例を元に下記で解説します（図表2-3-17）。

　前提条件は、下記のとおりです。
・小売企業Aはアクワイアラ「三菱UFJニコス」と加盟店手数料率3％で契約
・小売企業Aと楽天カードとは契約関係なし
・お客様が小売企業Aの店舗にて、「VISAの楽天カード」で買い物を決済

　この場合、加盟店手数料の3％分は下記の3社で分け合います。

○楽天カード（小売企業Aとは直接契約なし）：2.3％
○VISAカード（カードブランド）　　　　：0.1％
○三菱UFJニコス（アクワイアラ）　　　：0.6％

　3％のうち2.3％分と最も料率が高いのは、カード保有者である消費者が決済で使用した「楽天カード」です。イシュアである「楽天カード」は前述のとおり、カード保有者に対して、"ポイント還元"や"一定割合のデフォルトリスク"を背負っていることに加えて、"新たな加入者獲得に向けた販促"も担っており、カード保有者の獲得と維持に大きなコストを負っているからです。

　通常、「楽天カード」はクレジット決済可能なすべての加盟店と直接契約しているわけではないため、事例のように加盟店が締結しているアクワイアリング契約先である三菱UFJニコスなどからIRF（Interchange Reimbursement Fee）として2.3％を受け取ります。IRFはカードブランドが設定している料率であり、加盟店の業種業態やクレジットカード決済規模によっておおよその料率水準が定められています。

　それでは加盟店側である企業は、加盟店手数料をどのように見直すべきでしょうか。現在日本国内ではクレジットカード決済においてVISA／Mastercardによる決済が7割を超えており、前述のようにVISA／Mastercardのマルチ・アクワイアリング方式の方が企業間で加盟店手数料に関して競争関係があるため、VISA／Mastercardの見直しを事例として解説します。

　VISA／Mastercardのマルチ・アクワイアリング方式での手数料見直しのポイントは、下記のとおりです。

　ポイント1．無駄なアクワイアリング契約、オンアス契約を解約／集約
　ポイント2．拠点や施設によって異なる加盟店手数料率の統一
　ポイント3．業態ごとに加盟店手数料率を分類

ポイント1．無駄なアクワイアリング契約やオンアス契約を解約し集約する
　VISA／Mastercardブランドで決済したい加盟店は、両ブランドを取り扱う

図表 2 – 3 – 18　無駄なアクワイアラとは契約を解除

	クレジットカード			ギフトカード
アクワイアラ	A 社	B 社	C 社	C 社
加盟店手数料（%）	2.5%	3.0%	3.4%	3.4%

A 社へ集約、ギフトカードは廃止

	クレジットカード	（廃止）
アクワイアラ	A 社	―
加盟店手数料（%）	2.5%	―

　アクワイアラ1社と契約していれば十分ですが、実際は複数のアクワイアリング契約を異なる料率で締結している場合も少なくありません。例えば、三井住友カード、三菱UFJニコス、UCカードの3社と契約があり、料率も微妙に異なる場合は、最も加盟店手数料率が低い1社のみを残して、その他2社とは解約します。アクワイアラとの契約数を最小限に抑えることで、経理業務の負担を軽減し、業務コストの削減にもつながります（図表2-3-18）。

　また、オンアス契約間でも手数料にバラツキがある、またはアクワイアラの手数料率よりも高い設定の場合は、料率見直しや解約により全体の手数料率を最低料率ラインに揃えることができます。

　ただし、ギフトカードはアクワイアラ別に管理が必要なため、契約がないアクワイアラのギフトカードは利用できなくなる点には注意が必要です。例えばUCカードとのアクワイアリング契約を解約した場合は、UCギフトカードは利用できなくなります。

　一方で、地方企業の場合は大手カード会社と契約するよりも、現在取引関係がある地方銀行系のカード会社の方が手数料率は低くなります。大手カード会社からすると、地方銀行はクライアントにあたるため優遇対象としていることが多く、加えて、当該地方銀行と普段から資金面で取引がある場合、銀行側も取引全体で収益性を考えるため、クレジットカード手数料の引き下げにも応じやすいためです。

ポイント2. 拠点や施設によって異なる加盟店手数料率の統一

　アクワイアラとの契約内容、及び加盟店手数料率は法人単位、またはブランド単位で設定されるのが一般的ですが、稀に同法人でも施設ごとに異なる契約をしている場合があります。国内で広域にわたりホテルブランドを展開している企業の場合、歴史的な背景から拠点ごとでクレジットカード料率を取り決めていたりします。こういったケースでは、改めて本社やホールディング主導で、全施設の契約を取りまとめることで、年間の取扱決済金額が大幅に増加し、今までよりも低料率の適用が可能になります。

ポイント3. 業態ごとに加盟店手数料率を分類

　宿泊施設の中でも大規模なホテルや旅館等では、館内において「宿泊」や「婚礼宴会」、「レストラン」、「売店」など複数の業態を運営しています。同一法人内だからという背景から、すべての業態で同率の加盟店手数料率が適用されている場合が少なくありません。しかし、カードブランドは業界／業態ごとに適用できる手数料率の目安を設定しているため、例えば、婚礼宴会用途では宿泊用途よりも▲0.5％〜▲1.0％程度低い料率設定が可能です。そこで、同一施設内であっても、業態ごとに別のクレジットカード決済端末を設置することで、それぞれの業態にあった最適料率を適用することができます。

〈JCB、AMEX、Diners Club ブランドは解約してもOK！？〉

　最後に、VISA／Mastercard以外のJCB、AMEX、Diners Clubブランドの必要性を検証します。結論としては、JCB、AMEX、Diners Clubブランドはすべて解約したとしても、売上への影響はほとんどなく、この解約だけで全社の売上高利益率が＋0.12％程度アップする可能性があります。一般的な統計から推察すると、現在のブランド別でのクレジットカードに関しては、下記のような状況です。

　○現在のキャッシュレス決済比率は30％〜40％程度
　○VISA／Mastercardとその他ブランド（JCB、AMEX、Diners Club）との比

率は7：3

○VISA／Mastercardと比較し、その他ブランドの手数料率は＋0.5％〜＋1.0％程度高い

○クレジットカード保有者の中でVISA／Mastercardを所有していないのは6％程度

　仮に、JCB、AMEX、Diners Clubブランドを解約し、すべてVISA／Mastercardでの決済のみにする場合のメリット／デメリットを検証します。

　もともと、売上高に占めるJCB、AMEX、Diners Clubブランドの決済比率が10.5％程度（10.5％＝「売上高：100％」×「キャッシュレス決済比：35％」×「クレジットカードに占めるJCB、AMEX、Diners Clubブランド比率：30％」）なので、この10.5％分の決済が、仮にすべてVISA／Mastercardへ切り替わったとします。加盟店手数料は最大で▲1％程度低減することになるため、全社的に見ても売上高比率の利益額では＋0.1％程度を改善します。日本における小売企業における売上高営業利益率の平均が2.1％ということを考えれば、営業利益総額を＋5％も押し上げる効果があります。

　一方で、売上高に占めるJCB、AMEX、Diners Clubブランドでの決済比率が、10.5％程度もあれば、その解約には売上減少のリスクを伴います。ただ、我々のクライアント企業やコスト削減PJTを通して、JCB、AMEX、Diners Clubブランドを解約したことで売上が減少したという事例は一つもなく、むしろ解約に踏み切った企業や販売店はその後もVISA／Mastercardのみで事業を継続しており、その他ブランドとの再契約の必要性はまったく感じていないということでした。

　クレジットカード保有者の中でVISA／Mastercardを所有していない方は6％程度ですが、その内訳を見てみると、比較的シニア層の方でクレジットカードを1枚しか持っていない、または学生で初めて作成したカードがJCBだったというケースが多いようです。ただし、VISA／Mastercardを所有していない比率は年々低下する傾向にあり、企業側としてはその対応の必要性も年々低下していると言えます。また、現場の感覚としても、JCB、AMEX、

Diners Clubが使えないから、消費者がその店舗で購買自体も止めてしまうという事態は考えにくく、影響度合いは測定できないほど軽微なものになります。

　どうしても他ブランドの解約が心配／リスクが読めないと考える事業者（加盟店）は、実際に「一部の店舗やエリアで期限限定のトライアルとしてJCB、AMEX、Diners Clubブランドを利用禁止にしてみる」というABテストを実施し、その結果をもって判断することをお勧めします。

事例.「旅費交通費」の無駄を廃止

- 現場あるあるの事例
  - ・個人が自由に出張（航空券や宿泊先）を手配し、後ほど経費申請
  - ・わずか2時間弱の社内打ち合わせのために1泊2日の出張が組まれている
  - ・"営業は対面の方が望ましい"という前提で、すべて出張／往訪が基本

- 何が課題なのか
  - ・同じ交通機関や路線、宿泊ホテルでも割高な料金で手配してしまっている
  - ・必要性の低い出張が多発し、現場の労働生産性も低下
  - ・出張費の費用対効果が検証されておらず不透明なまま

- 具体的な解決策
  - ・出張申請や手当支払いのルール／ガイドラインの再整備
    - ・交通機関や宿泊費の最安料率の適用を徹底
    - ・法人割引を適用するための申請フローを一元化
  - ・代理店（企業リストあり）や航空会社、ホテルチェーン等と相対交渉による自社向け特別割引や出張パックの提案獲得
  - ・ビデオ／電話会議、大型ディスプレイやタブレットによりリモート会

議の活用
・出張費の費用対効果の検証

　ビジネス出張や往訪により金額がかさむ旅費交通費は、昨今のリモートワークや在宅勤務の浸透により、支払金額は減少しています。しかし、今後コロナ禍が解消され、人の流れが戻り始めると、コロナ禍前の水準にまでコストがリバウンドする可能性があります。

　旅費交通費のコスト削減に必要なことは、「安価な航空券や宿泊先の手配を全社でいかに徹底するか」という運用面に加えて、「そもそも必要性の低い出張や往訪をいかになくすか」といった経営判断による社内基準やガイドラインの設定です。

〈旅費交通費のコスト削減に向けた着眼点〉
着眼点1.　必要性の低い出張や往訪を認めない（リモート会議へ変更）
着眼点2.　最新ITやデバイスの積極活用
着眼点3.　出張費／旅費交通費の費用対効果の検証
着眼点4.　安価な旅行代理店／ホテルチェーン／航空会社を選択
着眼点5.　出張／旅費交通費に関するガイドラインや申請フローの見直し

　本章では、「そもそも必要のない出張や往訪の廃止」を目的としているため、着眼点1〜3に関して、改善アプローチを確認します。

　最も削減効果が期待できるのが、「着眼点1.　必要性の低い出張や往訪を認めない（リモート会議へ変更）」です。おそらく、コロナ禍を機に大々的にリモート会議や在宅勤務を取り入れた企業も多く、実践してみると「従来の出張や往訪の大部分は必要なかったのではないか」と感じた方も多いでしょう。もともとは、「対面で営業した方が受注率は高い」「実際に対面で会話しないと関係性が深まらない」などの理由から"対面で会うこと"を重視する傾向がありましたが、わずか1時間の打ち合わせのための往訪や、数時間の予定の

ための出張はあまりにも時間効率が悪いので、リモート会議等の代替手段を積極的に活用すべきです。そのために、今後は新しいガイドラインを設定し、出張が必要となる基準を見直します。

　また、営業部／事業部側のみの自主判断では、部署ごとに基準がバラつくと同時に、どうしても「どの出張も必要」という判断になりがちです。出張の承認には管理部側も関与し、社内基準を満たしていない出張申請は却下できる権限を持つべきです。

　「着眼点2. 最新ITやデバイスの積極活用」ですが、昨今、急速にリモート会議サービスが進化しており、安価または無料で高品質のサービスを利用することが可能です。個人PC経由でのリモート会議を推奨するために、ヘッドマイクや付属ディスプレイなど、実際の対面での打ち合わせよりも効果的なWEB会議を実施できるIT環境が必要です。また、社内の会議室にも、据え置きの大型ディスプレイとWEBカメラがあれば、自社の他拠点や他社とスムーズなリモート会議を開催できます。多少、設備投資が必要ですが、従来のビジネス出張費と比較すれば単年で投資回収できる金額です。

　「着眼点3. 出張費／旅費交通費の費用対効果の検証」に関して、どの程度の出張／旅費交通費が妥当なのか、また、出張費の費用対効果があったのかを的確に分析し把握できている企業はほとんどありません。

　ある営業部の妥当な出張費／旅費交通費の予算枠を算出することは困難だったとしても、個々の営業担当者の営業成績と出張費の支払金額の相関関係を分析することで、①営業成績がいい担当者を数名ピックアップし、その出張方針を定性的に確認することで、出張に対する基本的な考え方やガイドラインをまとめる。②各営業担当者の営業成績及び出張／往訪費を見える化することで、パフォーマンスが低い営業担当者の無駄な出張費分をあぶり出すことができます。また、集計結果をオープンにすることで、個々の営業担当のコスト意識を高める効果が得られます。

アプローチ④
最新のITツールや新サービスによる代替

　従来のサービスや商品を代替する新サービスや最新のITツールの活用を検討します。新サービスやITツールは、"より早く"、"より簡潔に（楽に）"、"より安く"などのメリットが訴求されているため、代替することで大きなコスト削減が可能です。旅費交通費のコスト削減でも触れましたが、単純に安いホテルや航空便を手配する従来の出張を前提とした取り組みではなく、最新のビデオ会議ツールや通話サービスなどの活用により、従来の出張や往訪自体を抜本的に見直すことができます。

　エレベーター／エスカレーターやPOSレジ／現金預入機のように一度納入した機器に関しては、そのメーカーからフルメンテナンス（保守）サービスを受けることが前提となっていました。一度納品されると競合他社との競争環境がない分、保守サービスの料金は割高に設定される傾向にあります。そこで、保守メンテナンスが発生するごとに費用を支払うスポット契約、またはPOG契約にすることも選択肢の一つです。POSレジの場合であれば、損害保険会社が、都度の保守／修理の費用を補填する保険商品も展開しているため、フルメンテナンス契約と比較してどの程度の金銭的メリットがあるのか検討しましょう。

　最新のITツールやロボットは、外部企業への支払いを低減させるだけでなく、社内の人件費や工数の大幅削減にも寄与します。昨今では、清掃業務のための法人向けの自動清掃ロボットサービスも出てきています。清掃箇所によっては、自社で購入／レンタルした清掃ロボを運用することで清掃を一部内製化し、大幅に清掃コストを引き下げられる可能性もあります。

事例.「POS保守サービス」の契約の見直し

- 現場あるあるの事例

・POS関連機器の購入と同時に、フルメンテナンスの保守契約を締結

- 何が課題なのか
  ・機器の障害発生頻度が低いにもかかわらず、割高なフルメンテナンス契約のまま

- 具体的な解決策
  ・障害発生頻度が低い機器を中心に、フルメンテナンス料金の見直し交渉
    ・障害発生頻度「高」：現金預入機、釣銭機
    ・障害発生頻度「低」：POSレジ、クレジットカード端末、スキャナー、等
    ・障害発生頻度が「低」の場合、スポット保守契約へ変更
    ・スポット保守契約に、損害保険会社の「動産総合保険」を活用
    ・高額なPOS機器をやめ、簡易なタブレット／スマホ決済へ変更

　POS保守費用は比較的マイナーな費目として見過ごされがちですが、1店舗に何台もPOSレジを設置して全国に店舗展開しているような業態では年間でかなりの金額を支払うことになります。保守費用の特性は、複合機やITシステム、エレベーター保守等と同じく、できる限り初期導入費用を抑え、その後5年〜10年（エレベーターの場合であれば20年〜25年）発生する保守サービス料金で利幅を稼ぐビジネスモデルであることです。通常はハード機器導入時に合わせてフルメンテナンス契約を締結しているため、機種によっては必要以上に割高な保守費用になっている可能性が高いです。

〈POS保守費用のコスト削減に向けた着眼点〉
着眼点1. 障害発生の実績を確認、割高となっている保守契約の料金交渉
着眼点2. フルメンテナンス契約とスポット保守契約の双方を比較検討
着眼点3. スポット契約の場合は、損害保険会社の動産総合保険も検討

着眼店4. 高額なPOS関連機器の必要性を再精査
（簡易なタブレットやスマホ決済も候補として検討）

　POS保守サービスに関して、年間のPOS保守料金と、過去12カ月間に実際に障害が発生しその対応により保守サービス会社側の負担となった人件費（推計）とを比較し、どの程度の乖離があるのかを把握していきます（着眼点1）。障害発生頻度が低い機器をフルメンテナンス契約している場合、保守料金が割高になっている可能性が高く、フルメンテナンス契約を変更しなくても保守料金の見直し（低減）を交渉できます。POS保守メーカー側が見直しに対して消極的な場合、改めてフルメンテナンス料金の妥当性を証明するためのコストの内訳（直接人件費、間接人件費、外注費、部品／材料費、減価償却費、その他経費、利益等）の提示を求めましょう。

　まずは、実際に発生している12カ月間の障害件数の対応にかかる人件費を試算していきます。最初に過去12カ月に発生した障害件数とその対応実績は月次報告書などから集計できます。次に、現場（店舗）での修理対応と、リモート（電話）による修理対応ごとに、1件あたりの平均対応時間から必要となった人件費を算出し、最終的に年間発生件数を掛けて年間で必要人件費を計算します。

○現場での修理コスト＝「年間件数」×「161分／件」×「人件費5,000円／時」
○リモートでの修理コスト＝「年間件数」×「51分／件」×「人件費5,000円／時」
（現場での修理時間は、現地までの往復移動時間も含む）

　細かく言えば、その他の修理部品や交通費、管理コストなどはかさみますが、保守サービスにかかるコストのほとんどは人件費であるため、上記の試算でも十分実コストに近い数値となっています。最終的にPOSレジ以外の機器に関しても、機器別での年間保守サービス料金に占める上記の人件費コストの割合（％）をそれぞれ算出すると図表2-3-19のようになります。

図表 2-3-19　機器別での「保守料金」と「実際に修理にかかった人件費」比較

| 対象機器 | 設置台数 | 保守料金／年 | | 過去 12 カ月で保守にかかった人件費（試算） | | | | 乖離率（❶÷❷） |
		総額（千円）	❶ 1 台あたりの保守料金（円）	1 台あたりの修理発生件数	1 台あたりの保守時間（分）	❷ 1 台あたりの保守人件費（円）		
POS ターミナル	1,688	13,016	7,710	0.5	35	2,833		2.7 倍
釣銭機	1,187	13,064	11,006	0.29	36	2,917		3.8 倍
計量プリンター	281	6,396	22,800	0.39	57	4,667		4.9 倍
縦型スキャナー	598	7,171	12,000	0.28	28	2,167		5.5 倍
セルフ POS レジ	202	7,741	38,400	1.25	88	7,167		5.4 倍

　上記の試算の結果、過去12カ月で保守サービスに実際にかかった人件費（推定）に対して、2.7倍〜5.5倍の保守料金を支払っていることになり、特に「計量プリンター」「縦型スキャナー」「セルフPOSレジ」は約5倍という水準であるため、見直し余地が相対的に大きいとわかります。

　次に検討すべきは、「着眼点2. フルメンテナンス契約とスポット保守契約の比較検討」です。POS保守会社側は利幅を確保できるフルメンテナンス契約の継続にこだわってきますが、機器別で見て障害発生頻度が低く、スポット保守契約であればより安くなる見込みがあるものは見積もりを依頼しましょう。現場のオペレーション上、最終的な落としどころがフルメンテナンス契約の継続であったとしても、フルメンテナンス契約の料金見直しに向けた交渉材料として、スポット保守契約に変更した場合の想定料金を算出しておくことが有効です。

　経験則的には、現金預入機や釣銭機は比較的、障害／トラブルの発生頻度が高く、また店舗ごとに1台しか設置されていないことも多いため、フルメンテナンス契約で迅速に修理対応（365日24時間対応など）してもらった方がいいかもしれません。一方で、POSレジやクレジットカード決済端末などは、障害／トラブルの発生頻度が低く、仮に故障したとしても店舗に複数のレジや決済端末があれば、そこまで急な修理対応が必要ないため、スポット保守契約でも十分と言えます。スポット保守契約へ変更することで、場合によっ

ては保守料金が半減〜9割減といった事例も珍しくありません。

　フルメンテナンス契約とスポット保守契約を比較検討した結果、最終的にスポット保守契約へ変更することになった場合、スポット保守料金を損害保険会社が提供する「動産総合保険」でカバーする方法（着眼点3）も有効です。本サービスは三井住友海上などがシステム保守のリスク管理に長けている企業と提供している保険サービスです。POSメーカーよりも市場での障害発生頻度とその対応コストの実態に近い料率でサービスを提供しているため、より競争力のある料金が期待できます。

　最後に、着眼点4「高額なPOS関連機器の必要性を再精査」です。食品スーパーのように高速で大量の商品のレジ決済が必須となる業態は専用のPOSレジが必要ですが、それほど大きくないアパレル店舗や飲食店では、そこまで高効率のレジ決済が必要なわけではありません。より安価なタブレット端末やスマートフォンベースでの決済手法へ切り替えることも、選択肢として検討しましょう。

事例.「清掃ロボット」の導入

　清掃ロボットや道具、または最新の薬剤（ワックスやコーティング剤）などの新商品／新サービスにより、清掃にかかる工数削減アプローチを紹介します。

　清掃ロボットに関しては、まだ実証実験レベルが多いですが、一部では導入が進みつつあります。すべての清掃業務がロボットに置き換わるのではなく、家庭と同様に比較的単純なフロア清掃のような領域からロボット導入が進んでいます。清掃に関わる人件費が右肩上がりで上昇しており、清掃要員の採用や確保自体が困難になりつつあるため、事業の継続性の観点からも省力化の検討が重要になっています。

　大型ショッピングセンターの床清掃（除塵作業＋水拭き）で清掃面積3,000

㎡を毎日実施する事例から、清掃ロボットの導入メリットを検証してみます。まず、従来どおりの人による清掃にかかる人件費を計算してみます。

　○人件費単価：1,600円／時
　○清掃時間　8時間
　○月の稼働は30日

　計算すると、1カ月あたりおよそ38.4万円の人件費となります。この床清掃（除塵作業＋水拭き）をロボット自動床洗浄機によって代替したと仮定します。

〈ロボット自動洗浄機に必要なコスト〉
・人件費（事前準備、ロボットの手入れ、など）
・本体のレンタル費用
・本体の保守／メンテナンス費用

　これらの合計金額が月額30万円程度（人による清掃よりも費用が▲2割以上削減）に抑制できるならば十分採用を検討する価値が見えてくるわけです。清掃ロボットは月額課金のレンタル契約で提供している企業も増えてきているため、一度、費用対効果が合うのかどうかを打診してみましょう。

　また、清掃業務を効率化するツールはロボットだけではありません。例えば「プレウェットシステム」は清掃用資機材を組み合わせたシステム化によって、作業効率UP、清掃手順の標準化、品質の安全性を向上させる効果があります。EPA登録の洗浄剤や用途によって使い分けられるマイクロファイバー製のクロスやモップや、それらを収納するために最適化されたカートなどを兼ね備えています。清掃用具以外にも、清掃自体のトレーニングや評価といったサポートも提供している場合があります。現場によってニーズやサービスレベルが異なりますが、オフィスビルのワンフロア丸ごと（床清掃＋トイレ＋給湯室）であれば、▲10％、またトイレ1カ所あたりであれば▲30％

程度の清掃時間削減が期待できる場合もあります。

　その他、ワックス剤やコーティング剤を見直すことで、床や窓の定期清掃に関して、実施回数を低減できるものもあります。

STEP 4

購買体制の見直し

ボリュームディスカウント効果を最大化する 4つのアプローチ

　購買／発注の総取扱金額の大小は単価や料率に大きく影響します。発注／調達単価の最適化（「STEP5」）に着手する前に、現時点での自社内の購買体制を再整理し、集中購買、または全社分の購買を一元管理することで、大きな年間取引規模をベースに条件交渉できる環境を整えます。本章ではボリュームディスカウント効果を得るために、事前にどういう購買体制の整理が必要かを確認していきます。

　ボリュームディスカウント効果を最大化する方法としては、4つのアプローチが考えられます。

　アプローチ①全社での取扱分を集約して一括契約／一括支払い
　アプローチ②別契約＆別支払いでも条件交渉のみ一元化
　アプローチ③フランチャイズ店舗分を集約
　アプローチ④他社との協業や共同購買で限界突破

それぞれについて、詳しく見ていきましょう。

アプローチ①
全社での取扱分を集約して一括契約／一括支払い

　ボリュームディスカウント効果を得るため、まず自社内の購買／発注を取りまとめて、大きな年間取引金額をベースに条件交渉できることが第一歩です。原材料や直接材に関しては、本社の調達部や購買部などの専門部署が主導し集中購買／発注を実施済みという企業が多い一方で、間接コスト全体を見渡すと集約度合いは必ずしも高くありません。支社／拠点別、または事業部別の単位で、個別に契約を締結しており、取引条件がそれぞれ異なるという費目も少なくありません。もちろん、すべての費目や取引が集中購買／発注できるわけではなく、エリア／地域別で最適な取引先を探したほうがより安価な条件を取得できる費目も存在します。

　集中購買／発注に適した費目を見つけるためには、下記のような条件に合致するほど、実現しやすい費目と言えます。

　条件1.　取引先候補企業がどこも大手で全国エリアをカバーしている
　条件2.　どの企業との取引であっても、製品やサービスレベルにバラツキがない／少ない

　図表2-4-1のマトリクス図において、左上の象限にある電気、通信費、複合機（コピー代）、事務用品、クレジット手数料など、取引先が全国展開している大企業であることに加えて、料率や契約内容が確定すれば、比較的どの企業と取引をしたとしても、製品やサービスレベルに大差がありません。一方で、真逆となる右下の象限では、清掃、廃棄物処理、建物管理といった地域ごとの地場業者との取引が多く、取引業者によって、商品の詳細仕様やサービスレベルも変わってしまいます。

図表 2-4-1　集中購買／集中発注しやすい費目の特性

| | | サプライヤー企業によるサービスや商品の違い | |
		基本は同じ	バラツキあり
サプライヤー企業の特性（全国か地場か）	全国サプライヤーが中心	電気、通信費、複合機（コピー代）、事務用品、クレジット手数料、エレベーター保守、店舗消耗品	現金輸送、WEB 広告、制服、宅配便
	全国サプライヤーと地場サプライヤーが混合	レンタルマット、包装資材	印刷、施設／ビル管理
	地場サプライヤーが中心	都市ガス、LP ガス、電気設備保守、健康診断	清掃、廃棄物処理、倉庫保管、機密文書処理、賃料、リネン、3PL や路線便

　集中購買／発注の第一候補として"「全国サプライヤーが中心」かつ「サプライヤーによる商品やサービスの品質が基本は同じ」"に該当する費目が最有力となります。具体的には、電気、通信費、複合機（コピー代）、事務用品、クレジットカード手数料、エレベーター保守、店舗消耗品などが該当します。これらの費目であれば、すでに集中購買／発注を実現済という企業も多いでしょう。そこで、次に検討すべきは"「全国サプライヤーが中心」かつ「バラツキあり」"の領域です。「バラツキあり」ということで多少はサービスレベルに差がありますが、全国展開している大手企業であれば一定水準以上の商品／サービス品質は担保できているため、取引先を変更したとしても、現場がトラブルになるような事態には発展しにくいでしょう。

　取引先企業が地域／エリアごとに異なる地場企業である場合は、基本的に集中購買／発注が困難であるか、全国サプライヤーへ集約したとしても逆にコスト高となってしまう場合が多いでしょう。地域／エリア別に最適な地場企業を起用する場合、そこへ全国サプライヤーを当てはめようとすると、一般的には全国サプライヤーが元請け／管理会社となり、その下請けとして地域／エリアごとの地場企業へ再委託するため、結果的に多層構造となりコストが高止まりします。エリアごとで最適な取引先を選定し、個別に契約する場合と、大手企業を元締め／管理会社として活用した一括購買／発注する場

合のどちらが好条件を引き出せるのかは、検証することをお勧めします。

　地域／エリア別に最適な地場企業を起用する場合は、自社内である程度基準となる単価や料率を設定しておくことが重要です。首都圏や都心部と比較して、地方の郊外エリアでは必然的に価格／料率が異なりますが、社内での基準となる料金／料率を設定しておくことで、地域差によるバラツキを最小限にできます。

アプローチ②
別契約＆別支払いでも条件交渉のみ一元化

　次に前述のような集中購買／発注（契約と支払いを一括管理していることを指す）の実現が困難だとしても、同等の取引条件を交渉上で引き出すアプローチをご紹介します。特に個別企業単体の枠組みではなく、以下のようなケースでは、同じ企業グループ内に属していたとしても、別事業会社や別ブランドは基本的には別会社の組織運営となっているため、契約締結や支払いに関しても個別企業ごとで完結する必要があります。

・M＆Aにより多くの別ブランドや別事業会社が同じグループ企業に加わった
・本社以外に、子会社／関連会社が多数存在する
・ホールディングスの下に、多数の事業会社やブランドがぶら下がっている

　よって、すべてを集中購買／発注にすることは困難ですが、ここでは、企業間の契約や支払いは個別の企業別で取り交わすものの、その基準となる契約条件は企業グループ全体の年間取扱金額をベースにサプライヤー企業と条件交渉することで、十分なボリュームディスカウント効果が得られます。
　上記の実現には、別ブランド／別事業部／別会社をまとめて横串で貫き、

一時的にでも取引情報を一元的に集約する”旗振り役“の存在が必要です。この”旗振り役“は、社内でその権限を持つ本社やホールディングスの担当部署が務める必要がありますが、個別の担当者へそれぞれ依頼すればすべての情報がすぐに集まるといったものではありません。企業規模にもよりますが、関連するブランド／事業部に対して、担当者レベルで各社へ情報提出を依頼したとしても、異なる命令系統である、必要な資料やデータが相手担当者の手元にないなどのさまざまな理由から、思うように情報収集が進みません。結果として、半年、さらに1年経っても必要な情報が部分的にしか集まらず、計画倒れで終わってしまう場合も少なくありません。

　また、露骨に本取り組みに対して反対してくる別会社や担当者も出てくるため、本社やホールディングスからマネジメントのグリップが効いていない別事業や別会社に対しては注意が必要です。成功には、別ブランド／別事業部／別会社を一つに束ねるために、本体側のNo.1（社長）またはNo.2（専務やCFOクラス）の積極的かつ主体的なコミットメントが不可欠です。経営陣自らが関連するブランド／事業部／企業のトップを物理的に招集し、直接指示を出すといった不退転の覚悟で取り組まない限り、短期間で成果を創出することは困難です。

アプローチ③フランチャイズ店舗分を集約

　自社グループ内の集約効果に留まらず、小売や飲食店のように店舗展開のほとんどがFC（フランチャイズ）展開している場合でも、FC店舗分を取り込んだボリュームディスカウント効果を実現できます。FCの取引先企業に対して、すでに本社側で契約書や取引条件含めて取りまとめている場合は問題ありません。今後も、本社側から直接、取引先業者と交渉し、より良い条件を引き出しましょう。

　一方で、FC店舗がそれぞれ個別に取引先企業と直接契約＆支払いをしている場合、もう一段階踏み込んで、コストを削減または利益を創出できる可能

図表 2-4-2 FC との契約：パターン A

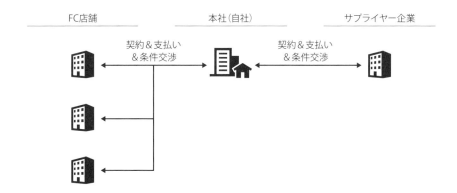

■FC店舗と本社間、本社とサプライヤー企業間でそれぞれ契約締結し、月々の支払いも発生
■本社はFC店舗とサプライヤー企業との取引価格の差分を利益として享受可能

FC店舗 　　　　　　本社（自社）　　　　　　サプライヤー企業

契約＆支払い
＆条件交渉

契約＆支払い
＆条件交渉

性があります。理想的なアプローチとしては、図表2-4-2のパターンAのように本社側でFC店舗と外部企業間の契約を取りまとめるやり方です。一方で、この方法では、"本社側で受注／発注処理の取りまとめ等の追加業務が発生"してしまう点と、"財務上、毎月大きなキャッシュの出入りが発生する"という観点から、実現が難しいかもしれません。

　パターンAとは別に、各FC店舗と取引先企業間の直接契約や支払いは現状のままで、基準となる条件交渉のみを本社主導で実施するのがパターンBです（図表2-4-3）。全社の総取引金額をベースに交渉し、十分にボリュームディスカウント効果を活かした取引条件を引き出し、その後は各FC店舗とサプライヤー企業との取引条件へ反映させます（この場合、財務的な改善メリットは、FC店舗側にはありますが、本社側にはありません）。

アプローチ④他社との協業や共同購買で限界突破

　自社グループ全体の購買／発注ボリュームを取りまとめるだけでなく、他社との協業（共同購買や共同発注、共同委託）によって、自社の取引規模以

図表 2-4-3　FC との契約：パターン B

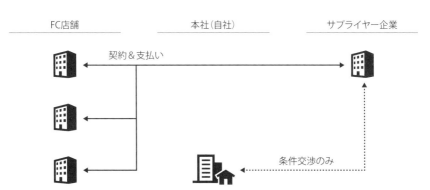

■FC店舗とサプライヤー企業間で契約締結し、月々の支払いも発生
　・本社は取引条件交渉のみを実施し、月々の支払いには関与しない
■本社の条件交渉で取り付けた条件をFCとサプライヤー企業間の契約条件へ反映させる

上に大きな取扱金額をベースとしたディスカウント効果や効率化によるコスト低減を実現します。一般的には、同業他社等との共同購買／発注／委託と言われているものですが、実現するスキームは下記の3つに分類されます。

共同購買／発注／委託を実現する3つのスキーム

1. 同業他社との共同購買（自社主導）

　競合他社と協力できる領域（調達や物流）では共通のオペレーション基盤を構築し、さらなる効率化を実現すると同時に、サプライヤー企業に対する交渉力を高める

2. 共同配送（取引先主導）

　サプライヤー企業側のプラットフォーム上に参加し、自社の10倍以上のスケールメリットや効率性を享受できる可能性がある。卸業者や商社を活用する効果と類似

3. 協同組合への加入（団体への加盟）

　購買や発注規模が限定的な地場系の中小企業が協同組合などの団体に加入することで、数桁大きな事業規模レベルの単価や料率水準での取引が可能

同業他社との共同購買（自社主導）

　同業他社との協業による共同購買／発注に関しては、すでにさまざまな業界で取り組まれています。業界内の比較的大手の企業が数社共同で取り組むことで、自社以上の大きなボリュームを確保すると同時に、その取扱数量や金額の大きさから、調達先企業に対して圧倒的に優位なパワーバランスで条件交渉できます。

　以下の事例でも紹介する、ハウスメーカー大手4社による資材調達や、キリンビールとアサヒビールの共同物流では、業界内に占めるシェアが圧倒的に大きくなるため、調達先である資材メーカーにとっても前代未聞の大きな案件となり、現状をさらに下回る単価／料率を提示する必要に迫られます。また、キリンビールとアサヒビールの共同物流では、協業による生産効率のUP（積載率の向上など）によるコスト低減も期待できます。

　一方で、競合関係にある企業間の協業は容易ではありません。原価や直接材に関する取引条件は他社には開示不可能な重要機密情報もあり、間接材コストに関しても物流などは金額的にも大きいため、お互いの手の内を見せ合うことに大きなリスクを感じるからです。同じ業界内の大手企業間で協業をとりつけるためには、下記の3つの要件を満たしているほど実現可能性が上がります。

　　要件1.　業界内全体が過当競争で、すべての企業が比較的低収益に沈んで
　　　　　　いる
　　要件2.　本質的な企業競争力の差別化には直接関係しない領域での協業で
　　　　　　ある
　　要件3.　規模の経済効果（スケールメリット）が働き、現状よりも必ず改善
　　　　　　できるメドが立つ

　上記の3つの要件が満たされている場合、明らかに企業側はお互いの取引

条件を開示して検討する際のリスク／デメリットよりも、その協業を通して改善できるコスト削減メリットの方が大きいと認識できます。実際に業界大手数社で協業を実現した事例を見ていきましょう。

事例　ハウスメーカー4社（旭化成ホームズ、住友林業、三井ホーム、積水化学工業）の共同購買

　4社で構成する共同購買委員会を設置。購入量の確保による安定供給の実現とコスト削減に加えて、部品・部材の保証期間の延長、メンテナンス部品共通化による保守・点検費用逓減などのユーザーメリットの追求が目的

- ・旭化成ホームズ、住友林業、三井ホームの3社は2006年より共同購買委員会を設置し、住宅部資材の共同購買を実現。2009年より積水化学工業が追加で参加
- ・初期の対象は、エアコン・照明・給湯器・フローリング・キッチンセットなどの21品目
- ・住宅設備部材を中心に次の購買品目の選定や、住宅の構造に関わる部材やエクステリア部材他にも対象品目を拡大する予定
- ・海外部材の共同調達や物流の共通化などに関しても検討

事例　ビール業界大手2社（アサヒ、キリン）の共同配送

　石川県金沢市に共同配送センターを開設、関西エリアの工場からの鉄道コンテナによる共同輸送を開始

Before：北陸地方への商品配送は、中京圏の工場からそれぞれがトラックで配送

- ・アサヒ：名古屋工場から大型トラックで北陸へ直送
- ・キリン：名古屋工場と滋賀工場から大型トラックで北陸へ直送

After：関西工場で生産した製品を同じJRコンテナで北陸地方に配送

- ・アサヒは吹田工場、キリンは神戸工場から出荷し、吹田の貨物ターミナルへ配送
- ・吹田（関西）から金沢（北陸）まではJRコンテナで共同配送

・日本通運の金沢センター経由で石川県／富山県への共同配送を実施

　業界内の大手企業数社で協力する共同購買／共同配送とは別に、中堅／中小企業が同じ業界の大手企業の事業基盤を活用するパターンもあります。下記の事例は「庄や」を中心とした飲食店チェーン事業を展開している大庄に関するものです。大庄は、その食材調達や店舗配送といった事業基盤を活かして、中堅／中小の飲食チェーンに対して、食材卸売販売や店舗への共同配送をサービスとして提供しています。食材の卸売業者と同じような位置付けになりますが、業態やエリアの相性によっては好条件も期待できるため、候補の一つとして検討する価値があります。

事例　株式会社 大庄の食材共同調達や共同配送のプラットフォーム活用

　「庄や」を中心とした飲食店チェーン事業を展開していますが、自社独自の食材調達ルートや物流配送網も活かして、同業他社の飲食店に対して食材の共同調達及び店舗への共同配送を提供
　〈大庄グループの主な特徴〉
　・日本全国の産地から直接仕入れを推進し、品質の高い食材を仕入れ
　・自社物流による365日稼働で、鮮度が高い状態で店舗に配送
　・朝受けた注文を当日中に配送完了

共同配送（取引先主導）

　購買／発注や配送を実施する際に、取引先／業務委託先企業の事業基盤やプラットフォームを活用することで、規模の経済効果によりボリュームディスカウントや生産性の向上（効率化）を実現します。一般的には、商社や卸業者は取引先企業を取りまとめ、多種多様な商品を取り扱うことで取引総額をできる限り大きくしボリュームディスカウント効果を得ているため、そういった企業と取引することで相手先のボリュームディスカウント効果を自社も享受しています。しかし、単に大手の仲業者と取引するだけでなく、取

引先企業に積極的に働きかけることで、相手の事業基盤／プラットフォーム上に自社と同業他社との協業スキームを構築することも可能です。

　代表例は、物流の共同配送で、「扱っている商品が物流の観点から同等品」かつ「配送が必要となるエリアが重複」している場合、特定の物流会社のインフラや配送ネットワークを活用した共同配送が可能になります。実現できるかどうかは、特定の物流企業やその顧客基盤のニーズとのマッチングが重要となるため、パズルのピースがハマるかどうか次第ではあります。新たに共同配送を検討する場合、とにかく候補となる物流会社へ幅広く打診することで実現可能性が高まります。また、今回は共同配送が成立しなかったとしても、半年以上経てば物流会社やその取引先企業の事業環境は変化することもあるので、定期的に各社へ打診し続けることが実現への近道となります。

事例　日立物流：シューズ・スポーツアパレル業界の共同物流プラットフォーム

　シューズ・スポーツアパレル企業10社以上が参画している共同配送プラットフォーム。千葉県西部を拠点とし首都圏1都5県（東京・茨城・栃木・埼玉・千葉・神奈川）エリアの約3,000店舗への配送／納品に対応
- 同床あるいは近隣拠点の出荷製品との共同配送化を実現
- チャーター便や宅配及び路線便を補完する第三の輸送モードとして共同配送便を活用
- コア拠点を千葉県西部に保有し、倉庫を集約することで、繁忙期の作業員の融通・スムーズな立ち上げや運営ノウハウの横展開が可能
- 製品の検品・値札付けなどの流通加工作業も幅広く対応しています。製品完成以降、納品先までのSCMにおいて、ワンストップで付加価値のあるサービスを提供

協同組合への加入（団体への加盟）

　すでに存在している協同組合などの団体へ加盟し、その会員に特典として

用意されている特別料率や割引価格の適用を受けます。この協同組合型のスキームでは、業界を代表するような大企業というよりは、地方の中堅／中小企業が自社の取引量が限定的な状況下でも、数十社／数百社が加入する団体に加盟することで、圧倒的なボリュームディスカウント効果が得られます。ただし、業界ごとに団体の存在は限られているため、必ずしも自社に適用できるとは限りません。一方で、中長期的な取り組みとして、自社が所属する業界団体や協会へ積極的に働きかけ、同業他社と協力してコスト削減機運を高め、新たに特定の費目に関する共同購買コンソーシアムを立ち上げることも可能です。

事例　CGCグループ（全国の中堅・中小スーパーマーケットが加盟）

地場の小規模経営の食品スーパーであっても、CGCグループに加盟することで、電気料金、クレジットカード手数料、廃棄物処理をCGCグループで包括契約している

- 東京・新宿にある株式会社三徳の呼びかけで1973年にCGCグループ設立
- 全国各地に約210社4,000店で日本最大規模と言われる協業組織
- 加盟店で協力し、大手チェーンストアに負けない商品の開発や調達、物流、情報システム、販売促進、教育などを支援することが主要な業務
- 加盟した地場の食品スーパーは、電気料金、クレジットカード手数料、廃棄物処理に関しては、CGCグループ全体の取引総額を活かした特別料金／料率を適用可能

事例　ETC協同組合

高速道路利用料金はETC協同組合に加盟し、「コーポレートカード」や「マイレージカード」を利用することで、正規料金よりも▲5％〜▲30％の割引率を適用することが可能となります。一般的にNEXCOのコーポレートカードの場合は車両1台あたり、または契約者1名あたり月額3万円以上の利用実績がある場合は、ぜひ活用を検討しましょう（図表2-4-4、図表2-4-5）。

図表 2-4-4　主要な ETC 割引カード一覧

	コーポレートカード	マイレージカード
発行条件（目安）	1 枚あたりの利用額が 30,000 円以上／月	なし
割引内容	・車両単位割引 ・契約単位割引	5,000PT 達成で 5,000 円還元
新規発行	1枚発行につき［車］［セ］の1セット	［車］［セ］の1セットで4枚まで
車両入替	都度［車］［セ］を提出 ＋発行後差し替え	特に申し出の必要なし
費用　発行手数料	617 円〜717 円／枚	なし
費用　年間利用料	617 円〜717 円／枚	0 円〜500 円
費用　再発行手数料	617 円〜717 円／枚	なし
カードの貸し借り	×	○
レンタカーでの使用	×	○
締め支払い	月末締め翌月末日振込 または 翌々月 5 日頃口振	月末締め翌月末日振込 または 翌々月 5 日頃口振

※[車]：車検証の写し [セ]：車載器セットアップ証明書の写し
※ご加入の組合様によって費用は変動します

図表 2-4-5　NEXCO のコーポレートカードの割引詳細

	コーポレートカードの主な割引詳細			
	NEXCO		首都高	
	車両 1 台毎の月間の 対象路線利用額	割引率	車両 1 台毎の月間の 対象路線利用額	割引率
1. 車両単位割引	0 円〜5,000 円	0%	0 円〜5,000 円	0%
	5,001 円〜10,000 円	▲ 20%	5,001 円〜10,000 円	▲ 10%
	10,001 円〜30,000 円	▲ 30%	10,001 円〜30,000 円	▲ 20%
	30,001 円〜	▲ 40%	30,001 円〜	▲ 25%
2. 契約単位割引 （上乗せ割引）の 適用条件	①契約者の 1 カ月の高速道路利用額 500 万円超 ②契約者の 1 台あたりの高速道路平均利用額 3 万円超 の両方の条件を満たす場合、契約者の 1 カ月の高速道路利用額の合計に対し 10%割引		①契約者の 1 カ月の首都高利用の割引対象額 100 万円超 ②①の合計額をコーポレートカードの枚数で割った金額が 5,000 円超 の両方の条件を満たす場合、首都高における 1 カ月の割引対象額の合計に対して、10%の割引を適用	

STEP 5

発注／調達単価の最適化

単価引き下げ依頼ではなく適正水準を見極める

　企業の調達／発注担当者であれば、常にコストの削減を経営層から要求されます。また年間計画の一部として、部署や個人に対し「費用全体を▲3％〜▲5％削減せよ」といったコスト削減の定量目標を課せられます。一方で、取引先企業に対し、一律に「価格を▲5％下げてください」と依頼したところで、大半は「価格はこれ以上、下げられない」、「値下げしたら赤字です」など、実質ゼロ回答が返ってくるだけです。

　また、取引上で弱い立場にあるサプライヤー企業側に対し、無理やり値下げを求めても、中長期的に良好な取引関係を継続することが難しくなります。ここで、我々が目指すべきは、「無理やり価格を下げてもらう（コスト削減を強要する）」のではなく、「見直し余地がある単価や料率を見極め、市況の適正水準に修正してもらう」というスタンスです。

　相見積もりやリバースオークション（買い手が売り手を選定する逆[Reverse]）のオークションで、一般的には競争入札のこと）により、複数のサプライヤー企業を競わせることも安値を引き出すには有効な手段です。3社〜5社の複数社から見積もりを取得し、その中の最安値であればある程度妥

図表 2-5-1　印刷物：相見積もりで最安値を探すアプローチ

■相見積もりの課題と注意点
・相見積もりで取得した最安値（8.7円／枚）でさえ、その価格の根拠や妥当性は不明のまま
　−新規サプライヤーの営業担当は新規案件受注のために、無理に安価な提案をする傾向あり
　−一番安価な提案を採用した結果、その後半年経たずに値上げ要請が来ることも少なくない

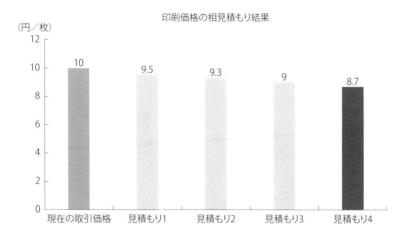

印刷価格の相見積もり結果

当と言えますが、そもそも原価構造からどの程度の価格であれば妥当な水準なのかは不明です。図表2-5-1の事例のように、相見積もりで取得した最安値の単価（印刷物の相見積もりを取った際に最安値は8.7円／枚）よりも、このコスト構造から原材料、作業費（人件費）や利幅などを積み上げで算出する（印刷物はコスト構造上、6円／枚で作成可能と判明）ことで、現実的に可能な価格水準や、原価内での改善余地が見えてきます（図表2-5-2）。

　相見積もりの場合は、仕様や品質基準を事前に指定したとしても、価格だけで選定した取引業者とはその後、品質や運用面で実態が伴わない、また早々に値上げ要請が来てしまうなど、トラブルに発展する可能性があります。また、主要なサプライヤー企業から「あの企業は価格でしか判断しない」とみなされると、リバースオークション／競争入札自体に参加してもらえないといった悪影響も起こり得ます。単なる"価格たたき"ではなく、"単価／料率の適正化"に必要なアプローチを目指すべきです。この章では、現状の単価／料率が最適か否かを具体的にどのように判断していけばいいのかを確認

■原価推計
・印刷物の原材料費や作業単価を工程ごとにすべて明らかにすることで最適価格の水準を見極める

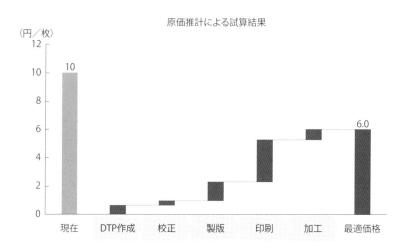

原価推計による試算結果

していきます。

価格や料率をコスト分解する３つのアプローチ

　現状の支払金額や単価、詳細な仕様を確認し、単価／料率が適正か否かを瞬時に判断することは、専門家であっても困難です。同じような商品やサービスであっても、実際の詳細な仕様や年間の発注量とそのバラツキ度合い、また各種個別対応が発生していることが多く、一概に価格が高い／安いを判断できないからです。適正な単価や料率を見極めるために、まずは「コストを最小単位にまで分解（コスト構造分析）」することです。価格の根拠となるコスト構造を要素分解していくことで、個々の構成要素別での価格の妥当性がはるかに評価しやすくなります。

アプローチ①「元請け↔下請け↔孫請け」の多重構造の分解

　直接の取引先企業が元請けとなり、現場の実務作業や施工を下請け企業に再委託している場合です。一般的には、全国展開している企業が、拠点の施設管理や物品の調達、物流などを一括して1社に委託していることが多いでしょう。元請け企業と下請け企業は共に利幅を確保する必要があるため、複数企業が関わる多重構造になるほど割高な料金になります。また、発注元企業からすると、元請け企業がどこに再委託しているのか、また現場での実作業はどうなっているのかが見えづらくなり、結果的に個別のサービスの価格の妥当性も評価しづらいというデメリットがあります（図表2-5-3）。

　よって、元請け／下請け／孫請け企業のそれぞれの役割／機能が何であるかを把握することに加えて、「元請け↔下請け↔孫請け」間の取引価格水準を把握することで、市況と比較したときの各社への発注単価やマージンの最適化が可能となります。

事例.「施設管理費」のコスト分解アプローチ

- 現場あるあるの事例
  - 大手管理会社やグループ内の施設管理会社へ管理業務を丸投げ
  - 委託内容ごとに支払っている管理料が妥当なのかがわからない
  - 管理会社の手数料率や下請けへの発注単価／料金を把握できていない

- 何が課題なのか？
  - 市況よりも割高な管理手数料（率）を支払っている可能性がある
  - 下請け企業が価格や品質面で他社よりも劣っている可能性がある

- 具体的な解決策
  - 施設管理会社の管理手数料（率）を適正化

図表 2-5-3 施設管理会社（元請け）と下請け企業との関係図

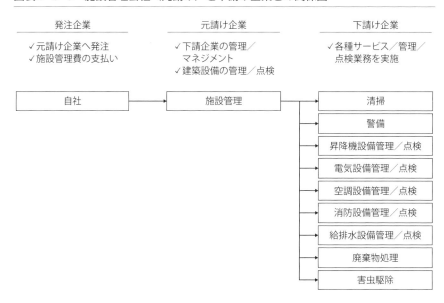

・大手管理会社から、中堅／地場の管理会社へ変更
・委託内容別で下請け企業（清掃や設備保守など）の見直し
・管理会社を介さず、下請け企業と直接契約

　施設管理費は、どこまで踏み込んで抜本的に見直すのか次第で、図表2-5-4に示すように4段階に分かれます。まずは現状把握を兼ねて、「STEP1. 現在の管理会社を前提に、コスト最適化に取り組む」ことから着手します。基本的には元請けである施設管理会社と協力して見直し余地を探っていきますが、まずは施設管理会社側自体のコスト構造（下請けへの発注単価）や管理手数料率（管理マージン）を明確にしていきましょう。

　「1-1. 施設管理会社の管理手数料率（マージン）」は、施設管理会社側で担っている業務内容にも左右されますが、一般的な施設管理会社の管理手数料率は

図表 2-5-4　施設管理費の見直しに向けたアプローチ

アプローチの方向性		概要
Step 1	現在の管理会社を前提に、コスト最適化に取り組む	・現状把握を兼ねて、各社間の発注単価や諸条件を確認 ✓ 1－1. 施設管理会社の管理手数料率（マージン）の見直し ✓ 1－2. 下請け企業への発注料金／単価の最適化 ✓ 1－3. 下請け企業への発注サービスの詳細仕様の見直し／簡略化 ✓ 1－4. 下請け企業をより価格競争力がある企業へ変更
Step 2	一部の下請け会社と直接契約へ変更	・自社の業務負担がそれほど増えない費目は、元請けを介さずに直接契約に変更 ✓「昇降機」「機械警備」「電気設備」「消防設備」などはあまり追加業務は発生しない
Step 3	管理会社の変更	・施設管理を大手企業や自社グループ会社が担っている場合、割高な取引条件になっている可能性があるため、中堅や地場企業、または内製化への変更が有効 ✓ 大手の施設管理会社：10％台前半〜25％ ✓ 中堅や地場の施設管理会社：5％〜10％台前半 ✓ 自社グループ内の子会社／関連会社：各社で要確認
Step 4	管理業務を内製化	・自社内の管理部署にて施設管理業務の内製化を検討 ✓ 追加で発生する業務をリストアップし、内製化する業務と外注を維持する業務を仕分け

　○全国をカバーしている大手施設管理会社：10％前半〜25％程度

　○エリア限定の中堅／地場の施設管理会社：5％〜15％程度

となっており、中堅や地場の施設管理会社の方が低い傾向にあります。一方で、全国エリアを1社でカバーできる大手企業はサービスもフルライン対応のため、自社の人件費や固定費もかさんでいますが、概ね15％程度が妥当な管理手数料率です。

　管理手数料率が把握できれば、合わせて元請けの管理会社から下請け企業へ発注している条件も確認します。「1-2. 下請け企業への発注料金／単価」及び「1-3. 下請け企業への発注サービスの詳細仕様」を確認し、市況相場との乖離や、無駄な業務が含まれていないか、といった視点で改善余地を検証します。下請け企業への発注条件の見直しは、一義的には元請けである施設管理会社が主導して検討してもらいますが、元請け側に直接的なメリットがないため、それほど積極的に動いてくれません。代替策として、別途自社で見積もりを取得するなどして市況相場を把握し、発注業態ごとにターゲットとなる市況単価を確認した上で条件交渉に臨みましょう。

次に「STEP2.一部の下請け会社と直接契約へ変更」です。本来、管理手数料は施設管理会社側の果たす役割への対価として支払うものですが、下請けの業態によっては、施設管理会社側でほぼ業務が発生しない費目もあります。特に、昇降機（エレベーター、エスカレーター）設備、機械警備、電気設備、消防設備などの管理／点検サービスは下請け企業側で業務がほぼ完結し、元請けの管理会社側での毎月の主な業務は、請求書の処理や月次報告書の作成、点検の日程調整などです。よって、下請企業側との直接契約に変更することで、自社の工数負担をほとんど増やさずに、管理手数料分は確実にコスト削減できます。

施設管理会社の管理手数料が高止まり（15％以上の水準）しているが、交渉しても見直しに応じてもらえない場合や、施設管理会社側が非協力的で管理手数料や発注条件も開示してもらえない場合、管理会社自体の変更を検討すべきです。元請け管理会社からどうしても見積もり依頼に必要な情報が開示されない場合、新たに候補となる施設管理会社数社へ依頼し、現地調査なども踏まえて見積もりを出してもらいましょう。最終的に施設管理会社を切り替える場合、現在の下請け企業をそのままスライドさせて新しい施設管理会社と契約締結してもらえれば、現場のオペレーションは従来と変わらない品質で運用できます。

また、施設管理業務は他の管理会社への変更だけでなく、内製化も選択肢として検証しましょう。業務工数の増加による人件費増加も含め、最終的にどの選択肢が最も低コストで運用が可能なのかを定量的にシミュレーションして評価します。

アプローチ②業務委託先の工程別でのコスト分解

印刷物や物流、IT開発などを他社へ業務委託している場合、その工程を個別に分解することでバリューチェーンごとにかかるコストや工数の妥当性を精査します。本来、自社の企業競争力とは直接関係しない組織や業務内容

（ノンコア領域）であれば、専業の業務委託企業を活用することは有効な手段です。一方で、業務委託企業では、できる限り広範囲の業務を受託することで、売上規模を上げると同時に、他社への変更にかかるスイッチングコストを引き上げることで、中長期的に高い利益水準を維持しようとします。そのため、業務委託先を適正に管理／マネジメントできないと、業務実態やコストの内訳がブラックボックス化し、結果的に割高な料金のまま、延々と継続せざるを得ない状況に陥ります。

　よって、業務委託先を適正にコントロールするためにも、業務委託先の各工程において、作業内容と作業費（単価×工数）を常に把握すると同時に、使用／利用されている材料やモノの単位までコスト構造を分解することで、見直し余地が見えてきます。

事例.「印刷費」のコスト分解アプローチ

- 現場あるあるの事例
  - 大手印刷会社へすべての印刷工程（企画／デザイン〜印刷）を丸投げ
  - 余裕のないスケジュールで印刷会社側へ無理な発注をかけている
  - 印刷物に必要以上の紙質（斤量）や色数が使われている

- 何が課題なのか？
  - 大手印刷会社はコスト構造的に割高の傾向あり
  - 企画／デザイン、印刷、製本などの工程ごとの適正費用を把握できていない
  - 同じ目的にもかかわらず、ブランド別や拠点別で印刷物の品質がバラバラ

- 具体的な解決策
  - 印刷工程ごとに専業会社へ委託（"企画／デザイン"と"印刷"の分離）
  - 印刷工程の一部を内製化（企画やデザイン）

図表 2-5-5　外部企業へ発注している印刷物

	概要	実物イメージ	コスト削減余地	見直し難易度
端物印刷物（ペラ）	・1枚の紙として独立した印刷物 ・例：ポスター、チラシ、リーフレット等		低	低
ページ物印刷物（冊子）	・複数枚の紙で構成され、ページ番号が付与された印刷物 ・例：書籍、雑誌、パンフレットなど		高	中
特殊印刷物（上記以外）	・端物印刷物、ページ物印刷物に分類されないその他の印刷物 ・印刷以外に特注の加工が伴うものも多い ・例：のぼり、タペストリー、封筒など		中	高

・大手印刷会社から中堅／地場の印刷会社へ変更

・印刷物の仕様（用紙の種類や色数）の見直し／簡略化

・余裕を持ったスケジュールで閑散期の印刷設備を有効活用

　印刷費のコスト適正化の対象は主に端物印刷物、ページ物印刷物、特殊印刷物を想定しています（図表2-5-5）。同じ印刷物ですが、それぞれコスト削減余地や見直しの難易度が異なります（社内の複合機による"印刷"は、「複合機」という別費目で扱っています）。

　端物印刷物（ペラ）は1枚の紙として独立した印刷物であり、見直しのアプローチもシンプルです。昨今では格安印刷サービスなども普及し、おおよそ印刷枚数とその仕様が決まれば目安となる1枚あたりの印刷費は比較検討できます。印刷会社側も薄利で大量に印刷することで利益を確保しており、そこまで大きなコスト削減余地はありません。一方で、こういったシンプルな端物印刷物（ペラ）を大手印刷会社（大日本印刷や凸版印刷）へ依頼している場合、割高な印刷単価となっている可能性が高いため、中堅や地場の印刷会社への変更ができれば、大きな削減効果が見込めます。

ページ物印刷物は、端物印刷物（ペラ）よりも印刷工程が多く、仕様も複雑になるため1印刷物あたりの単価が高くなります。それに伴い、単価あたりの利幅も多めにとられている可能性があり、端物印刷物（ペラ）よりも見直し余地がある可能性が高いです。また、特殊印刷物ほど工程を処理できる企業が限定的ではないため、企業間の価格競争力も働きやすく、印刷物の中でも優先度「高」で取り組むべきです。

　特殊印刷物は、1商品あたりの単価が高く、自社のオーダーメイド品であるため、比較できる市況単価がないことから、割高である可能性が高い印刷物です。ただし、特殊加工を実施できる企業が限られるため、より安価で請け負ってくれる他の企業を見つけることが困難です。特殊印刷物の場合は1商品あたりの単価だけではなく、そもそも特殊印刷物自体の仕様や加工を簡素化、または変更することで最終的な低価格化を実現するアプローチが有効です。

　次に、印刷物ができるまでの工程を確認します。印刷物に関する工程は主に「企画／デザイン」「印刷」「特殊加工」「フルフィルメント」の4つの段階に分かれます（図表2-5-6）。

　「印刷工程」というと、通常は「刷版〜用紙調達〜印刷出力〜製本加工」の工程ですが、法人における印刷物関連コストという概念では、はじめに「企画／デザイン（企画〜編集デザイン〜DTP作成〜文字／色）」といった広告代理店やデザイン会社が専門としている工程があります。また、印刷工程の後には、特殊印刷物（タペストリーやのぼり、ディスプレイ）の場合、専門的な表面加工や印刷物をベースに商品を制作したりする加工会社の工程が入ります。最後には出来上がった印刷物を梱包、発送、折込み、在庫保管するフルフィルメントという流れです。

　それぞれの工程に専業業者が存在しますが、大手の印刷会社や広告代理店などは、企画／デザイン〜フルフィルメントまでの全体を一括して受託できる企業も少なくありません。一括受託している元請け企業は、基本的に自社のコア事業として扱っている工程以外は、協力会社などへ再委託しています。

図表2-5-6　印刷物の作成工程とその発注先となる候補企業

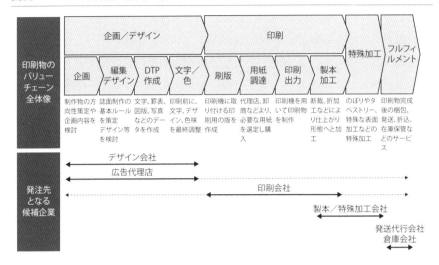

　印刷物関連のコスト削減アプローチについては、下記の4つの視点があります（図表2-5-7）。

　「見直しアプローチ1. 仕様の見直し」や「見直しアプローチ4. 印刷物自体の必要性の有無を精査」は、すでに自社で取り組んでいるという企業も多いでしょう。ですが、企業規模が大きくなるほど、複数のブランドや事業別、またはエリア別で取引している広告代理店や印刷会社が異なる場合が少なくありません。

　図表2-5-8で取り上げるチラシ印刷の事例では、社内に3つの事業ブランド（「甲」「乙」「丙」）を抱えている一方で、東日本と西日本では全社的に委託している広告代理店／印刷会社が異なっていました。販促用のチラシに使用されている用紙のグレードを確認すると、ブランド別及び地域別で異なっており、特に紙の斤量は40.5kg～50kgまでの幅がありました。

　現場担当者へのヒアリング、競合となる大手企業のチラシの用紙を改めて調査したところ、最大手企業をはじめ複数の有力企業のチラシは40.5kgと判明しました。斤量の低減によって販促効果が低下するような事実も発生して

図表 2-5-7 印刷物の見直しアプローチ

	見直しアプローチ	アプローチの概要	具体的な打ち手
1	仕様の見直し	・印刷物の仕様をできる限りシンプルで安価な仕様へ変更	・印刷物の個別要素ごとに最低限の水準を見極める ✓紙の品質／厚さ ✓色数 ✓加工度合い
2	発注先の見直し	・工程ごとで発注先企業を再選択 ・内製化できる工程の検討	・全工程を一括委託する以外に、工程ごとの専門業者へ直接依頼するパターンも検討 ・大手企業から中堅／地場企業への変更 ・元請企業の管理料率（マージン）の見直し ・一部工程（「企画／デザイン」や「フルフィルメント」）の内製化
3	作成スケジュールの見直し	・社内の"発注"や"締切"のタイミングを出来る限り前倒し ・印刷会社側のスケジュールに融通を持たせ、アイドリングタイムを活用	・発注タイミングや頻度、1回あたりの発注量の見直し ・全体スケジュールを前倒し、印刷会社側の閑散期やアイドリングタイムを有効活用 ・割高なチャーター便や特急便、夜間稼働を削減
4	印刷物自体の必要性の有無を精査	・不要な印刷物は廃止 ・デジタル媒体を活用	・費用対効果が低い印刷物の廃止 ・紙の印刷物をWEBやアプリなどのデジタル画面で代替

いなかったため、今後は全ブランド及び全エリアで斤量：40.5kgの用紙が社内標準となりました。

　一方で、現在の発注先企業や印刷物に関わる業務手順やスケジュールに関しては、現状のオペレーションが"前提"となっているため、なかなか見直しのハードルが高くなります。また、印刷会社や広告代理店に一括委託している場合、発注やデータのやり取りを取引先企業側のASP（アプリケーションサービスプロバイダ）サービスやWEB管理画面上で実施しているため、いざ他社も含めて検討する際に、精神的なスイッチングコストは高い傾向にあります。

　「見直しアプローチ2．発注先の見直し」に関して、印刷関連業務の全4工

図表2-5-8 チラシ用紙の仕様を統一（エリア×ブランド別）

■今後は全国のチラシ用紙を『40.5kg』に統一

チラシ用紙の仕様詳細（エリア×ブランド別）

印刷会社	エリア	甲 ブランド		乙 ブランド		丙 ブランド	
		チラシ用紙	斤量	チラシ用紙	斤量	チラシ用紙	斤量
A社	北海道	A3 グロス コート紙	50kg	微塗工紙	40.5kg	A3 グロス コート紙	50kg
	東北	A3 グロス コート紙	50kg	微塗工紙	45kg	A3 グロス コート紙	50kg
	関東	―	―	微塗工紙	42.5kg	―	―
B社	関東	A3 グロス コート紙	50kg	―	―	微塗工紙	40.5kg
	中部	―	―	微塗工紙	40.5kg	微塗工紙	40.5kg
	関西	微塗工紙	45kg	微塗工紙	42.5kg	微塗工紙	40.5kg
	九州	―	―	微塗工紙	40.5kg	微塗工紙	40.5kg

程を、すべて1社へ委託している場合、コスト削減余地が高い可能性があります。業務全体を一括で請け負っている印刷会社や広告代理店側のコスト構造の内訳は把握しづらくなります。結果として、他社との比較が難しく、コスト競争環境にさらされにくいため、受託側の企業は高い利幅を確保しやすくなります。この場合は、コスト競争力の高い中堅や地場の企業への切り替えを検討すると同時に、4つの工程別の適正単価を把握するために、それぞれの専業企業へ見積もりを依頼しましょう。また、「企画／デザイン」や「フルフィルメント」に関しては、自社で内製化している企業も多いため、外注先だけでなく内製化した場合のコスト削減効果の試算が必要です（図表2-5-9）。

　「見直しアプローチ3. 作成スケジュールの見直し」では、現状、毎回締め切りギリギリまで企画／デザインが確定せず、その後の印刷工程にスケジュールの余裕がない場合、まずは前提となっているスケジュール自体の見直しが必要です。例えば、食品スーパーのチラシ印刷の場合、特売品やその値決めなどの内容は、チラシ配布の直前にならないとなかなか確定しません。すると、印刷工程や特殊加工、フルフィルメントにスケジュールの余裕がな

図表 2-5-9　印刷工程別の依頼先候補企業

■印刷工程ごとに最適な発注先を検討すると同時に、内製化の可能性も見極める
  ・◎：専業企業として競争力（品質＋価格）がある
  ・○：専業として得意分野であり、内製化している企業も多い
  ・△：本来は専門外の工程

		企画／デザイン	印刷	特殊加工	フルフィルメント
発注先候補企業	デザイン会社	◎	―	―	―
	広告代理店	○	△	△	△
	大手印刷会社	△	○	△	△
	中堅／地場印刷会社	△	◎	―	―
	特殊加工会社	―	―	○	―
	発送代行会社倉庫会社	―	―	―	○
自社で内製化		○	○	―	○

くなり、下記のような原因で各工程のコストが割高になってしまいます。

　印刷物の特性にもよりますが、できる限り「企画／デザイン」を早期に完了させ、印刷工程に十分な時間的余裕を確保できれば、印刷機の稼働や作業人員を平準化できるため、もう一段階低い単価でも応じてくれる可能性があります。

　スケジュールがタイトなためにコスト増となる主要な原因としては、以下のようなことが挙げられます。

　・急ぎの案件対応のため、専用の体制や追加人員が必要となる
　・現場担当者の残業が必要となり、夜間／深夜業務が発生する
　・スケジュールがタイトであるため、印刷機の遊休時間や無作業時間を有効活用できない
　・輸配送は通常便ではなく、特急／エキスプレス便やチャーター便などの手配が必要

　業務委託費もコスト構造がブラックボックス化しやすいため、個別のコス

ト項目別で分解する必要があります。例えば、物流の「3PLへの業務委託費」では、その内訳を確認すると「配送費」、「倉庫内作業費」、「保管料／賃料」、「資材費」、「設備やWMSの利用料」、「管理費用」などに分解できます。一方で、現場での作業工程やその生産性の妥当性はなかなか把握しづらく、「倉庫内作業費」や「保管料／賃料」の料率が適正なのかの判断が困難です。こういった状況では、3PL側と定期的に打ち合わせの機会を持ち協議することで、現状の「見える化」を進め、費用項目の詳細な内訳や主要KPI（工程ごとの生産性等）を明らかにしていきます。

事例.「IT関連の業務委託費」のコスト分解アプローチ

- 現場あるあるの事例
  - ・IT関連の業務委託費にかなりの金額を支払っており、毎年増額されている
  - ・他社への変更が事実上不可能であるため、委託先企業の言うことを聞かざるえない
  - ・IT関連の業務委託費の詳細な内訳を把握できていない

- 何が課題なのか？
  - ・IT関連の業務委託費の内訳を実績ベースで把握できていない
  - ・個人別にどういうスキルの方がどういう業務を行っているのかが不明
  - ・業務時間に関して、委託先の報告ベースでしか把握していない
  - ・社内の情報システム部が主導できておらず、IT委託先企業の言いなり

- 具体的な解決策
  - ・個人別の月額単価と実際の業務内容が合致しているかを確認（現場視察）
  - ・個人別の業務時間は実測ベースで把握できる体制を確立
    - ✓ PCのリモート管理ツールなどを活用

✓ 現地での業務量実績調査を実施（期間限定）
　　・数年後の委託先変更も見据えて、他の委託先候補企業へ提案／見積もり依頼

　昨今、大手企業におけるIT関連の業務委託費は毎年右肩上がりで増加しており、全社的なコスト削減を検討する際に、金額規模的にも最重要費目の一つとなっています。一方で、大手ITコンサルティング会社やSIer企業が業務委託している場合、支払金額の内訳がはっきりとはわからない（ブラックボックス化）ため、価格の妥当性も不明であり、増額要請を受けた場合も結局受け入れざる得ないという状況に陥っています。
　実際に、大手ITコンサルティング会社や主要SIer企業は、業務委託案件でできるだけ高い収益性を確保するために、業務内容をブラックボックス化し、他社への切り替えが困難な環境を積極的に作り出しています。IT業務委託費の見直しには、徹底したコスト構造の見える化及び実態把握が欠かせません。

〈IT関連の業務委託費の見直しアプローチ〉
アプローチ1．人件費単価の妥当性確認
　・業務委託先の一人ひとりの月額単価の妥当性を精査
アプローチ2．必要人数や業務時間の妥当性確認
　・業務委託先の報告ベースではなく、直接実測時間の詳細を確認
（アプローチ3．他社からの新規提案／見積もりの取得）
　・明らかに価格低減の余地があるにもかかわらず、まったく協力姿勢がない場合

　「アプローチ1．人件費単価の妥当性確認」では、業務委託契約締結時より設定された、「どういう役職／役割の方が、いくらの月額単価なのか？」といった条件と実際の現場担当者の実態と合致しているのかどうかの確認です。はじめに時間や工数（量）よりも、一人あたり月額人件費（単価）に着目すべき理由は、「単価」に関しては人材市場の給与相場である程度金額水準が決

まっているため、実態がズレていた場合は比較的すんなりと見直しに応じてもらえるからです。

　一方で、「時間や工数（量）」に関しては、個別企業ごとの現場のオペレーションが絡む話となるため、必要となる人数や時間の理由や根拠はいくらでも言えてしまうため、見直しに応じられない理由を延々と聞かされ、結果的に煙に巻かれてしまうことになります。

　IT コンサル会社や SIer 企業がクライアント企業へ請求する一人あたり月額人件費の相場は、委託先企業の特性や方針によっても異なりますが、概ね図表2-5-10に示すような相場となっています。

　クライアント企業側も、提案段階では相見積もりによる他社比較によって、おおよそ市場相場に近い単価水準を事前に確認しているはずです。よって、見直し余地が大きいのは、当初取り決めた条件と、実際に業務委託開始後に現場に配置されているメンバーの役割やスキルレベルとの乖離が発生しているケースです。

　例えば、大手IT コンサルによる業務委託契約において、現場でシニアコンサルタント1名が稼働している前提にもかかわらず、実際の現場では、代わりに入社1-2年程度の若手スタッフ（アナリストなど）が担当し、担当業務もシンプルな事務作業関連にとどまっているというような場合です。シニアコンサルタントであれば、事前に月額300万円前後のチャージが設定されているにもかかわらず、実際に現場に配置されているのは月額相場が100万〜150万円程度の若手コンサルタントといったことがありえます。業務委託先のチームやメンバーに関しては、少なくとも3カ月（四半期）に1回は一人ひとりの現場での実際の業務内容や役割を確認すべきです（図表2-5-10）。

　次に「アプローチ2. 必要人数や業務時間の妥当性確認」では、月額の支払いに見合った人数や業務時間分の稼働が実際に発生しているのか、または必要不可欠なのか、といった視点で確認します。業務委託先からの月次報告書には、稼働実績として人数や時間が記載されていますが、その情報自体は何の役にも立ちません。もともと契約で取り決めている月額金額に対して、

図表 2-5-10　IT 業務委託の月額人件費の相場

	役職	役職定義	人件費単価（万円／月）	
			外資大手	国内大手
IT コンサル 会社	シニア マネージャー	マネージャーの上位職者	450～600	300～450
	マネージャー	プロジェクトを取りまとめ、進行の責任者 5 年以上	300～500	250～400
	シニア コンサルタント	マネージャー一歩手前 3～5 年目	250～350	150～250
	コンサルタント	ある一定範囲の業務をまとめて担当 3～4 年目	150～250	100～200
	アナリスト	若手要員、スタッフレベル 1～2 年目	100～200	80～120

	役職	役職定義	大手	下請け／個人
Sler （受託開 発会社）	超上級 SE	部長級、専門技術を有した SE プロジェクトマネージャー	180～250	120～200
	上級 SE	課長級 顧客との折衝を行えるプロジェクトリーダー	150～200	120～150
	中級 SE	数人程度の SE やプログラマーを とりまとめるサブリーダー	120～150	120～120
	初級 SE	個別機能のシステム設計や開発を行う SE	80～120	50～80
	プログラマー	専門性を持って仕事ができるレベル	100～150	70～120
		対応できる範囲が狭く、指示が必要	70～100	35～70

「約束どおりに活動を実施しました」と形式的に報告しているだけなので、必ずしも現場の稼働実態を反映していません。

　「では、どのように現場の実稼働状況（業務内容とその時間）を把握すればよいのか？」は難しいところですが、主な方法は2つあります。

　1つ目はアナログ的なアプローチで、現場へ調査／ヒアリングを実施し、業務内容や稼働時間実績を直接確認します。業務委託先のメンバーが自社内に常駐して開発や保守メンテナンスしている場合、まずは試験的に、5分または15分ごとに何の業務を実施しているのか、手元で記録をとってもらいます。この場合、自社の従業員も同じフロアに居るため、業務委託先のメンバーも意外と正直に業務内容を記録してくれます（同じ執務フロアに業務委託先メンバーのみが完全に壁や仕切りで隔離されている場合、業務内容の記録も作為的にコントロールされてしまう可能性があるため注意が必要です）。

現場のプログラマーの業務内容を記録した結果、1日の業務時間のうち、実際にコーディング業務が占める割合が2割〜3割未満の方が多数いることが判明し、その結果、体制の見直しにより大幅な人員削減に成功した例があります。プログラマーに関しては、1日単位で実際のコーディング量やその成果物の品質レベルを定量的に記録することが有効です。

　また、業務改善（BPR）プロジェクトにおいて経営コンサルタントがよくやる手法として「DAILO（ダイロ）」というものがあり、現場担当者が典型的な業務を実施する1日に、コンサルタントが終日張り付いて、"1分単位"で業務内容を記録していきます。はじめの1〜2時間は記録される現場担当者も緊張の様子ですが、数時間もすればいつもどおりの業務モードになることが多く、意外と実態に近い業務時間の内訳とその実施内容が把握できます。加えて、業務時間中の発言内容もすべて記録に残し、後日分析した際に、定性的にもどこまで裁量が任されており、どの程度の専門的なスキルを有しているか、等も高い精度で推察できます。

　2つ目としては、昨今はリモート環境からのPC端末監視ツールも多数リリースされており、社内または遠隔地に監視用のサーバーを立て、業務委託者が利用しているすべてのPCの稼働状況を詳細にモニタリングできます。システムエンジニアやプログラマーの稼働状況を定量的に可視化し、そこで記録した「アプリケーションの稼働管理」、「WEB閲覧の履歴管理」、「画面キャプチャー」、「キーログ管理」などの実稼働データを分析することで、本来必要な人員数や工数を割り出せます（図表2-5-11）。

〈業務分析の結果、業務時間の4つの分類の割合を定量化する〉
○コア業務時間（要件定義の検討やコーディングの時間）
○間接業務時間（上長への報告やレポート作成等、成果に直結しない間接業務）
○アイドル／休憩時間（PCの操作がない時間）
○無関係な業務時間（本業務委託とは一切関係のない業務）

図表2-5-11　PC監視ツールの機能と工程別での有効度

■ IT業務委託の現場スタッフの業務実態を焙り出す機能として
・「より適している」〜◎〜○〜△〜×〜「適していない」

PC管理ツールの機能		要件定義／設計	プログラミング／コーディング	テスト	保守
アプリケーション稼働管理	・各アプリケーションが使用された時間（アクティブウインドウで操作された時間）を記録	○	○	○	○
Web閲覧履歴管理	・Webサイトへのアクセス履歴を記録、各サイトへのアクセス回数や、フォームへの入力内容も取得可能	△	○	○	○
画面キャプチャー	・デスクトップ画像を管理者のPCに取り込み ・特定の禁止行為、キーワードを検出した際に自動で録画を開始することも可能	△	○	○	○
キーログ管理	・キーボードで入力された文字を記録 ・アプリケーション毎の入力内容の記録も可能	×	◎	△	○
ファイル変更履歴管理	・ファイルに加えられた変更や操作を記録	△	○	△	△
メール管理	・送受信されたメールを記録	△	○	○	○

　「間接業務時間」や「アイドル／休憩時間」は一定の割合で必要な時間ですが、どの程度が適正なのかの絶対的な目安があるわけではありません。そこで、個々人の実績データを分析することで、「コア業務時間」割合が最も高いベストパフォーマーや、十分に稼働していると思われる複数メンバーの平均「コア業務時間」を基準とすることで、相対的にその他の「間接業務時間」「アイドル／休憩時間」「無関係な業務時間」の割合が高い低稼働率の方や実質的にはほとんど稼働していない方を特定できます。

　実稼働データの分析から余剰人員や余剰時間を焙り出すことで、常駐人員数の削減が可能になります。また、単純な事務系作業しか実施していない担当者の月額単価が必要以上に高いなどのギャップも特定が可能です。

事例.「物流の3PL費」のコスト分解アプローチ

- 現場あるあるの事例
  - 3PL事業者へ物流業務を丸投げにしている

- ・物流現場の詳細な工程や作業内容を把握できていない
- ・作業費や保管料の変動費料率の根拠を把握できていない
- ・値上げ要請を受けたとしても、その妥当性がわからない

- ● 何が課題なのか
  - ・「配送費」「作業費」「賃料／保管料」「資材費」の料率の妥当性が不明
  - ・現場の改善活動を通した、コスト削減や生産性の向上が進んでいない
  - ・3PL側の言いなりで、値上げ要請を受けた時に、受け入れざるを得ない
  - ・他社への変更も検討したいが、現場の状況がわからず要件定義書（RFP）を作成できない

- ● 解決策（図表2-5-12）の「3PLの業務委託費用のコスト分解とその検証方法」を参照

アプローチ③材工分離により「コストの最小単位」へ分解

　各種工事を施工会社へ発注する際に、全部まとめて「一式：……円」と記載されているだけの見積もりがあります。最終価格しか提示されない場合、その価格の妥当性を確認するため、まず人件費や資材／材料費などの費用の内訳を明らかにします。見積もり依頼時に要件を定義し、複数社から見積もりを取得した後に最終価格だけで比較しても問題なさそうに思えますが、そこに落とし穴が潜んでいます。

　要件定義や詳細仕様を伝えていたとしても、そのすべてを伝えきれているわけではありません。見積もりを依頼された企業は依頼内容を解釈した上で、自社の標準的なやり方に落とし込んだ提案内容や見積もりを作成します。結果的に各社の提案内容の詳細を比較すると、「A社には含まれているが、B社には含まれていない内容がある」「依頼で指定されたものとほぼ同等の代替品やサービスを前提にしている」など、どの提案内容も微妙な差異が発生しま

図表 2-5-12　物流：3PL の業務委託費用のコスト分解とその検証方法

	検証項目	検証方法と解決策
配送費	1. 配送手段	「宅配」⇔「路線」⇔「貸切（チャーター）」の最適な使い分け
	2. 配送会社	同品質のサービスレベル、金額感を他社配送会社と比較
	3. 配送単価やタリフ表	新規取引先候補となる配送会社からの見積もりを取得
	4. 配送要件	現状配送条件に基づく最適配送手段（ルート）の検証
作業費	5. 作業の変動費	料率や個建ての計算根拠を3PLに確認
	6. 現場の作業内容	各作業（入庫、出荷、梱包、返品等）の作業内容（工程）を把握
	7. 物量や物流指標（KPI）	主要KPI（ケース・バラ比率、行あたりピース数、1件あたり出荷行数・ピース数）を確認
	8. 生産性	日別でモニタリングし、極端に生産性が落ち込む日の原因の特定とその解決
倉庫賃料／保管料	9. 保管量の変動	坪単価を近隣相場と比較し妥当性を確認。三期制と使用坪数固定制を比較
	10. 使用坪数とレイアウト	図面とエリアごとの使用坪数を把握し、作業内容と連動したレイアウトかを検証
	11. 坪当たり保管量	坪あたり保管量（PL数／ピース数／㎡）を把握して適正度合いを検証
	12. 賃料	施設のスペックと近隣相場から賃料の妥当性を検証
資材／設備（マテハン）／WMS	13. 資材（ダンボールや緩衝材等）	3PL経由ではなく、製造業者からの直接購入を検討
	14. 大型設備（自動倉庫、ソーター等）	導入前に人と機械化の双方を比較。月額利用料の根拠は3PLへ要確認
	15. レンタル契約	短期のスポットでなければ、直接購入／買い取りの方がお得
	16. WMS	パッケージ型やクラウド型などを比較検討。物量が多いなら自社開発もあり

す。中には辻褄合わせだけの安かろう悪かろうの提案も少なくありませんが、最終価格だけでは見極められません。

　外注工事や保守点検等の場合、「材工分離」により見積もりの内訳を見える化し、個別の資材購入や人件費の積算結果で総額を算出します。材料費は、資材や機器ごとに「単価」×「個数」で算出し、現場での作業費は、「1人あたりの所要時間」×「時給単価」×「人数」で計算できます（図表2-5-13）。また、見積もり取得の際には、発注者側から見積もり記載フォーマットを指定する方法が有効です。各社の見積もり比較が容易になり、どの費用内訳の何の前提が違うのかが一目瞭然となります。

　見積もりの提出フォーマットを指定されることを嫌がるサプライヤー企業も少なくありませんが、見積もりの根拠となる材工分離や積算根拠を示さない企業と今後取引を継続してもいい結果になりません。品質や適正仕様が維持できない、また、その後のトラブル防止にもつながるため、透明性の高い見積もりを依頼することはコンプライアンス上も重要です。

図表 2-5-13 工事の見積もりが「一式」では、妥当性の評価や他社比較が不可能

■電気設備工事が「一式」のみの記載
・工事内容に何がどれだけ含まれているのか不明
・結果的に見積もり価格の妥当性も不明

工事項目	数量	単位	単価(円)	金額(円)
電気設備工事	1	式	354,000	354,000

■工事見積もりを最小単位まで因数分解
・機器や資材は「数量」×「単価」で表示
・工事別人件費は「人数」×「所要時間」×「時給単価」で表示

工事項目	数量	単位	単価(円)	金額(円)
電灯配線	22	箇所	1,200	26,400
送り配線	16	箇所	600	9,600
片切スイッチ	18	箇所	1,400	25,200
三路スイッチ	14	箇所	1,700	23,800
四路スイッチ	1	箇所	2,000	2,000
コンセント	28	箇所	1,400	39,200
太陽光パネル	4	kW／h	・・・	・・・
太陽光設置工事	・・	時間		
・・・	・・	・・	・・	・・
・・・	・・	・・	・・	・・

事例.「電気設備工事費」のコスト分解アプローチ

- 現場あるあるの事例
  - 工事の見積もり、または実行予算書に「工事一式」とまとめた記載しかない
  - 「工事一式」の定義が施工会社各社で微妙に異なる

- 何が課題なのか？
  - 工事内容の詳細が不明のため、工事総額が適正なのか不明
  - 各社の見積もりの正確な横比較が困難
  - 施工後に、事前に想定していた内容との差異やトラブルが発覚

- 具体的な解決策
  - 工事見積もりは材工分離などを踏まえて、コスト構成要素の最小単位で取得
  - 個別商品ごとの資材費／材料費：「数量」×「単価」で表記

・工事種別の人件費：「人数」×「時間」×「時給単価」で表記

・発注側で見積もり記載フォーマットや根拠となる数字の定義を指定

　工事の見積もり内容は材工分離し、個別の資材／機器単価や人件費に分解できれば、それぞれの単価や数量、所要時間に関して、その妥当性を確認します。見積もりの項目が多岐にわたる場合は、「単価が高い費用項目」または「支払金額が大きな費用項目」を中心に精査しましょう。施工会社は利幅を確保するため見積もり金額を高めに設定する場合、通常は「単価が高い費用項目」の"単価"を引き上げ、最終価格を調整することが多いからです。単価が低い資材や機器や、少額な項目を調整しても全体金額に対してインパクトがほとんどないからです。

　資材や機器にかかる費用は、「単価」×「数量」の積算となりますが、「単価」が高額なものから順次確認します。特注品や製造会社の独自品に関しては、専門家へ問い合わせないとその価格の妥当性がわかりませんが、市場に流通している型番付きの汎用品であれば、おおよその相場価格が確認可能です。汎用品は「正式名称」、または「商品の型番」をWEB検索すると、同等の商品が多数表示されるため、直接購入した場合の価格は一目瞭然です。また、モノタロウ、トラスコ中山、ミスミなど業務用工具の大手卸会社では、数千万点にも及ぶ商品を扱っていますので、同等品の比較に参照しましょう（図表2-5-14）。

　施工会社は購入量が多く、場合によってはメーカーからの直接仕入れができるため、定価（公表価格）以下での購入が可能です。しかしながら、定価以上の金額が記載されているケースもあり、見積もり単価の高額な商品を検索するだけで、市況価格の2倍～3倍の価格で見積書に記載されているものを見つけられることがあります。

　現場作業にかかる人件費は、「1人あたり所要時間（または日数）」×「時給単価（または日当）」×「人数」に分解することが重要です。「時給単価（または日当）」はある程度、市況の時給相場や給与水準が明らかになっているため、単価にはあまり操作余地がありません。また、「所要時間（または日数）」

図表 2-5-14　工事項目ごとの単価は WEB 検索でも確認可能

■見積書は工事項目ごとに「単価」と「数量」へ分解してから妥当性を確認
■単価の妥当性は、「WEBなどで市況単価を検索」「他社との相見積もり比較」「専門家による妥当性評価」等で確認可能

事例：「原状回復工事」の見積書

分類	費用項目	仕様	数量	単位	単価	合計金額
仮設備	養生	〜	4,460	m²	180	802,800
改修費	タイルカーペット張り	〜	4,460	m²	2,300	10,258,000
	OAフロア新設	〜	196	m²	3,000	588,000
	OAフロア不陸調整	〜	224	m²	300	67,200
	ソフト巾木張り	〜	782	m	350	273,700
	システム天井張り	〜	196	m²	4,000	784,000
	点検口取付	〜	76	箇所	3,500	266,000
	ブラインド超音波洗浄	〜	780	m²	670	522,600
	電灯設備清掃	〜	640	本	600	384,000
撤去費	タイルカーペット撤去	〜	4,460	m²	380	1,694,800
	OAフロア撤去	〜	196	m²	950	186,200
	ソフト巾木撤去	〜	782	m	100	78,200
	パーティション撤去	〜	938	m²	1,800	1,688,400
	間仕切撤去	〜	105	m²	1,600	168,000
	システム天井撤去	〜	196	枚	800	156,800
	コンセント撤去	〜	20	箇所	3,000	60,000
処分費	産業廃棄物	〜	220	m³	10,800	2,376,000
					合計	20,354,700

個別工事の「単価」「数量」の妥当性を評価

「単価」の妥当性の確認方法

WEBなどで市況単価を検索
・汎用品に関してはWEBなどで商品名または型番で検索し、市況相場を確認可能
・大手卸業者などの販売サイト（数千万点以上掲載）も活用可能

他社との相見積もり比較
・取得済の見積書のフォーマット形式をベースに他社から見積もりを取得すると比較評価が容易
・施工できる業者が限られている場合は、エリア内で該当する数十〜数百社に対して打診が必要

専門家による妥当性評価
・社内に専門家が不在な場合、設計事務所や積算事務所へ見積もりの妥当性評価を依頼可能
・（ただし、相場より2〜3割高い程度であれば、「妥当」という評価だけで返答されるため要注意）

に関しても、現場での施工期間中に本当にそれだけの時間や日数が必要だったのかが後ほど明らかになるため、日数を大きく積み増すことにもリスクが伴います。結果的に、「1人あたり所要時間（または日数）」×「時給単価（または日当）」×「人数」へと因数分解すること自体が、見積もりの妥当性検証に大きく役立ちます。

　社内の専門部署や専門家、社外では設計事務所や積算事務所に依頼すれば見積もりの妥当性は確認できます。ただし、ここで注意が必要なのは、一般的な工事内容や汎用品に関して、市況相場の2倍以上の価格設定がされていれば、"ここは見直すべき"と指摘してくれますが、市況相場に比べて3割程度の割高感であれば、"妥当な価格の範囲内"と評価されてしまうことです。本来、依頼主である企業からすれば▲5％〜▲10％でもしっかり見直し交渉していきたいところですが、設計事務所や積算事務所による見積もりの妥当性確認では、よほど大きく市況単価から乖離していない限り、"見直し余地あり"とは教えてくれません。

事例.「外壁工事費」のコスト分解アプローチ

全国展開している企業が、各エリアや拠点ごとに外壁工事を発注する場合、施工会社によって工事単価はバラバラで、それが当たり前だと考えてはいないでしょうか。また、全国で工事単価を統一しようとすると、どのエリアでも受け入れられる高い工事単価での基準設定をしてしまっている企業も少なくありません。一見、根拠に乏しくバラバラに見える工事単価も、コストの原価構造を分解すれば、ある程度の妥当な水準が見えてきます。

ここでは、外壁工事の工事単価を左右する3つの要素を検討します（図表2
-5-15）。

1つ目は外壁工事の原価構造の中で、エリアや施工会社に依存せず、本来は固定となる要素（①）を特定します。外壁工事において、「施工手順」「施工にかかる工数」「使用する材料費」などは基本的に全国どこであっても本来は同じ条件になるはずです。

次に、外壁工事の原価構造の中で、エリアによって変動する要素（②）を確認します。ここでは「人件費の相場」「現場までの移動距離」「冬期対応費用（除雪など）」は該当するエリアの特性により費用が上下するため、費用単価に関してその影響度合いを反映させます。

最後は、外壁工事とは直接関係のない外部要素（③）です。例えば、該当するエリアに外壁工事業者が極端に少ない場合、売り手市場となるために工事単価は高止まりします。逆に、発注側企業の年間依頼件数が多ければ多いほど、バイイングパワーが増して交渉上優位となり、工事単価の低減交渉が成功しやすいでしょう。

外壁工事の工事単価の妥当性を確認する上で重要なことは、③外部要素はひとまず考慮せずに、工事の内部要素の①固定要素と②変動要素から、本来あるべき工事単価の水準を割り出すことです。①固定要素と②変動要素だけであれば、②の変動要素側で比較的大きな影響がありそうな「寒冷地域」か

図表 2-5-15　工事単価の決定に影響する3つの要素

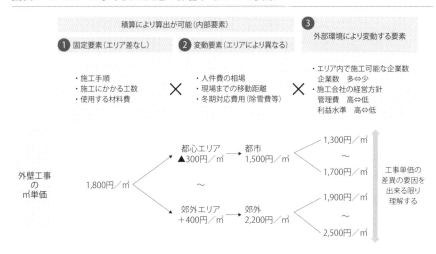

「寒冷地域以外」かの違いと、「都心エリア」か「郊外エリア」かの2×2の4象限で、妥当な工事の基準単価を設定できます。

事例.「加工食材（冷凍コロッケ）費」のコスト分解アプローチ

- 現場あるあるの事例
  - 「80グラムのコロッケは1個あたり何円か」という程度しか把握できていない
  - 新規業者へ見積もりを依頼する際も、現状のサンプル品を手渡して検討してもらう程度

- 何が課題なのか？（具材や工程による積算が不明で他社比較も困難）
  - 価格の内訳が不明であるため、何にいくらかかっているのか不明
  - 各社ごとに内容物や加工工程が異なるため、妥当性の評価が困難
  - 値上げ要請を受けた際にも、値上げ金額の妥当性が不明

図表 2–5–16 コロッケ：100g の原価構造

コスト分類			価格（円）	算出根拠
製造原価	原材料費	じゃがいも	2.6	50 円／kg×0.04kg÷0.75
		ひき肉	6.0	600 円／kg×0.01kg
		パン粉	2.8	……
		その他	0.2	……
	加工費		3.6	……
	保管費		2.4	……
	包装費		1.2	……
	（工場側利益分）		2.4	……
販売管理費	入出庫保管費		0.4	……
	配送費		2.6	……
（メーカー側利益分）			2.0	……
コロッケ：100g の価格			26.2	

- 具体的な解決策
  - 食材の原価構造（原材料、加工、保管、包装、物流、利幅等）を見える化

　飲食チェーン店では、メインとなる食材は原料から自社栽培／調達に始まり、自社工場での加工や調理するなど内製が中心ですが、サイドメニュー関連はすでに出来上がった商品を他社から調達することも多いでしょう。コロッケ（冷凍食品）も外部調達が多い一例ですが、大手企業であっても、商品のグラム数や価格は正確に把握しているものの、その内容物や味に関しては、採用検討時に試食し確認した程度で済ませています。その後、改めて食材を見直すために他社へ見積もりを依頼する際も、実物サンプルを手渡して検討してもらうような属人的なやり方であることが少なくありません。

　コロッケのコスト構造をできる限り細分化し詳細に把握することで、「品質に見合った価格になっているのか」などを検証することが可能です。また、他社からの見積もりに関しても、原価内訳の同一項目に関しては純粋な横比較が可能になり、見直し交渉において「どの項目をどの水準まで見直すべきなのか」が明確になります（図表2–5–16）。

数年に一度は候補となるサプライヤーを
徹底的に洗い出す

　電気料金、コピー料金、携帯電話料金、クレジットカード手数料といった費目では、そもそも原価構造分析自体が困難であり、仮に詳細に分析したとしても実際の条件交渉ではほとんど役に立ちません。これらの費目の最終的なサービス料金や手数料は、前述までの費目のように基本的には商品やサービスごとにかかったコストを積算して算出（コスト構造が変動費が中心）しているわけではなく、いくらの価格や料率なら企業として採算が確保できるのかという視点から設定されている（コスト構造が固定費が中心）からです。

　取引先の担当者に価格の見直しを依頼したとしても、通常は「現状の価格や条件が限界です」「これ以上、値段を下げたら赤字になります」というように、根拠の有無にかかわらず、見直し余地なしという回答がほとんどです。そこで、別の候補企業から新規の提案／見積もりを入手する（相見積もりをとる）ことで、見積もりや契約条件の妥当性を検証できます。新規の案件を獲得したい企業は、多少薄利になったとしても競争力のある価格や条件を提示してくるため、現在の市況相場や最安値水準を探る上で有効な手段です。

　相見積もりでより安価な見積もりを得るためには、事前の候補企業のリサーチが欠かせません。まずは、「どのようにして、まだ取引関係のない有望企業を発掘するのか？」に関しては、候補となりうる可能性がある企業をいったんすべて挙げ切ること（候補企業のロングリスト作成）から始めます。次にそのロングリストを効率的にスクリーニングし、有望な候補企業を特定します（図表2-5-17）。

　当たり前の手順ですが、通常の事業活動の中で相見積もりを取るといっても、せいぜい3社〜5社が限界です。また、その3社〜5社に関して、過去に取引実績がある、または業界内でも大手企業のいずれかである場合、今まで以上の提案を得られる確率は高くありません。本章で提唱している「新しい取引先候補の発掘」とは、最低でも数十社〜数百社の中から、まだコンタク

図表 2-5-17　新しい有望取引先を発掘するための手順

手順1. 候補企業の情報収集	手順2. 候補企業のロングリスト作成	手順3. 有望企業の絞り込み（スクリーニング）
・業界内の企業を網羅し、有望企業を見逃さない情報リソースを特定する ✓業界団体や協会 ✓業界ごとの企業名鑑／年鑑、業界調査本 ✓許認可を受けた登録業者一覧、など （WEBの検索結果だけでは、不十分なので要注意）	・候補企業をすべて挙げ切り、ロングリストを作成する ✓地方の地場企業、外資系企業や海外企業も合わせて検討	・一次スクリーニング ✓公開情報を元に対象外となる企業は除外 ✓メールや電話で初期打診 ・二次スクリーニング ✓簡易見積もり依頼

ト履歴がない優良企業を見つけ出すことが目的です。

　まずは新規の取引候補となる企業を徹底的に調査し、企業のロングリストを作成します。複合機メーカーや通信会社のように、業界内の主要企業が3社〜6社程度でほぼすべてである場合は必要ありませんが、一方でトラック配送会社、印刷会社、廃棄物処理業者や、各種工事の施工会社などは地域ごとに地場企業が数え切れないほど存在するため、なかなか候補企業を的確に挙げることが困難です。そこでまずは、業界やエリアごとの「業界団体／協会」「業界名鑑／年鑑」「許認可を受けた登録業者一覧」「業界売上／シェアランキング」などの一覧情報を入手するといいでしょう（図表2-5-18）。

　昨今はネット上で、「業種名」「エリア」などで探せば一通りの企業を検索できると思いがちですが、地方の地場企業等は意外と自社のホームページには手が回っていないことと、SEO対策などWEBからの新規顧客獲得という観点に乏しいため、優良企業であってもなかなかWEB検索では引っかかってきません。

　まず、取引先候補としてほぼ大手企業しか選択肢になく、また価格や条件面も大手企業の方が優位となる費目として、「通信」「複合機」「損害保険」「事

図表 2‑5‑18　新たな取引先候補企業をリサーチするための情報リソース

■◎：最優先の情報リソース（まずはここを確認すべき）
■○：有望な情報リソース（最優先の次に確認すべき）

費目	業界団体／協会	業界名鑑／年鑑	許認可の登録業者一覧	業界ランキング	展示会／セミナー	ネット検索	仲介／マッチングサイト	専門誌
電力			◎	◎			○	
LP ガス	○	○	○	○				
クレジットカード	○		○					◎
印刷	○	○		○	○	◎		
ファイナンスリース	○			○	○			
施設管理	◎				○	◎		
清掃					○	◎		
廃棄物処理	○		◎			○		
システム開発					○	○	○	○
電気設備工事	○		○			○	○	
給排水工事	○		◎			○	○	
修繕工事	○				○	○		
現金輸送	○			◎				
店舗消耗品			◎		○	○		
カーリース	○			◎		○		
WEB 広告代理店					○	◎	○	
旅行代理店			○	◎		○		
通信会社	○		○	◎				
複合機	○			◎	○			
損害保険会社	○		○					○
事務用品／消耗品				◎		○		

務用品／消耗品」などがあります。この場合は業界内の売上高／市場シェアの上位企業が把握できれば十分です。新電力事業者であれば、経済産業省の資源エネルギー庁のホームページ内に「登録小売電気事業者一覧」が掲載されており、令和4年9月時点では733事業者が登録されています。

　国や自治体の「許認可」が必要な業種では、必ず「許認可済の企業一覧」があり、企業数が膨大になるもののすべての企業を網羅しています。廃棄物処理業者も同様に公益財団法人産業廃棄物処理事業振興財団が行政情報検索

システム上で公開しており、エリアと業務区分を指定して検索が可能です。

　一方で、給排水工事業者は自治体ごとの登録となるため、地方自治体ごとで登録業者一覧を公開しています。許認可制度はないものの、業界慣習として、該当する業界団体や協会への加盟、または定期的に発行されている業界企業名鑑／年鑑などが存在する場合は、比較的業界内の企業は網羅されていますが、一方で新興系の企業ほどリストから漏れている可能性があります。

　企業リサーチとして網羅性はないものの、比較的競争力がある、または新規の案件獲得に対して積極的な企業と出会える可能性が高いチャネルが「展示会／セミナー」「ネット検索」「仲介／マッチングサイト」「専門誌」です。これらの媒体や営業チャネルでは、「新たな案件を積極的に獲得していきたい」「従来の商品／サービスよりも自社製の方が優れているので知ってもらいたい」といった勢いのある企業や新興系のベンチャーなどが参加しており、単純に安価なだけでなく、生産性自体を高めてくれる革新的な商品／サービスと出会える可能性も広がります。

新規取引候補企業のロングリストから有望企業をスクリーニング

　新規取引先企業のロングリストは、1,000社近くになることもあります。この場合、効率的に自社が求める有望取引先をスクリーニングして特定する必要があります。初期スクリーニングでは、できるだけ手間をかけずに、今回の取引では関係のない企業や明らかに条件と合致していない企業を除外していきます。

〈1-1.　初期スクリーニングにおける企業の絞り込み基準〉
各企業の公開情報を元に、対象外となる企業を特定し除外

- 事業内容
  - 今回の依頼内容の事業を実施していない、または本業／専業ではない企業を除外

- 企業規模（売上／従業員数）
  - ・取引先企業として企業規模が足りていない企業を除外
- 対応可能エリア
  - ・対象とするエリアで事業展開をしていない企業を除外
- その他、今回の取引で最低限必要となる条件
  - ・自社のホームページやWEBサイトもない企業は除外
  - ・帝国データバンクの情報で信用度が一定水準に達していない企業は除外

〈1-2. 初期スクリーニングでの確認方法〉
・企業情報一覧や各社HPでの公開情報を元にスクリーニング
・上記のような公開情報がない場合は、電話／メールで問い合わせ

　候補企業のロングリストを初期スクリーニングにかけ、残った企業の中から競争力がある有望企業を見つけ出します。その際に、いきなり全社に対して正式に見積もりを依頼するには、まだまだ企業数が多過ぎるため、現実的ではありません。まずは、今回の依頼内容の詳細とターゲット価格を伝えた上で、「そもそも実現できそうなのか？」、または「今回の商談に興味がありそうか？」を確認します。見積もり依頼の可否を打診するだけであれば、発注企業側もA4用紙1枚程度で依頼の概要とその骨子を伝えられます。また、サプライヤー企業もターゲット価格などから、そもそも検討の土台に乗るのか否かであれば即座に（遅くとも一両日中には）返答可能です。最終的に、見積もり提出に興味ありとなったサプライヤー企業へ正式な見積もり依頼を実施します。

　候補となる企業数がかなり多い状況で、具体的にどのような方法でスクリーニングすればいいのでしょうか？　各種工事にかかわる施工会社の実際の事例を紹介します。東京都内のオフィスビルにおける電気設備の更新工事の場合、対象となる企業は、「特別高圧／高圧受変電設備の施工が可能」であ

図表 2-5-19　電源設備更新工事（特別高圧の受変電設備）（東京都）

	候補企業のロングリスト作成	公開情報から対象企業を特定	電話／メールで直接確認	簡易見積もりを打診	正式な見積もりを評価
新規候補企業数	202社	136社	24社	8社	2社
企業候補の絞り込み基準	□工事発注依頼に際して、最低限の要件を満たしている企業をすべてリストアップ ・東京エリアの電気設備施工会社	□企業情報や事業内容から対象外となる企業を除外 □公開情報ベースで精査 ・売上規模 ・従業員数 ・施工可能な人員数 ・財務状況 ・特別高圧、高圧受変電設備、直流電源設備、非常用発電設備、UPS設備の施工可否	□各社とコンタクト（電話／メール）をとり、新規案件に対応可能かを確認 ・新規取引の可否 ・施工実績 ・電話への応対内容 ・返答の速さ	□簡易見積もり打診をして、応じてもらえる企業を特定 ・簡易見積もりに興味あり（簡易見積もりとは?） ・必要要件をA4 1枚程度で共有 ・ターゲットとなる価格の目安も提示	□正式に見積もりを依頼し、結果を評価 □最終候補企業を絞り込む ・見積もり価格 ・条件面での合致度合い ・施工実績 ・施工体制 ・電話・メールへの応対内容 ・返答の速さ

り「東京エリアが対象内」という基本的な要件で候補企業となるロングリストを作成します。そこから4つのスクリーニングを経て、当初202社の候補企業（ロングリスト）から最終的には2社に絞り込んでいます（図表2-5-19）。

　北海道における戸建て向けの給排水工事の場合、対象となる企業は自治体ごと（函館、苫小牧、千歳、など）に選定が必要であり、まずは給排水工事の登録業者をすべてリストアップして候補企業のロングリストを作成します。そこから、「戸建て向けの給排水工事が可能」かどうかなどの評価軸を元に図表2-5-20のような4つのスクリーニングを経て、当初792社の候補企業（ロングリスト）から最終的には7社にまで絞り込んでいます。

　十分に候補企業を絞り込み、最終的に現状よりもより良い提案／見積もりが可能と思われる企業に対して、正式な見積もりを取得していきます。実際の見積もり依頼方法やその手順に関しては、次章の「STEP6　最適な取引先候補を見つける」にて詳細をご紹介します。

図表 2-5-20　給排水工事の取引先スクリーニング（北海道・戸建て）

	候補企業の ロングリスト作成	公開情報から 対象企業を 特定	電話／メールで 直接確認	簡易見積もりを 打診	正式な見積もりを 評価
北海道全域	792社	122社	49社	34社	7社
函館	161社	32社	13社	7社	3社
苫小牧	57社	25社	7社	6社	0社
千歳	87社	18社	8社	10社	1社
札幌	380社	31社	13社	8社	2社
旭川	64社	11社	6社	3社	1社
帯広	43社	5社	2社	0社	0社
	□工事発注依頼に際して、最低限の要件を満たしている企業をすべてリストアップ	□企業情報や事業内容から対象外となる企業を除外 □公開情報ベースで精査	□各社とコンタクト（電話／メール）をとり、新規案件に対応可能かを確認	□簡易見積もり打診をして、応じてもらえる企業を特定	□正式に見積もりを依頼し、結果を評価 □最終候補企業を絞り込む
企業候補の 絞り込み 基準	・北海道の対象市町村別での給排水工事の施工許可業者	・戸建住宅の施工可否 ・売上規模 ・従業員数 ・施工可能な人員数 ・財務状況	・戸建住宅の施工可否 ・新規取引の可否 ・施工実績 ・電話への応対内容 ・返答の速さ	・簡易見積もりに興味あり （簡易見積もりとは?） ・必要要件をA4 1枚程度で共有 ・ターゲットとなる価格の目安も提示	・見積もり価格 ・条件面での合致度合い ・施工実績 ・施工可能な棟数 ・電話・メールへの応対内容 ・返答の速さ

取引条件や単価データはデータベース化し 社内に知見を蓄積する

　各社からの見積もりや提案内容は、採用／不採用にかかわらず、現在の市況相場を知る上で貴重な情報源です。取引関係のない新規サプライヤー企業からの提案は、価格や料率の比較に留まらず、サービス品質や定性的にどういった点が優れており、何が苦手なのかを知るためのいい機会です。見積もりの単価情報、及び、新規サプライヤーの企業情報を整理し、自社組織の調達／購買ノウハウとして蓄積していきます。

見積もり情報から単価／料率データベースを構築する

　取得した見積もり情報を、いったんはアナログの紙面やデジタルのPDFの

状態で保管してもいいですが、それでは他社から新たな見積もり／提案を取得した場合に、現在の水準から安くなるのか否かを確認するだけで、なかなか過去の見積もりや相場単価との比較までは至りません。また、現場の実務担当者も3年〜5年で配置転換となるため、過去の見積もりデータや取得ノウハウは受け継がれず、新任担当者が再びゼロから検討することになります。

　過去の見積もりデータはExcelなどで単価やその条件等を一元管理し、いつでも他社の見積もりや社内の他拠点と比較できるようにします。新たに見積もりを依頼する際には、どの程度の価格や料率水準であれば妥当なのかの目安を見極めるために、蓄積された単価や料率のデータベースは役立ちます。下記では「電気料金」、「物流の配送料金（チャーター便）」の2つの事例を元にデータベース構築の枠組みを紹介します。

事例.「電気料金（高圧＆特別高圧）」のデータベース化

　電気料金の価格を決定する要素として、特に影響度が大きいのは「エリア」「契約電力（kW）」「負荷率（％）」の3つとなるため、データベース作成には必ず重要指標として組み込みます。最終的な電力料金が高いのか安いのかの目安としては、「支払金額」÷「電力使用量」＝「kWhあたりの単価」で算出できるため、各種条件が異なる他施設の電力料金に関しても横比較が可能です（図表2-5-21）。

〈契約ごとにデータベース化すべき項目一覧〉
○対象となる施設情報
　・施設名称：A工場、B支店など
　・電力管轄：東京電力管轄、関西電力管轄、中部電力管轄など
　・供給電圧：高圧、特別高圧（○○kV）
○電力の契約や見積もりに関する情報
　・電力会社：A電力、B電気、Cサービスなど
　・供給方法：全量、またはピーク

図表 2－5－21　単価／料率データベース（電気料金：高圧）

施設名称	電力管轄	電力会社	契約種別	契約条件	見積取得時	契約電力	基本料金単価	従量料金単価	電力使用量	年間金額	負荷率	提案単価
A ビル	○○電力	D 電力	特別高圧電力A-TOU	単年契約	2021年1月	500kW	430.37	XX.XX	○○○○○○kW/h	¥16,232,171	38.9%	¥11.90
A ビル	○○電力	H エンジニアリング	特別高圧電力A-TOU	単年契約	2020年12月	500kW	1,721.50	XX.XX	○○○○○○kW/h	¥18,216,348	38.9%	¥13.36
A ビル	○○電力	E 電気	特別高圧電力A-TOU	単年契約	2021年1月	500kW	1,162.01	X.XX	○○○○○○kW/h	¥16,007,436	38.9%	¥11.74
A ビル	○○電力	○○電力	特別高圧電力A-TOU	単年契約	2021年1月	500kW	1,721.50	XX.XX	○○○○○○kW/h	¥20,158,896	38.9%	¥14.78
A ビル	○○電力	○○電力	特別高圧電力A-TOU	3年契約	2021年1月	500kW	1,721.50	XX.XX	○○○○○○kW/h	¥19,992,882	38.9%	¥14.66
A ビル	○○電力	F サービス	特別高圧電力A-TOU	単年契約	2021年1月	500kW	100.10	XX.XX	○○○○○○kW/h	¥16,322,764	38.9%	¥11.97
A ビル	○○電力	G ソリューション	特別高圧電力A-TOU	単年契約	2021年1月	500kW	300.00	XX.XX	○○○○○○kW/h	¥16,429,575	38.9%	¥12.05
A ビル	○○電力	G ソリューション	特別高圧電力A-TOU	2年契約	2021年1月	500kW	347.01	XX.XX	○○○○○○kW/h	¥16,930,264	38.9%	¥12.41
BB 拠点	○○電力	D 電力	高圧電力AS	単年契約	2021年1月	95kW	531.30	XX.XX	△△△△△△kW/h	¥1,820,217	14.6%	¥16.17
BB 拠点	○○電力	H エンジニアリング	高圧電力AS	単年契約	2020年12月	95kW	1,765.50	XX.XX	△△△△△△kW/h	¥1,955,738	14.6%	¥17.38
BB 拠点	○○電力	E 電気	高圧電力AS	単年契約	2021年1月	95kW	1,009.87	X.XX	△△△△△△kW/h	¥1,759,059	14.6%	¥15.63
BB 拠点	○○電力	○○電力	高圧電力AS	単年契約	2021年1月	95kW	1,765.50	XX.XX	△△△△△△kW/h	¥2,614,378	14.6%	¥23.23
BB 拠点	○○電力	○○電力	高圧電力AS	3年契約	2021年1月	95kW	1,765.50	XX.XX	△△△△△△kW/h	¥2,592,848	14.6%	¥23.04
BB 拠点	○○電力	F サービス	高圧電力AS	単年契約	2021年1月	95kW	349.27	XX.XX	△△△△△△kW/h	¥1,804,530	14.6%	¥16.03
BB 拠点	○○電力	G ソリューション	高圧電力AS	単年契約	2021年1月	95kW	419.56	XX.XX	△△△△△△kW/h	¥1,867,626	14.6%	¥16.59
BB 拠点	○○電力	G ソリューション	高圧電力AS	2年契約	2021年1月	95kW	550.87	XX.XX	△△△△△△kW/h	¥1,926,354	14.6%	¥17.11
C 本社	○○電力	D 電力	高圧電力AS	単年契約	2021年1月	440kW	531.30	XX.XX	□□□□□□kW/h	¥12,967,062	30.2%	¥13.57
C 本社	○○電力	H エンジニアリング	高圧電力AS	単年契約	2020年12月	440kW	1,765.50	X.XX	□□□□□□kW/h	¥14,952,075	30.2%	¥15.64
C 本社	○○電力	E 電気	高圧電力AS	単年契約	2021年1月	440kW	1,200.54	X.XX	□□□□□□kW/h	¥12,988,550	30.2%	¥13.59
C 本社	○○電力	○○電力	高圧電力AS	単年契約	2021年1月	440kW	1,765.50	XX.XX	□□□□□□kW/h	¥16,236,764	30.2%	¥16.99
C 本社	○○電力	○○電力	高圧電力AS	3年契約	2021年1月	440kW	1,765.50	XX.XX	□□□□□□kW/h	¥16,103,050	30.2%	¥16.85
C 本社	○○電力	F サービス	高圧電力AS	単年契約	2021年1月	440kW	200.52	XX.XX	□□□□□□kW/h	¥13,339,507	30.2%	¥13.96
C 本社	○○電力	G ソリューション	高圧電力AS	単年契約	2021年1月	440kW	300.00	XX.XX	□□□□□□kW/h	¥13,610,235	30.2%	¥14.24
C 本社	○○電力	G ソリューション	高圧電力AS	2年契約	2021年1月	440kW	508.95	XX.XX	□□□□□□kW/h	¥14,029,015	30.2%	¥14.68

・契約種別：高圧電力AS、業務用季節別時間帯別電力2型など

・契約年数：単年、2年、3年など

・契約条件適用日：20XX年X月X日

・契約電力（kW）

・基本料金単価（円）

・従量料金単価（円）

・付帯割引内容とその算出方法、付帯割引単価／率

○電力の使用実績

　・電力使用量（kWh）

　・負荷率（％）

　（負荷率＝年間総使用電力量（kWh）÷契約電力（kW）÷24（h）÷365（d））

　・年間支払金額（円）

○重要指標

　・仕上り単価：「年間支払金額」÷「電力使用量」

　　（「年間支払金額」は基本料金＋従量料金部分のみ（燃調費及び再エネ賦課金（再生可能エネルギー発電促進賦課金は除く）））

データベースの活用事例として、例えば、各拠点が「同一エリア内」かつ「ほぼ同規模（＝契約電力も同規模）」という状況下で、拠点別に電力需給契約を締結しているとします。この場合、単純に仕上り単価（＝「年間支払金額」÷「電力使用量」）を比較してもいいわけですが、電力単価に大きな影響を及ぼす「負荷率」別で拠点の仕上り単価を確認することで、より正確に料金が割高となっている拠点を特定できます（図表2-5-22）。

事例.「配送費（チャーター便）」のデータベース化

配送費の中でも、チャーター便（トラックの貸切便）は大手の物流企業だけでなく、地方ごとに存在する地場の配送会社が多数存在するため、地道にそれらの取引条件を一元的にデータベース化しておくことで、エリアごとに

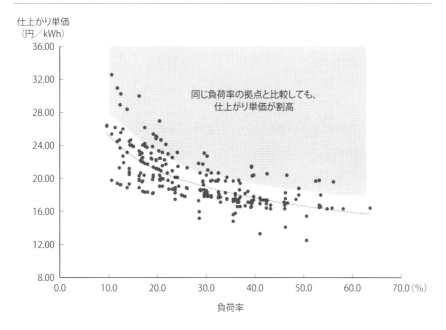

図表 2 - 5 - 22　電気料金：負荷率別での仕上がり単価分布

最安値の単価や、価格競争力がある配送会社を特定できます。チャーター便の料金は、基本的に「走行距離」「車種」「稼働時間」「常温／冷蔵／冷凍」「往復か片道か」の条件が決まれば、ほぼ相場価格が確定します（可能であれば、「荷降ろし個数」「付帯作業」「荷姿（バラかパレットか）」などの要素も考慮）（図表2-5-23）。

〈1便ごとにデータベース化すべき項目一覧〉
○配送会社
　・配送会社名：A運輸、B運送など
○配送条件
　・発地：都道府県
　・着地：都道府県
　・距離（km）

図表 2-5-23　単価／料率データベース（物流：チャーター便）

運送会社	発地 都道府県	距離	着地 都道府県	車格	契約形態	稼働曜日	単価情報 金額	時間外単価	距離増単価
A配送	…県	411km	富山県	大型	往復		103,000		
A配送	…県	同都道府県	静岡県	大型	片道		42,000		
A配送	…県	504km	岡山県	大型	往復		115,000		
A配送	…県	317km	滋賀県	大型	往復		118,000		
A配送	…県	356km	奈良県	大型	往復		118,000		
A配送	…県	1,032km	熊本県	大型	往復		222,100		
A配送	…県	147km	神奈川県	大型	往復		98,000		
A配送	…県	434km	福島県	大型	往復		135,000		
A配送	…県	372km	三重県	大型	往復		51,750		
A配送	…県	790km	山口県	大型	往復		142,760		
A配送	…県	411km	石川県	大型	往復		90,000		
A配送	…県	147km	神奈川県	4トン	片道		48,000		
A配送	…県	182km	長野県	4トン	往復		73,000		
A配送	…県	256km	岐阜県	4トン	往復		50,000		
A配送	…県	151km	愛知県	4トン	往復		48,000		
A配送	…県	372km	三重県	4トン	片道		35,000		
A配送	…県	372km	三重県	4トン	片道		35,000		
A配送	…県	372km	三重県	トレーラー	往復		80,000		
A配送	…県	798km	大分県	トレーラー	往復		240,000		
A配送	…県	717km	岩手県	トレーラー	往復		225,000		
A配送	…県	同都道府県	静岡県	トレーラー	往復		30,000		
A配送	…県	411km	富山県	大型	片道		68,000		
A配送	…県	同都道府県	静岡県	トレーラー	往復		30,000		
A配送	…県	411km	富山県	大型	片道		119,000		
A配送	…県	298km	群馬県	4トン	片道		65,000		
A配送	…県	610km	広島県	4トン	片道		130,000		
A配送	…県	317km	滋賀県	4トン	片道		59,000		
A配送	…県	317km	滋賀県	大型	片道		73,800		
A配送	…県	178km	東京都	大型	片道		58,000		
A配送	…県	372km	三重県	大型	往復		75,000		
A配送	…県	372km	三重県	4トン	往復		48,000		
A配送	…県	372km	三重県	4トン	往復		35,000		
A配送	…県	372km	三重県	4トン	往復		24,000		
A配送	…県	268km	茨城県		片道		95,000		
A配送	…県	268km	茨城県		片道		98,000		
A配送	…県	214km	埼玉県		片道		20,000		

・車格：2t、3t、4t、大型、トレーラー、など

・契約形態：往復、片道、月極、日当など

・稼働曜日：月〜金、月〜土、日曜、水曜など

○料金条件

・基本金額（円）

・時間外単価（円／時間）

・距離増単価：50円／km（100km以上）など

STEP 6

最適な取引先候補の見つけ方

相見積もりの依頼準備〜
各社の提案評価までの全体プロセス

　現在の取引条件の見直しのために、複数の新規取引先候補となる企業に対して、提案／見積もりを依頼（相見積もり）することも有効な手段です。相見積もりの依頼内容を確定させる前に、仕様やサービルレベルの最適化（「STEP3」）と、自社全体で最大限ボリュームを活かした購買／調達の体制づくり（「STEP4」）は十分に精査しておきます。

　見積もり依頼の準備から、最終的な取引先の決定までは下記の6つの手順で進めます（図表2-6-1）。特に重要なポイントは見積もり依頼書に記載されている仕様や条件、RFP（Request for Proposal）を自社にとって最適化しつつも、取引先企業に対してただ要求を突き付けるだけでなく、今よりも価格競争力のある提案が出しやすくなるような譲歩案も用意します。発注者にとっては、それほど重要でない、むしろあまり気にかけていないポイントが、取引先企業にとっては価格低減を実現する上での障害となっている可能性があります。

図表 2-6-1　見積もり依頼〜回収〜最終選定までのプロセス

見積もり依頼〜回収〜 最終選定までのプロセス		概要
1	見積もり依頼書 の作成	・仕様やサービスレベルの詳細まで明記した見積依頼書を作成 ・発注側で指定したフォーマットに則って、見積もりを提出いただく
2	見積もり依頼先の リサーチと選定	・取引先となりうる候補企業をリサーチし、すべてリストアップ ・見積もり依頼先の一次スクリーニングは、公開情報を元に電話やメールで効率的に実施
3	見積もり依頼から 回収までの スケジュール設定	・既存取引先と新規取引先候補は同じタイミングで見積もりを依頼し回収する ・ゼロ回答となりそうな企業には、事前に理由を確認し、譲歩可能な条件を検討
4	各社からの 見積もり回収	・見積もり依頼直後に、各社から質疑を受け付け、その回答や変更点は全社へフィードバック ・提出された見積もりに対する値下げ交渉は、原則最大2回まで ・書面での正式な申入書は相手企業の決裁者まで届く ・見積もりの回答期限まではこまめに検討の進捗状況を確認（期限までただ待つのはNG）
5	見積もり内容の 評価と最終選定	・最安値を提示してきた企業に関して、その価格の根拠や他社実績を徹底確認
6	不採用となった企業へ 丁寧なフィードバック	・見積もりを提出いただいたことに対する感謝の意を述べる ・最終的に採用となった提案の価格水準や条件を出来る限り、具体的に伝える ・改めて、先方企業の得意な領域や受注したい案件の条件をヒアリングする ・今後、該当する案件があった場合、ぜひ依頼させていただきたい旨を伝える

1.　見積もり依頼書の作成

"仕様やサービスレベルの詳細まで明記"

　新規取引先候補となる企業へ、何がどのレベルまで必要なのかを正確に伝えるために見積もり依頼書を作成します。一般的に電気料金やクレジットカード手数料などは、過12カ月の実績データを共有するだけで、見積もりの入手が可能です。一方で、複合機や通信費（携帯電話やインターネット）に関しては、単に実績を伝えるだけでは不十分であり、自社で現状の利用実態を把握／分析し、今後の方向性を定めた上で、改めて「どの程度の機能／スペックの機器が必要なのか」「個別の機器や用途ごとにどういった料金プランを適用したいのか」といった要望を伝える必要があります。見積もり依頼書において基本的に必要になる項目は下記のとおりです。

①見積もり依頼の案内
　・見積もりの依頼内容（概要）
　・依頼主の企業名と住所
　・窓口担当者の肩書、氏名、連絡先（メール／電話）
　・見積もり条件及び対象詳細
　・見積もりの提出方法
　・見積もりに関する質疑・確認方法
　・見積もりスケジュール
　　✓見積もり依頼日：
　　✓質疑等受付〆日：
　　✓質疑等回答予定日：
　　✓見積もり提出期日：
　・参照資料一覧
②詳細な仕様書／条件一覧
③過去1年間（12カ月）分の実績データ
④サービス・スケジュール、オペレーション一覧
⑤見積もり入力フォーマット
⑥質疑・確認入力フォーマット

　業務委託費の見積もり依頼書に相当するRFP（Request for Proposal）の作成が最も大変です。現場のオペレーションをすべて業務委託するにあたり、詳細な業務内容を把握し明記しておく必要があります（図表2-6-2）。現場での実際の業務内容をどれだけ正確に伝えられるかで、得られる提案の精度が大きく変わるからです。情報が不十分な場合、当初提出された見積もりよりも、実際に業務委託してみると想定以上に人件費がかかり、当初の見積もり価格では業務委託が実現できないリスクが発生します。

　特に、業務要件（作業）や、サービスレベルに関して、詳細に内容を定義しておかないと、新規の提案内容の実現可能性が担保できません。現状の業務フローの深い理解のために、RFPとは別に、オペレーション要件定義書を

■ RFP 作成の目的
・新規候補となる物流会社に対し、自社の事業と物流を正しく伝える
・初期見積もりの作成／提出のため、物流各社へ開示が必要となる情報一覧

ID	大項目	小項目	ID	大項目	小項目
1	目次	目次	7	業務要件（作業）	調達（集荷）要件
2	会社概要	会社概要			入荷要件
		事業内容			VAS 要件
3	注意事項	注意事項			保管要件
4	RFP の範囲と目的	荷主事業について			出荷要件
		委託の範囲			輸配送要件
		RFP の目的			返品要件
		契約条件	8	サービスレベル	サービスレベル
5	業務要件（全体）	業務内容、全体フロー			KPI
		売上、数量情報	9	提供資料	提供資料一覧
		立地情報	10	依頼事項	会社概要
		商品情報			料金表への入力方法
		荷姿情報			提案書に記載すべき内容
		用語集	11	スケジュール	RFP スケジュール
6	業務要件（IT）	全体フロー	12	コンタクトリスト	コンタクトリスト
		I／F リスト			

作成し、実際の業務の流れに関して、個別アクションごとに詳細フロー図へ落とし込んでいきます（図表2-6-3、図表2-6-4）。

見積もりの回答フォーマットは発注側で指定

　複数社から見積もりを回収する際に、各社の見積もり形式や記載されている内容や内訳が異なると、横比較して評価することが難しくなります。「総額が安くなっていればいい」という割り切り方もありますが、型番が決まっているような汎用品以外はリスクを伴います。支払総額の比較だけでは、実際に発注／購入した際に、想定していた商品仕様やサービス内容と微妙に食い違っていることもあり、必ず詳細な仕様や価格の内訳の確認が必要です。

　見積もり回収後の評価や分析をするためにも、事前に発注側から見積もりの回答フォーマットを指定することをお勧めします。詳細な商品の仕様やサービス内容を細分化し、それに紐づく価格の内訳や詳細内容を記載しても

図表 2-6-3　オペレーション要件定義書の作成（物流：3PL の場合）

■オペレーション要件定義書の作成の目的
・新規物流会社に対して、見積もり取得にあたり、RFP に追加し実際の現場でのオペレーションをより詳細に物流会社へ伝えることで、精度の高い提案書／見積もりが入手可能となる
・既存 3PL の業務内容とコスト構造の把握に活用できる

倉庫業務のオペレーション要件定義書の項目例

ID	大項目	小項目	ID	大項目	小項目	ID	大項目	小項目
1	更新履歴	更新履歴	5	業務要件（倉庫・保管）	保管要件	8	業務要件（VAS）	VAS リスト
2	目次	目次			レイアウト			VAS フロー
3	概要	目的と関連会社			商品レイアウト	9	業務用件（返品）	返品要件
		用語集			保管方法			返品フロー
		コンタクトリスト			保管ルール			使用設備・帳票
		フォーキャスト			ロケーション			返品ルール
		必要キャパシティ			棚卸			検品ルール
		拠点（店舗）情報			事例			事例
		商品情報	6	業務要件（入荷）	調達（集荷）要件	10	業務用件（イレギュラー）	イレギュラーリスト
		荷姿情報			入荷要件			入荷イレギュラーフロー
		SOW			入荷フロー			出荷イレギュラーフロー
		スケジュール			使用設備・帳票			返品イレギュラーフロー
		倉庫情報			入荷ルール			システムイレギュラー
		オペレーション体制図			事例	11	Appendix	KPI
		作業全体フロー	7	業務要件（出荷）	出荷要件			
4	業務要件（IT）	全体フロー			出荷フロー			
		I／F リスト			使用設備・帳票			
		在庫ステイタス			出荷ルール			
		作業ステイタス			出荷バッチ			
					梱包ルール			
					事例			

らいます。見積もり依頼書で、商品の仕様やサービス内容を指定していたとしても、サプライヤー企業からまったく同じ条件で回答が出揃うことは稀です。サプライヤー企業はおおよそ要求されているニーズを理解し、それに該当する自社が提案したい内容へと解釈／変換して提案内容を作成するからです。結果的に、各社ごとに少なからず仕様や品質に差異が生じるため、見積もり回答には提案内容の詳細まで明記させるフォーマットが必要です。

　コストの内訳に関しても、できる限り分解して提示してもらいましょう。

図表 2-6-4　倉庫マネジメントシステムの要件定義書（物流：3PL の場合）

■倉庫マネジメントシステム（WMS）の要件定義のアプローチ
・自社の物流部／情報システム部などで資料／情報がない場合は作成する
・立上げの成功と稼働後の二次開発によるコスト増加を防止

倉庫マネジメントシステム（Warehouse Management System）要件定義書の項目例

ID	大項目	小項目	詳細
1		更新履歴	更新日、更新内容、更新理由、更新ページ、更新者
2		目次	目次
3	概要	目的と関連会社	要件定義書の対象業務、定性目標、CL 様&物流会社
		用語集	用語／略語、説明
		コンタクトリスト	所属、名前、役割、E-mail、メール内容別（To ／ cc）＊CL 様&物流会社
		システム全体像	業務関連システム（ERP、OMS 等）と WMS の位置付け
		I ／ F プロトコル・手段等	I ／ F 方向、接続方針、データ形式等
		I ／ F リスト	I ／ F 名、From ／ To、頻度、スケジュール
		在庫ステイタス	ステイタス名、目的説明、ステイタス変更ルール
		作業ステイタス	ステイタス名、目的説明、ステイタス変更ルール
4	要件（オペレーション系）	I ／ F レイアウト（別紙）	項目名（論地）、項目名（物理）、属性、バイト数、内容説明、サンプル値
		システムフロー	入荷、出荷、在庫、出荷、返品、VAS、在庫調整、棚卸、マスタ連携等
		帳票	納品書、梱包明細書、出荷ラベル、送り状ラベル、倉庫内管理ラベル等
		レポート（オフライン）	出荷実績、日報、KPI 等
5	要件（システム系）	認証・セキュリティ	アクセスコントロール、ログ管理、認証システム、パスワード更新サイクル等
		例外処理	データベースエラー、ネットワークエラー等発生時の検知方法とリカバリー方法
		処理能力	データボリューム、レスポンス、印刷スピード、ユーザー数等
6	その他	テストスケジュール	SIT、UAT 等

　ある商品を購入する場合、その原価構造（「原材料」、「加工賃」、「物流費」、「為替変動分」、「その他手数料」、「利益」など）の内訳を提示してもらいます。見積もり取得時の妥当性を確認するだけでなく、その後の取引の中で"値上げ要請"が発生した際に、「どのコストが、どの程度上がったから、今回の値上なのか」の根拠となる事実や数字の基準となるからです。

　例えば、「為替変動分」や「物流費」の高騰の場合は、市況全体のトレンドであることが多く、他社も同等に値上がりしていることが多いため、値上げを受け入れる妥当性も高いと判断できます。一方で、「加工賃」や「利益」分が変動する場合は、取引先企業の固有の事情であるため、本当にその条件を受け入れるべきか見極めが必要です。場合よっては同業他社の方がいい条件を提案してくれるかもしれません。

2. 見積もり依頼先のリサーチと選定

　価格競争力のある優秀なサプライヤー企業に見積もりを依頼することが、最終的に良い提案を獲得するための近道です。そのために、まずは事前の業界／企業リサーチによって、できるだけ幅広く候補となる企業をリストアップします。見落としがちなのが、地方の地場企業や中堅企業です。大手企業と比較すると、管理コストや従業員の給与水準が低いことが多く、結果として価格競争力が高い企業も多く存在します。地方の運送会社や工事関連の施工会社は、エリアごとに価格競争力が高い優良企業が存在するため、それらの企業をどのように見つけ出すのかが肝と言えます。

　また、費目によってはアジアを中心に海外企業も取引候補に挙がってきます。太陽光パネルなどは今や中国企業が世界を席巻しており、日本国内市場でも自前または提携先の施工会社を通して、積極的に太陽光パネルのシェアを拡大しつつあります。1KWあたりのパネル単価は値下がり傾向にあり、数年前の調達先企業や調達単価が現在もベストとは限りません。制服などのアパレル分野、またはコールセンターやシステム開発受託などの業務委託分野でも単純な作業領域であれば、圧倒的にコスト優位性があるオフショア企業を活用する選択肢も増えています。かつて、海外企業の活用は現地企業のマネジメントの難易度やコミュニケーションコストの高さから敬遠されていましたが、いまや日本人が経営するオフショア企業も多数存在するため、マネジメントの難易度は確実に下がっています。

3. 見積もり依頼から回収までのスケジュール設定

"既存取引先と新規取引先候補は同じタイミングで依頼し回収"

　見積もり依頼から回収、最終的な取引先選定までは、予めスケジュールを立てて進めます。特に見積もり依頼時点から、その後に重要となるマイルストーンは下記の4つです。

〈見積もり依頼〜回収までの重要なマイルストーン〉
○見積もり依頼日
○見積もり依頼に対する質疑の受付締切日
○上記の質疑に対する回答日
○見積もりの提出期限

　事前に見積もり依頼から回収までのスケジュールを立てる目的は、既存取引先も新規の取引先候補も同じ条件で公正に提案できる環境を整備するためです。通常は、既存取引先の条件が妥当かどうかの判断材料として、他社から見積もりを取得することが多いかと思います。既存取引先との交渉のための"当て馬"として、競合他社の見積もりを利用している場合は、もともと他社への取引変更もそこまで検討していないでしょう。確かに上記の方法でも既存の取引先から値下げを引き出せるかもしれませんが、一度、見積もりを"当て馬"に使われた企業からすると、「あの会社はただ情報収集しているだけで、もともと発注する気はない」という悪評が広がり、中長期的に他社から良い見積もりを獲得できなくなるリスクが発生します。

ゼロ回答となりそうな企業には、事前に理由を確認し、譲歩可能な条件を検討

　見積もり依頼先の企業を選出できれば、正式に見積もりを依頼します。ただ、各社へ一斉に見積もりを依頼したものの、ほとんどの企業からゼロ回答しか返ってこないという状況では意味がありません。おそらく、見積もり依頼の諸条件や、求めている単価／料率の要求水準が高すぎたためでしょう。こういった事態を防ぐため、見積もり依頼先3〜4社程度へ事前に簡易なヒアリングすることをお勧めします。

　ここで、確認すべきことは価格水準だけに留まりません。サービス条件や商品の仕様に関しても、一部の条件や仕様の影響で価格面に悪影響が出ていないかなど直接確認します。見積もり依頼先企業には、「さらに安価な条件で契約するには、どの条件／仕様を譲歩する必要があるのか？」という視点から、コスト削減につながる見直し条件を聞き出します。譲歩できる条件は積

極的に緩和することで、ターゲットとされる単価に対して提案が出されやすくなります。

事例. 店舗清掃

- 現場あるあるの事例
  - ・人件費の高騰や人手不足により、年々清掃費用が右肩上がりに上昇

- 何が課題なのか？
  - ・清掃費のコスト構造はほぼ人件費が占めるため、単純な時給単価の見直しは困難
  - ・清掃の実施可能な時間帯やスケジュールが制限されており、清掃会社側の人繰りやシフトに無理が生じている（発注企業はこの状況に気づいていない）
  - ・結果、追加の人員投入や深夜／早朝対応で人件費が嵩み、清掃費が高止まり

- 具体的な解決策
  - ・各店舗の清掃可能時間を大幅に緩和し、清掃会社と共同で効率的なスケジュールや移動ルートを検討

4. 各社からの見積もり回収

"各社から質疑を受け付け、その回答や変更点は全社へフィードバック"

　見積もり依頼準備が整えば、各社へ見積もりの打診を開始します。各社の担当者には、見積もり依頼書の内容を確認してもらい、不明点や不足している情報がないかを確認すると同時に、「こういった条件でも大丈夫かどうか？」といった相談も受け付けていきます。そういった質疑や相談を受ける期間を数日間確保し、積極的にコミュニケーションを取っていきましょう。

　各社からの相談／質疑に対しては、従来であれば個別で受け答えしていた

かと思いますが、ある会社の疑問は他社にとっても同様に疑問に感じているはずです。よって、1社ごとへの個別回答で済ませるのではなく、期間中に集まった相談／質疑は一元管理し、最終的にはすべての質疑／相談に回答したExcelシートをすべての見積もり依頼先にフィードバックします。

回答期限まではこまめに検討の進捗状況を確認

　見積もり依頼後は、依頼先各社から指定した回答期限の日時迄に見積もりを回収する必要があります。正式な依頼文書を共有し、見積もり依頼に関する打ち合わせを実施した場合でも、その後、見積もり回収期限までの期間は電話などで直接、相手先の担当者と定期的に話す機会を持ちましょう。

　例えば、見積もり提出まで2〜3週間の猶予期間がある場合、見積もりの検討にかかる正味の時間は数時間〜数日程度です。見積もりの提出期限が3週間後だと、まだ時間的に余裕があるため、提出期限ギリギリまで検討されず放置されたりします。結果、提出期限の直前に確認すると、まだ見積もり依頼の内容自体に目を通していなかったりします。場合によっては、期限直前に、そもそもの前提条件の確認や、不足情報の確認を依頼してくる場合もあるため、見積もり依頼後は比較的こまめに各社の検討状況を直接確認する必要があります。2週間後にどうしても見積もりを回収する必要がある！という場合は、最低でも週に2〜3回は電話、またはメールなどで検討の進捗を確認します（図表2-6-5）。

　ただし、毎日のように検討状況を確認され、回答を催促されては相手の機嫌を損ねかねません。連絡を取る際のポイントは、「どこまで検討できていますか？」「期限には間に合いそうですか？」といった上から目線での進捗確認ではなく、常に相手に寄り添う姿勢を前面に出します。具体的には、「何か検討において不明な点やお困りごとはありませんか？」「追加で必要なものがあれば、いつでもご協力させていただきます」と相手に対して助け舟を出す姿勢で接し、その中で検討状況を確認していきます。

　見積もり依頼先とやり取りをしている中で、明らかに検討が遅れている、または全然進捗していない場合は、直接的に遅れの背景や原因をヒアリング

タイミング		確認事項
DAY1	見積もり依頼した 当日	・「見積もりの検討可能か」「何か問題ないか」「依頼情報に不備がないか」を確認
DAY3	見積もり依頼した 3日後	（相手が依頼内容を精査した結果） ・「見積もりの検討可能か」、「何か問題ないか」、「依頼情報に不備がないか」、「期日に間に合いそうか」を再確認
DAY7	期限までの中間地点	・検討が進んでおり、期日までに見積もり完成の目処が立っていることを確認
DAY11	回答期限の3日前	・残りの残作業を確認した上で、期限厳守を念押し ・見積もりが完成している場合は即時回収
DAY13	回答期限の前日	・明日の何時頃に提出可能かを確認し、時間厳守を伝える
DAY14	回答期限の当日	・約束した提出時刻を1分でも過ぎれば、至急電話で連絡

しましょう。単純に現業が忙しく手が回らないという理由もあれば、実際は何かの理由で今回の商談に消極的、または担当者として対応する優先順位が下がっている可能性があります。そういった場合、今回の商談で何がボトルネックになっているのか、どういう背景で優先順位が下がっているのかを事前に特定できれば、何かしらの対応策で問題を解消できます。発注者にとってはこだわりのないポイントだったとしても、受注側にとっては非常にネガティブに働く要素もあるためです。

値下げ交渉は原則最大2回まで

　見積もりを依頼した各社から無事に見積もりを回収できれば、各社の提案内容を比較し、優先順位を付けていきます。個別企業ごとに細かな条件や金額を詰めていく必要があるため、企業数を絞り込んでさらに詳細な内容まで踏み込んだ交渉を3社〜5社程度と実施します。

　取引先候補との交渉において、「値下げ交渉は原則最大2回まで」を心がけましょう。まず、初回の値下げ交渉に関しては、対象となる3社〜5社に対し、改めて目指すべきターゲット価格や条件を整理し、見積もり内容を再検討してもらう流れになります。この段階で最終的な条件の落としどころを決めにいくわけですが、最後はどうしても「既存取引先を継続するか」「新規候補の最有力企業へ変更するか」の選択に迫られます。この場合は既存取引先

と新規の最有力企業の2社を競わせ、取引先のスイッチングコストなどを加味した上で値下げ交渉（2回目）を実施し、新規候補企業が実質的に既存取引先よりも条件で上回れるかを見極めます。

　ここから3回目以降の値下げ交渉の実施は極力避けるべきです。今回の商談が一度きりで、今後一切会うこともないのであれば問題ないかもしれません。しかし、取引先企業から、"あの会社は延々と値下げを要求してくる"と認識されると、次回からは"何度も値下げ交渉されること"が前提となってしまうため、初回提案の単価／価格水準がかなり高めに提示されてしまいます。本来は価格競争力のある優秀企業にもかかわらず、初回提案がかなり高めの見積もり価格となってしまうと、結果、初期段階のスクリーニングで価格競争力のある企業が検討の土台にのらないリスクがあります。

〈値下げ交渉は原則2回まで〉
- 1回目
  - ✓ 初回見積もりの結果を踏まえて、絞り込んだ3社〜5社と交渉を実施
  - ✓ 落としどころとなるターゲット価格の実現にむけた条件を引き出すことが目的
- 2回目
  - ✓ 見積もり内容が優れている2社を特定し、最期の条件交渉を実施（ラストルック）
  - ✓ 上記に対する回答をもって、取引先とその条件を確定することが目的

書面の申入書は相手企業の決裁者まで届く

　交渉によりターゲット価格や料率を示したとしても、必ず応じてくれるとは限りません。サプライヤー企業側の現場担当者からすると、単価や料率の値下げを受け入れること自体が人事評価上はマイナスとなるので、いくら利益水準に余裕があったとしても、「うちもギリギリでやっています」「これ以上、下げたら赤字です」という理由でゼロ回答を繰り返すことが基本だからです。おそらく、取引自体を他社へ変更されるリスクをリアルに感じない限

図表 2-6-6　書面による正式な申入書（サンプル）

■ Word ファイル形式のものの具体的なサンプルを掲載

令和　○年○月○○日

○○○○株式会社　御中

株式会社△△△
代表取締役社長　○○○○

□□□料金改定についてのお願い

時下ますます御清栄のこととお喜び申し上げます。平素は格別のお引き立てを賜り、厚くお礼申し上げます。

現在、弊社では国内でのお客様のコスト意識向上により、厳しいビジネス状況となっております。そこで全社を挙げてコストの見直しを進めており、社内○○費用や○○費用などの経費削減を実施してきております。そのなかで、□□□料金につきましては金額が大きいこともあり、注力して見直しを計る運びとなりました。貴社と長い御付合いをさせていただきたいと考えておりますが、厳しいビジネス環境の中での現状の価格は弊社にとって大変苦しい状況です。既に他事業所においては、他社への切り替えによる経費削減を実施している状態となっており、××事業所においても他社への切り替えや、他の手段の検討も始めなければならない状況となっております。

つきましては、○○○○株式会社様におかれましても、大変心苦しいのですが、□□□料金の見直しをご検討いただきたく存じます。契約継続を前提にご検討していただければ幸いです。誠に勝手ではございますが下記内容につき、ご回答の程何卒宜しくお願い申し上げます。

敬具

記

1. 対象施設　　○○施設（○契約：○○○○○○・○○○○○○契約）
2. 単価条件　　令和○年○月〜令和○年○月分の□□□使用実績：○○○○○○
　　　　　　　　□□□使用料金 XXX,XXX,XXX 円に対して X,XXX 万円の削減相当の単価。
3. 開始日　　　令和○年○月○○日
4. 回答期限　　平成○年○月○○日

以上

本件に関する問い合わせ先
株式会社△△△
電話番号　○○○-○○○○-○○○○
担当：○○

りは、料率の変更交渉には一切応じないという担当者がほとんどでしょう。

　そこで、有効な手段の一つとして、「書面による正式な申し入れ」の活用があります（図表2-6-6）。電話口の口頭での依頼や、担当者へのメール文のみだと、その担当者の手元で握りつぶされ、意思決定者である上長や支社長にまで要望が伝わっていない可能性があります。一方で、正式な書面での申し入れは、今回の要望の背景や理由、ターゲットとなる単価や料率を正確に記載した上で、署名欄には代表取締役の氏名と社判を記載します。さすがに相

手の営業担当者も正式な書面を手元で握りつぶすわけにはいかず、上長である決裁者に相談せざるを得ません。

また、特別な割引率や値引きを交渉相手から引き出すには、窓口の担当者レベルではなく、上長／拠点長／担当役員／社長の決裁が必要なので、こういった申入書が相手の上層部へ確実に伝わることは、相場以上の単価／割引率を引き出せる確率を高めます。

5. 見積もり内容の評価と最終選定

最安値の見積もりは、その根拠や実績を徹底確認

見積もりを回収した結果、他社よりも圧倒的に安値、または高い割引率を提示してきた企業には注意が必要です。革新的な商品／サービス、または他社とは抜本的に異なる事業コスト構造によって、高いコスト競争力を有しているのか、または他にどういう背景や仕組みがあるのかを確認します（図表2－6－7）。

一方で、サプライヤー側の営業担当者が個人的に新規案件を受注したい、または営業成績を伸ばしたい一心で、社内の正式な承認を得ずに、破格の見積もりを提出している場合も少なくありません。見積もり書に社判が押印されているかどうかで、会社として正式な見積もりかどうかを確認できます。また、別のリスクとして、最安値で新規案件を受注した後に、3カ月／半年も経っていないタイミングで、「とてもこの条件では継続できないので値上げをお願いします。」「値上げが難しければ、来月から供給できません」と強引な値上げ交渉を持ちかけてくるようなトラブルも発生します。この場合は、契約段階で、契約期間内では取り決めた条件単価での提供義務を相手に課しておくことで予防できます。

他社よりも安価な理由が、依頼している品質や仕様の水準よりも劣っているからという可能性があります。商品やモノの仕様であれば事前に確認可能ですが、サービスの場合は、実際にオペレーションが始まらないとそのサービスレベルは確認できません。新規の委託先に変更し、サービス運営がス

図表 2-6-7　最安値の見積もりの "真偽" を見極める

Q.「なぜ、最安値が実現できているのか？」に対する背景／理由	採用の可否	安心して採用するための事前対応
・事業構造の違いや技術の革新性で、他社よりも遥かに安価な水準を実現している	合格	・圧倒的な差別化の源泉となる仕組みをヒアリング ・見積もり書に原価構造を記載してもらう
・年度末に向けて、売上を積み増すために販売奨励金の特別予算が付いているため	条件付き合格	・来期も同水準の契約が可能かを確認 ・期間中の同価格での供給責任を契約書へ追加（値上げ不可、または損害賠償対象）
・営業担当者が新規案件受注のために、社内で承認を得ずにむちゃな見積もりを出している ・（採用決定直前に、やはり当初の条件では受注できず、早々に値上げされるリスクあり）	却下	・正式な社判が押印されている見積もり書を取得 ・期間中の同価格での供給責任を契約書へ追加（値上げ不可、または損害賠償対象）
・当初条件を取り決めたにもかかわらず、実態は品質や仕様が基準に達していない ・（本格採用後に、"安かろう悪かろう" だと判明したり、トラブル発生のリスクあり）	却下	・他社での実績とその継続期間を確認 ・期間限定のトライアル運営／施工を実施して品質を評価

タートしてから「現場担当者の業務遂行スキルが低い」、または「サービス品質が著しく低い」などが発覚する場合があります。

　サービスの品質や水準、施工会社の工事の完成度の高さなどは事前確認が困難ですが、事前に他社での具体的な実績やその取引先との継続期間の長さ（最低でも数年以上）などである程度は評価できます。可能であれば、その実績に該当する企業へのヒアリングを依頼してもいいかもしれません。最終的に、本格採用の可能性が出てくれば、その前段階として部分的な期間限定のトライアル運営／施工を実施することで、期待されている品質が本当に実現可能なのかを検証できます。

6.　不採用となった企業へ丁寧なフィードバック

　最後に、サプライヤー企業の担当者が時間と労力を費やして見積もりを作成したにもかかわらず、採用に至らなかった場合へのフォローとフィードバック対応です。仮に5社〜8社へ正式な見積もりを依頼したとしても、最終的に採用されるのは1社〜2社のみです。新規の見積もり提案に関しては、最終的にお断りする企業の方が多くなります。やってはいけない禁止事項は、不採用という結果になった場合、その後「不採用」の連絡さえせずに放置し

てしまうことです。交渉のパワーバランスとしては発注者側が強いわけですが、見積もりを提出したサプライヤー企業からすると時間と工数をかけて検討し提出したにもかかわらず、その後一切音沙汰がないというのは心外です。たとえ、不採用だったとしても、「なぜ、採用に至らなかったのか」「採用となった企業や見積もりは何が評価されたのか」「成約となった単価／料率の水準はどの程度だったのか」といった背景や理由を丁寧にフィードバックしましょう。

〈不採用となった場合に相手企業に対してフィードバックすべき内容〉
1. 今回の受注に至らなかった経緯を伝える
2. 最終的に採用となった他社の提案の価格水準や条件をできる限り、具体的に伝える
   （ただし、そのままの実数を伝えることはNG）
   ・単価は約XX円／台、またはXX万円／店舗を下回る価格
   ・（仕様にも差があったのであれば説明する）
3. 見積もりを提出いただいたことに対する感謝の意を述べる
4. 改めて、先方企業の得意な領域や受注したい案件の条件をヒアリングする
5. 今後、該当する案件があった場合、ぜひ依頼させていただきたい旨を伝える

最適な取引先の選定や整理

　複数社から魅力的な新規提案を入手したとしても、最終的に既存取引先企業にある程度見直してもらった結果、そのまま取引を継続するというパターンが圧倒的に多いのが実情です。コスト削減プロジェクトを支援している中で、新規サプライヤーから同等以上の見積もりを入手したとしても、最終的には80％程度の確率で既存取引先の条件見直しによる取引継続に落ち着きま

す。取引先の変更には、現状の既存取引先の条件と比較して、余分にかかるスイッチングコストを含めて、相当大きなメリットが必要です。

取引先との健全な競争環境の構築が大事

コスト削減を実現するにあたり、取引先の変更は前提条件ではありません。外部から支援するコンサルティング会社の立場から見ても、既存取引先に条件を最適化してもらうことがベストです。ただし、落としどころとして、「既存取引先に条件を最適化してもらうこと」と、「既存取引先との取引継続を前提に交渉すること」とはまったく違います。

サプライヤー企業側の本音としては、他社に切り替えられる可能性やリスクがないと事前にわかっていれば、値下げや料率見直しの要請を受けたとしても、「見直しは困難です」とゼロ回答で押し通そうとします。また、既存取引先との取引継続が前提となり、長年にわたり硬直した取引関係になってしまうと、中長期的には癒着や賄賂などのコンプライアンス上の弊害も出てきます。

落としどころが既存取引先との取引継続であったとしても、「常に他社への変更も選択肢として検討している」ことと、「他社への変更の可能性があることが、取引先にも伝わっている」ことで、健全なビジネス上の緊張関係が醸成されます。

既存取引先との取引継続を前提とした状態は、さまざまな弊害を引き起こします。
- 担当者間の馴れ合いによる価格や料率の高止まり
- 現場改善や新技術やサービス導入などの活動がなくなり、現場の競争力が低下
- 自社担当者の蛸壺化による業務内容のブラックボックス化
- 取引先と自社担当者との癒着や不正行為（私的な賄賂や接待）

業界内の構造的な理由から、積極的に取引先の変更を検討することで、より好条件の取引を実現できるパターンがいくつかあります。特に、下記の3つのパターンにあてはまるような業界構造だったり商取引がされている場合は、積極的に検討することで大きな見直し成果を実現できます。

パターン1．直接取引

　はじめに、中間流通企業が多い業界において、製造会社と直接交渉／取引するパターンです。製造会社の商流の下流側に、卸業者、商社、一次／二次代理店というような中間流通会社が存在します。多種多様な商品を一括で取りまとめ、現場への配送といった重要な機能を担っていますが、一方で仲介会社が多ければ多いほど、最終的な価格／料率は上がってしまいます。ある程度、年間購買金額が大きい製造会社や品目に関しては、製造会社側との直接交渉をお勧めします。最終的には商流や業界慣習の関係上、中間流通業者が残る場合もありますが、代理店経由の交渉よりも好条件が期待できます。

　取引先の検討により好条件が引き出せる可能性が高いパターン
　〈パターン1．直接取引〉
　適用可能となる主要な条件
　　✓中間流通業者が多い
　　✓対象となる品目やメーカーからの年間購買金額が大きい
　直接取引で好条件を獲得した事例
　　✓建材：地元の代理店／卸業者ではなく、製造会社と直接条件交渉
　　✓店舗消耗品：卸業者ではなく、製造会社と直接交渉
　　✓エレベーター保守：大手管理会社を外して、保守会社と直接契約

　直接取引の取り組みは単純に仲介会社や代理店、卸業者を外して"中抜き"するだけではありません。条件交渉先の企業をどこにすべきなのか（製造会社か、卸会社か、地場の営業代理店か等）に加えて、その企業内でも、交渉

図表2-6-8 「商流」と「交渉相手」の選択により、見直し結果は大きく変わる

■商流の見直し、その商流上のどの「企業」×「拠点」×「窓口」と交渉するかまで検討し、効果的な交渉を実現
■商流であれば、製造会社との直接取引、交渉相手はできる限り、大きな決裁権限を持っている上位役職者を狙う

商流と交渉先		よくある問題点	選定におけるポイント
商流	製造会社 1次中間会社 2次中間会社 :	▶付加価値の低い中間会社が入っている ▶3社以上の中間会社が商流上に存在し、中間マージンの占める割合が大きい ▶製造会社と直接交渉しているが、自社の年間購買金額が小さく、割引率が低い	▶付加価値の低い中間会社を通さない ▶卸売者や商社のボリュームディスカウント効果を活用
交渉相手	企業 メーカー 代理店 卸/商社	▶価格決定権のない企業と交渉をしている	▶住設機器等は、裏側で製造会社が販売価格を統制していることが多い ▶副資材は販売会社に価格裁量権があることが多い
	拠点 本社 支店 営業所	▶エリアごとに個別に交渉しており、全社規模でのボリュームディスカウントが効いていない ▶決裁権のない部署や営業所と交渉している	▶複数エリアで取引をしている場合、本社相手に全社の年間購買金額を活かして交渉する ▶1エリアでの取引の場合でも、踏み込んだ価格の決定権は本社にあることが多い
	窓口 決裁権者 担当者	▶決裁権のない窓口担当者と交渉している ▶窓口担当者が協議内容を上長と共有していない	▶裁量の大きい上位の役職者を交渉に巻き込む ▶価格見直し依頼が窓口担当者で止まっている場合、正式な書面で上長を交えた協議を依頼する

窓口が本社なのか、支店なのか、営業所かで違いが出ます。また、1営業支店内においても、直接の営業担当者なのか、営業支店長なのかの違いによって引き出せる裁量や条件の限界が異なるため、どこの誰と交渉すべきなのかは注意を払う必要があります（図表2-6-8）。

　一般的にはバリューチェーン上で川上の製造会社に近い企業と交渉した方が安価な条件を獲得できます。また、交渉相手先企業の中では、本社に近く、役職が上の方ほど大きな裁量権を持っているため、通常の値引きよりも大きな特別割引を引き出せる可能性があります。

パターン2. 中堅企業や地場企業の活用

　次は中堅企業や地場企業を積極的に活用するパターンです。大手企業や全国展開している企業からすると、発注先をできる限り集約したいという観点から、全国エリアをカバーしており、サービスもフルラインで展開している業界大手企業との取引は非常に便利です。特に印刷会社や広告代理店、施設

管理会社やトラック配送会社などの業界において、大手は全国展開しており、サービスもフルラインで対応能力も高いです。一方で、大手はコスト面では管理コストや人件費も高く、利益率の社内基準も高めなので、料金が割高になりがちです。こういった業界では、中堅企業や地場企業の方がコスト競争力は高く、取引先の変更によりコストの大幅削減が期待できます。

〈パターン2. 中堅企業や地場企業の活用〉
適用可能となる主要な条件
 ✓ 現在、業界大手企業と取引中
 ✓ 全国、または広域にわたり拠点／営業所／店舗／工場などが点在
中堅企業や地場企業への変更で好条件を獲得した事例
 ✓ 貸切トラック：大手物流会社からエリアごとに地場の運送会社へ変更
 ✓ 印刷：最大手の2社から中堅／地場の印刷会社へ変更
 ✓ レンタルマット：全国一括委託からエリアごとに取引先を選別
 ✓ 施設管理：大手管理会社からエリアごとに地場の管理会社へ変更

パターン3. 集中購買⇔分散購買の使い分け

　最後は、集中購買⇔分散購買の使い分けによって、最適な購買条件を引き出すパターンです。一般的には、拠点や事業部ごとでバラバラに契約しているものを本社主導の集中購買に変更することで、一括の交渉が可能となり、好条件を引き出せます。エリア別、拠点別、事業部別、本社／子会社／関連会社でバラバラに取引／契約しているものを、いかに取りまとめられるかがポイントです。

　本社で取りまとめる場合は購買部や調達部が一括管理する必要がありますが、より簡易なやり方としては、個別の契約自体はバラバラのままで、条件交渉時のみ全体の購買金額をベースに好条件を引き出します。その後、新条件を個別の契約に反映させることが可能です。特に、本社／子会社／関連会社の場合は、契約締結も支払いも個別会社ごとで完結する必要があるため、

条件交渉のみ窓口を一本化し、契約や支払いは従来どおり別々にするのが現実的です。

　集中購買から分散購買へ変更してコストが下がるケースはそこまで多くありませんが、「パターン2.　中堅企業や地場企業の活用」のように業界大手企業からエリア別のローカル企業へ変更する場合が該当します（図表2-6-9）。

〈パターン3.　集中購買⇔分散購買の使い分け〉
適用可能となる主要な条件
　　✓全国で拠点や事業部ごとにバラバラで契約している（分散購買の状態）
　　✓長年、1社に集約して集中購買／発注している（集中購買の状態）
集中購買へ移行して好条件を獲得した事例
　　✓クレジットカード手数料：ホテルごとに別料率だったものを集約して交渉
　　✓通信費：携帯電話とインターネットをすべてまとめて通信会社と交渉
　　✓事務消耗品：拠点別から全社一括購買に変更し割引率UP
分散購買へ移行して好条件を獲得した事例
　　✓施設管理：大手管理会社への一括委託を止め、清掃、警備、エレベーター、電気設備保守などを個別で直接契約
　　✓各種卸業者：1社への一括委託から、カテゴリー別で2社以上の体制へ変更

事例.「損害保険料」の最適な取引先の見つけ方

　損害保険料に関して、大手企業は一般的に特定の保険代理店経由で長年取引しており、保険代理店自体が自社グループの子会社／関連会社という場合もあります。取引先の保険代理店が固定化しやすく、結果的に割高な保険料金を支払い続けている例は少なくありません。また、損害保険商品を提案／サポートする役割にあたる保険代理店も、通常は保険料金の一定割合を売上とするビジネスモデルであるため、自ら保険料を見直しコスト削減に取り組

■営業所別に購買していた主要機材の一斉点検を行い、一部に集中購買を導入することで、購買額の削減に成功
■検討手順としては、まずモデルエリアを選定し、営業所別の購買が向いている品目を選定。無理のない購買オペレーションが確立した段階で、その後は全国へ横展開

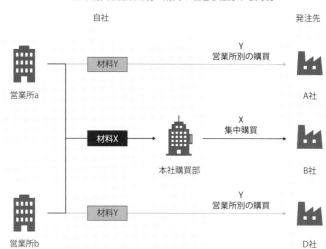

集中購買と営業所別の購買の最適な仕分けを実現

むモチベーションは働きづらく、基本的には保険会社側の立場だと認識すべきです（図表2-6-10）。結果的に、大手企業の8割以上が下記の3つの状況に陥っており、市況の保険料相場からすると割高な保険料を支払い続けています。

○長年、同じ保険代理店と取引しており、今後も代理店を変更する予定がない
○保険の補償内容や各種条件、保険料などの検討は、保険代理店側にお願いしている
○保険代理店は保険料が高額なほど自社の売上も上がるため、保険料の見直しどころか、むしろ取扱額を増加させることにインセンティブが働いている

図表 2-6-10 「損害保険」契約の仕組み

損害保険は、仲介業者である保険代理店を通じて契約されます
契約者は保険会社へ保険料を支払い、保険代理店には保険会社から代理店手数料が支払われます

損害保険料の見直しには、現在の取引先である保険代理店を前提とせず、新規の保険代理店や保険ブローカーから現状の保険契約よりもより補償内容が優れており、保険料も低減できるような提案を依頼する方が効果的です。

損害保険の見直しのポイントは、損害保険会社との結びつきが強い保険代理店が保険契約者である自社の立場に立って、どれだけ本気で見直してくれるかです。長年、契約を継続し、今後も取引することが前提である保険代理店にとって、あえて損害保険料の取扱金額を減らすようなインセンティブはないため、「現状の損害保険を最適に見直してほしい」と依頼するだけでは効果は見込めません。そこで必要となるのが、新規の保険代理店や保険ブローカーといった同業他社との競争環境であり、本気で提案しないと取引を失うという危機感です。

単純に新しい保険代理店に切り替えればいいという発想ではなく、保険代理店それぞれで「好条件を引き出せる損害保険会社」や「得意とする保険種目」が異なるため、最終的には保険の種類や保険会社によって2社の保険代理店を使い分けることも有効です（図表2-6-11）。

また、可能であれば活用すべきなのが保険ブローカーです。前述のとおり、保険ブローカーは顧客（保険契約者）の委託を受けて、その顧客のために誠

図表 2-6-11　損害保険：保険代理店の見直しアプローチ

前提条件	見直しアプローチ	落とし所	見直し効果	
			保険料のコスト削減効果	補償内容の適正化
保険代理店の変更が可能	保険代理店間でコンペ	新規代理店へ変更	○	○
	保険ブローカーを活用	ブローカーに保険会社や補償内容の見直しを全任	○	◎
既存の保険代理店は変更できないただし、新規の保険代理店の追加／併用ならOK	保険代理店間でコンペ	既存代理店を一部残し、大半の契約は新規へ変更	○／△	○／△
	既存代理店が扱っていない保険会社のみ、新規の代理店で見積もり取得	従来よりも好条件となった保険のみ、新規代理店経由へ変更	△	△
保険代理店の変更や追加は NG	既存の保険代理店と交渉	既存の保険代理店の見直し案を採用	×	×

実に保険契約の締結の媒介にあたるため、より顧客本位の提案が期待できます（保険業法 第299条「保険仲立人の誠実義務」）。また、保険ブローカーは保険代理店と同じく、最終的には保険会社側からの手数料収入で売上を上げるため、顧客側に費用は発生しません（図表2-6-12）。

　損害保険料の見直しで注意すべき点は、損害保険は「一物一価の原則」があり、同一の保険に関しては、一つしか見積もりが取れないということです。つまり、保険代理店Aから損害保険会社Bに火災保険の見積もりを取得したのであれば、別途保険ブローカーCからは損害保険会社Bに火災保険の見積もりを依頼できません（図表2-6-13）。新たに損害保険の提案を受けたい場合は、「どの保険会社のこの保険種類に関しては、どこの保険代理店／保険ブローカーから依頼するか」を事前に決める必要があります。例えば、現在、取引関係にある保険代理店が東京海上日動系なのであれば、東京海上日動の損害保険提案はその保険代理店に依頼し、東京海上日動以外の損害保険会社（損保ジャパンなど）からの提案は保険ブローカーに依頼するといったような使い分けが有効です。

図表 2-6-12　保険ブローカー（保険仲立人）と保険代理店の違い

保険ブローカー（保険仲立人）

お客様からの指名を受け、お客様の指名人として保険会社から独立した「中立的な立場」で、保険契約の媒介を行います。また、リスクコンサルティングも行います。お客様のビジネスのリスク実態や、リスクマネジメント方針に沿った最適なリスクの解決方法（保険はその手段の1つ）を提案します。

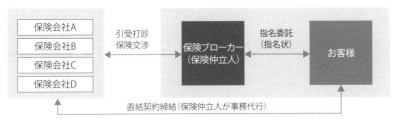

保険代理店

保険会社から委託を受けて、保険会社の代理人として保険募集を行います。

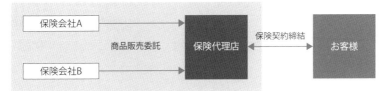

事例.「旅費交通費」の最適な取引先の見つけ方

　旅費交通費は間接コストの中でも、どの企業に何を依頼するのがベストなのかを見極めるのに手間がかかる費目です。例えば、東京から福岡への1泊2日の出張を手配する場合でも、改めてゼロベースで見直すと、旅行代理店を活用したほうがいいのか否か、また、どこまで予約後の変更が可能なのかなど、それぞれの手段ごとの価格や制約条件を比較するのは一苦労です。

〈東京から福岡への出張を手配する場合の主要な選択肢と検討すべきこと〉
1.　航空券と宿泊をバラバラで手配する場合
　　1-1.　航空券の手配
　　　　・旅行代理店経由で手配する場合、どの代理店がベストなのか

■「一物一価の原則」
　・引き受けるリスクの条件が同じ場合、一度見積もりが出てしまうと、交渉窓口に関係なく、同一の損害保険会社からは、同一の保険料しか提示されない

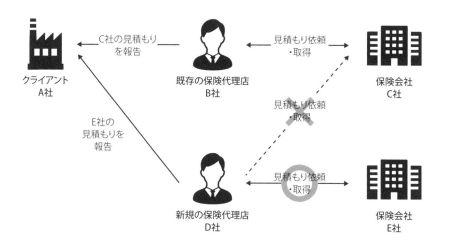

　　・個人で手配する場合、どのようなルールが必要なのか
　　・どの航空会社を利用するのか（LCCでも十分）
　　・航空会社から直接法人割引を適用できそうか
　　・航空会社の株主優待券の適用ができそうか
　1-2.　宿泊先の手配
　　・旅行代理店経由で手配する場合、どの代理店がベストなのか
　　・個人で手配する場合、どのようなルールが必要なのか
　　・利用頻度が多いホテル／宿泊チェーンから法人割引を適用できそうか
　2.　航空券＋宿泊のパック料金を適用する場合
　　2-1.　どの旅行代理店、OTAまたは航空会社のパック料金がベストなのか
　　2-2.　ダイナミックパッケージ※や、自社向けのカスタマイズパッケージが可能なのか

2-3. 現場のニーズを鑑みると、事前予約や予約変更はどこまで考慮す
べきか

　まずは自社で最も利用されている出張のパターン（「東京→大阪」「東京→
福岡」など）に関して、考えうるすべての手配方法で実際の料金を確認して
いきます。特に旅行代理店に関しては、有名大手だけでなく、格安旅行代理
店（AIトラベル、トッパントラベルサービス、HIS、エアトリ、アリーズカン
パニーなど）やOTA（楽天トラベル、じゃらんnet、Expediaなど）も選択肢
として検討しましょう。また、ある程度年間利用金額が大きい場合は、旅行
代理店を通さず、直接ホテル／宿泊チェーンや航空会社から相対での法人割
引条件を引き出せるため、一度交渉してみる価値は十分にあります。具体的
にどの取引先企業がどういったサービスを提供しているのかは図表2-6-14を
ご参照ください。

　上記のような詳細な検討も有効ですが、現実はよりシンプルなアプローチ
で大きな削減を実現できます。おそらく大手企業のほとんどが「東京→福岡」
間をANAかJALを利用しているのではないでしょうか。コスト削減ノウハウ
というレベルではありませんが、単純にLCC（スカイマークやスターフライ
ヤーなど）へ変更するだけでも意外と効果が大きいのが実情です。

オープンブック方式での原価低減に向けた取り組み

　取引先候補となるサプライヤー企業数社と協力し、徹底的にサプライヤー
企業側の原価構造の改善余地を分析し、さらなる低コスト体質の実現を目指

※ダイナミックパッケージとは？
　飛行機や電車等の交通手段と同時にホテル宿泊を予約できるツアー商品であり、空席がある便と空室のあるホテ
ルの中から自由に選んで、旅程を組み立てることが可能。予約時点の運賃／宿泊料金／空席状況がリアルタイムで
ツアー料金に反映され、ネット経由で予約できます。
　パッケージツアーと異なる点として、旅行代理店によっては前日まで予約可能です。また、ダイナミックパッ
ケージは、予約完了時に利用する便や宿泊先が確定します。リアルタイムでの時価販売であるため、予約内容の変
更はできません。予約内容を変更したい場合は、一度キャンセルし、再度予約し直す必要があります。

図表 2-6-14　旅費交通費の取引先企業別での提供サービス

■企業タイプ別提供サービスの全体像は下記のとおりです。
　◎：一般的に提供しており、競合する企業カテゴリーの中では最も強い（価格が安い／割引率が高い）
　○：一般的に提供している
　△：一部の企業のみが提供している
　―：対象外

| | | | 旅費交通費の支払先 | | | | | | | | |
| | | | 旅行代理店 | | | | 宿泊先 | 交通手段 | | | |
			大手	格安系	地場系	OTA	ホテルチェーン	航空会社	鉄道会社	バス会社	レンタカー会社
割引サービス	法人割引	オープン料率	○	◎	○	○	○	○	―	△	△
		相対交渉	○	○	○	―	○	○	○	△	―
	出張用割引パック	パッケージツアー	○	○	○	△	―	○	△	○	―
		ダイナミックパッケージ*	○	◎	△	△	―	○	△	○	―
		自社向けカスタマイズ	△	○	△	―	―	○	―	○	―
	提携クレジットカード割引		○	○	△	△	―	○	△	△	○
その他サービス	法人専用窓口		○	○	○	○	○	○	△	○	○
	ホテルやチケット手配業務の代行	（国内）	○	◎	○	△	―	○	△	―	―
		（海外）	○	○	―	―	―	○	―	―	―
	BTM		○	○	△	△	―	○	○	○	○
	研修旅行のプランニング		○	○	○	―	―	○	○	○	○

すアプローチです。一般的には建設業界で活用されている“オープンブック方式※”のような形で検討を進めますが、基本的には発注者となる自社が旗振り役となって、サプライヤー企業数社と徹底的なコスト見直しを進めます。

　ここで紹介するオープンブック方式では、まず取引先候補となるサプライヤー企業を3社程度集め、発注元である自社を含めて4社間でのNDAを締結することから始めます。その後、4社合同でサプライヤー企業側の原価低減を目的とした検討チームを立ち上げ、お互いの原価構造やノウハウをオープン

※オープンブック方式とは？
　大型の建設工事案件等において、元請業者が発注者に対して、専門工事業者への発注金額などすべてのコストに係る情報を開示し、その内容について発注者または第三者が精査する方式。設計・工事等に要したコスト（業務原価）とコストに一定割合を乗じたフィー（報酬）を加えた額が発注者から支払われます。
　この方式の特徴は、分離発注方式の考え方をベースとしているため、コスト縮減が期待できることに加え、元請業者のマネジメント力を活かすことができ、さらにはすべてのコストが明らかにされることで透明性が確保され、投資家や関係者に対してのコスト説明責任を果たせることです。

にして共有すると同時に、さらなるコスト削減の実現に向けて検討していきます。取り組みイメージとしては、トヨタ自動車がTier1やTier2の自動車部品のサプライヤー企業に対して、トヨタ主導で原価低減活動を推進しているのと同じようなアプローチです。

　最終的には極限まで見直し切った原価構造に則って、発注元である自社にだけ、プロジェクトの成果として見直し後の格安の単価を適用してもらいます。一方で、この取り組みに協力した各サプライヤー企業は、自然と他社との取引における利益率が改善されるため、両者にとってWIN-WINの成果が上げられるという流れです。

　ただし、このアプローチは発注元が旗振り役となるため、サプライヤー企業に対して自社（発注元）のバイイングパワーや交渉優位性が働きやすいことが前提となります。適用できるテーマとしては、各種工事の施工会社や印刷会社のように業界内に有象無象の企業が多数存在し、原価構造まで踏み込んで開示してくれそうな中堅／中小企業を複数社見つける必要があります。

STEP 7

WIN‑WIN を実現する
実践交渉テクニック

「交渉」とは何か

　取引先から好条件を引き出すため、実践的な現場での交渉術を紹介していきます。そもそも"交渉"とは、「相手に値下げの条件をどう了承させるか？」というような一方的なパワーゲームではありません。我々が考える"交渉"とは、「信頼関係の構築」＋「ベストな取引条件の取得」の両輪を成立させるための手段です。この交渉力は、正しく理解し十分な準備をすれば、誰でも身に付けることができ、その効果を発揮できます。交渉というと、ついつい「ベストな取引条件の取得」の方へ傾倒しがちですが、交渉相手となる取引先企業は中長期的に付き合っていく事業パートナーでもあるため、「信頼関係の構築」は欠かせません。

〈取引先と「信頼関係の構築」を実現するメリット〉
・取引先から有益なビジネス情報を積極的に提供してもらえる。
・契約書に規定されていない条件でも、自社にとって有利な条件に譲歩してもらいやすい。
・次回の交渉において、必要な時間ややり取りが軽減され、ストレスなく

取引が実現できる。

- 同一条件によって取引が継続され、また、相手からの一方的な契約解除が減る。
- 水準以上のサービスや、スケジュール面で柔軟な対応を受けられる可能性が高い。
- 緊急時の対応や自社のイレギュラーな要望に対して、他社より優遇されやすくなる。

　取引先との信頼関係は"交渉"のみで構築されるわけではありませんが、一時的な交渉手順のまずさやすれ違いにより、長年培ってきた信頼関係を一瞬で失うリスクがあります。信頼関係を一度損ねてしまうと、上記のメリットとは真逆のデメリットが発生してしまうため、交渉には慎重さやリスクに対する高い感度が必要です。

交渉する上での5つの心構え

　交渉にはまず前提となる交渉人の心構えや姿勢を身に付ける必要があります。基本的なスタンスは、"誠意を持って、真剣に相手と向き合う"ことですが、それでは浪花節的な精神論止まりで、具体的にどうすればよいのかはっきりしません。よって、交渉を実施する上で、具体的に体現すべき5つの交渉スタンスを確認しましょう。

1. 交渉相手の立場に立って交渉を行う
   - 自分が相手の立場ならば、どうすればうれしいか、どうすればそっぽを向きたくなるか、常に相手の気持ちに配慮する。
2. 常に交渉目的へ立ち返る
   - 「プライド」「価値観の押し付け」「論破することへのこだわり」等余分な考えにより、交渉目的を見失わない。
3. 時間を常に意識する

✓タイムリーに連絡する、回答時期を区切る、相手のスケジュールを把握するなど、交渉する上で時間は重要な要素である。

4. 交渉相手との「暗黙の共通ルール」を意識する

✓論理的な伝え方をする、一貫性を持たせた条件や方針を取る、責任感のあるルールや取り決めを常に意識する。

5. あきらめない。固定観念を持たない

✓どのような交渉や交渉相手であっても、最善を尽くし、絶対にできないと思わず、大企業相手であっても臆さない。固定観念を捨てあきらめずに交渉に挑めば、必ずベストな取引条件を引き出すことができる。

交渉スタンスにおいて重要なポイントは、相手の立場に立った場合、どこの何について、どういう話し方にすれば、「確かにその点は見直すべきだ」と合理的に納得させられるかです。そのためにも、まずは相手の立場を十分に理解する必要があります（①交渉相手の立場に立って交渉を行う）。相手の企業はどういう事業を展開しており、個別のクライアントと対峙する時に何を気にしているか？

また、直接の交渉相手が営業担当なのか、拠点長なのか、役員クラスなのか、によっても本人が社内でどこまで裁量権があり、どういう評価体系の中でビジネスと向き合っているのかも重要です。また、交渉相手が誰であっても、基本的には論理的で一貫性のある正論を主軸にして交渉すべきです（②常に交渉目的へ立ち返る＆④交渉相手との「暗黙の共通ルール」を意識する）。単に「値下げをお願いします」では、相手としても前向きに検討する理由が一切ありません。事前の情報収集と分析を徹底し、「誰がどう見ても、確かにその観点では合理的に見直すべき」という正論を展開していきます。

最後に取引先相手に必要以上に遠慮しない、下手に回らないことです（⑤あきらめない。固定観念を持たない）。特に、物流の3PLや管理業務のBPOのような業務委託先企業に対して、頭が上がらないという企業が多く見られます。定常業務を全任していることに加え、過去のトラブル対応や、臨時対応依頼を何度もお願いしている背景から、どうしても遠慮がちになるようで

す。中には腫れ物に触るように必要以上に下手に出て、価格や条件変更を交渉すること自体がタブー視されている場合もあります。

　ただし、業界内でコストリーダーシップを発揮している強い企業や事業が成長し続けている企業では、取引先に対して怖くてものを言えないという企業は1社もありません。逆に、成長に陰りが見える、また経営課題が山積みである企業ほど、取引先に対して頭が上がらず、社内に見直しを着手できない聖域が多数存在しています。現状を打破すべく取引先との交渉を成功させたいなら、今までの前提条件や固定観念に囚われず、対等な関係のビジネスパートナーとして毅然とした態度で交渉に臨みましょう。

交渉の成否は事前の準備で決まる

　交渉の全体の流れとしては、「1.事前準備と情報分析」から始まり、「4.契約締結」までの4つの段階があります（図表2-7-1）。一般的にサプライヤー企業に要望がある場合、または相手側から何かしらのリクエストが来た場合、「では、早速打ち合わせをしましょう！」という話になり、いきなり「3.交渉と条件協議」から始まる場合がほとんどではないでしょうか。何の準備や分析もなく、いきなり交渉に入っては、自社が望む条件を引き出し、交渉を優位に運ぶことは不可能です。

基本情報の収集

　交渉の準備を始める際に、まずは必要となる資料やデータを収集します。現状把握のために必要となる最低限の情報に加えて、交渉をより優位に進めるために入手すべき情報も確認していきます。

〈事前に収集すべき情報〉
- 必ず収集すべき情報
  - 契約書／覚書

図表 2-7-1　交渉の全体の流れ

	① 事前準備と 情報分析	② 交渉シナリオの 策定	③ 交渉と条件協議	④ 契約締結
実施 内容	1-1. 基本情報の収集 ・必ず収集すべき情報 ・交渉を優位に運ぶための追加情報 1-2. 交渉カードの整理 ・すべての交渉カード候補をリストアップ ・交渉カードの評価と優先順位付け	2-1. 初回の交渉シナリオ策定 2-2. トークスクリプトの準備 2-3. FAQへの想定問答	3-1. 交渉と条件協議 ・どのように新条件／提案を出してもらうべきか ・"指値（さしね）"の使い方と注意 3-2. 交渉上のTIPS	4. 契約書締結時の注意事項 ・契約期間 ・中途解約条項と違約金 ・レンタル⇔リース⇔購入 ・支払いサイト ・損害賠償　など

- 詳細な仕様書
- 取引に関する過去12カ月の実績データ
- 過去の交渉経緯（前任者へのヒアリングなど）
- 交渉を優位に運ぶための追加情報
  - 競合他社からの見積もり
  - 市況の単価相場と今後の傾向
  - 取引相手企業の情報
  - 取引相手にとってメリットがありそうな条件
  - 自社が譲歩可能な条件

　現状を正確に把握するために、契約書／覚書に加えて、詳細な仕様や制約条件も合わせて確認します。特に、契約締結時に取り決めた各種条件が、現状の現場のニーズと合致しているのか、ズレているならどこがズレているのか、を確認していきます。例えば、オフィスや店舗の賃貸借契約書の場合、現地視察やヒアリング、また近隣の賃貸相場を把握することで、現在の条件と今後のあるべき条件のギャップを分析できます。

　一方で、物流の業務委託（3PL）の場合は、現場でのオペレーションも関連してくるため、過去12カ月分の配送実績や現場の生産性に関するデータを分析し、当初取り決めたタリフ表や料率の想定と運用実態がズレていないか

を確認します。例えば、当初は路線便でトータルの重量と距離で配送条件を取り決めていたが、その後、EC販売量が増加し、個別の小口配送が急増したというような変化です。本来なら小口配送分は路線便ではなく、宅配便の方が割安ですが、当初の路線便の単価がずっと適用され続け、結果的に割高な配送費を支払い続けていることに気づいていないといった事例は珍しくありません。

　過去の交渉経緯に関しても、十分に内容を把握しておくことが不可欠です。書面上で前回の条件改訂時期とその結果は把握できますが、どういう経緯でその結果になったのかはわかりません。当時の交渉経緯を確認し、どういう論理展開がなされたのかを知ることで、今回は何が変化し、どこまでは前回の条件のまま踏襲可能なのかを見極める必要があります。

　最低限の現状把握だけでは、交渉を有利に展開できません。交渉を優勢に運ぶための追加情報や「交渉において自分に優位に働く要素」（これを「交渉カード」と呼ぶ）が必要になります。

　例えば、他社からより魅力的な提案や見積もりがあれば、直接的に取引先との条件交渉に活かすことができます。また、市況単価情報などは条件の相場観を把握する上で有用ですが、市況相場という一般論が必ずしも自社の条件に適用できるわけではないため、やはり競合他社からの提案／見積もりはかなり強力な交渉カードと言えます。

　取引先企業やその担当者の情報も役立つことがあります。取引先企業の事業形態や今後の方針などから、「何を重視しているのか（売上重視か利益率重視かなど）」「譲歩可能な条件は何なのか」のヒントになるからです。

　例えば、目先の案件単位の利益率よりも、安定した売上規模の確保を重視している場合、薄利であっても3年や5年といった長期契約を重視するかもしれません。

　また、年度末などには、「足りない売上目標を積み増したい！」と考えている企業や営業担当者がいれば、追加案件を紹介することで、さらなる好条件を引き出すことも可能です。この段階では「交渉上、優位に使える情報は何

か？」「相手の課題や弱点となるような要素は何か？」といったものを残らずリストアップすると同時に、自社の弱点となるため交渉の場では触れるべきでない点も同時に確認しておきます。

交渉カードの整理

交渉上、必要となる資料／データを集めたら、次に"交渉を優位に進めることができる情報／条件"を洗い出します。単純に「今よりも値下げしてください！」と取引先にお願いしても、取引先企業からすれば応じるメリットがないため、通常はゼロ回答となってしまいます。しかし、「値下げ」という取引先企業にとってはデメリットとなるリクエストとは反対に、「取引金額の拡大」や「仕様の簡素化」、「長期契約の締結」といったメリット要素を同時に提示すると、相手側から見ても「値下げ」を受け入れるメリットが出てきます。

このような相手にとってメリットとなる要素を"交渉カード"と呼び、この"交渉カード"と引き換えに値引きなどの条件を引き出していきます。交渉前にできる限り多く手元に準備しておくことで、交渉をより優位に進めることができます。代表的な交渉カードを図表2-7-2で一覧にしていますので、ぜひご参照ください。

交渉シナリオの作り方

事前の情報収集や分析、それを踏まえた交渉カードのリストアップが完了したら、いよいよ実際の交渉シナリオを組み立てていきます。初回交渉の場で、何をどの順で話していくのか、を事前に想定します。一般的な初回交渉の流れは図表2-7-3のような流れになりますが、この場合は、自社側から現在の契約条件の見直しやコスト削減をリクエストする場合を想定しています。

初回の交渉シナリオの流れ

①雑談（アイスブレイク）

　商談において相手が初対面である場合、冒頭の雑談はアイスブレイクとして場を和ませます。日頃から取引上お世話になっている状況を踏まえて、感謝の気持ちを伝えます。また、ご尽力いただいたり、お世話になったりした事案があれば、そのエピソードを踏まえて、相手に高い関心があることを示します。

　相手の情報が事前にほとんどない場合もあります。例えば、店舗や営業拠点の不動産オーナーや管理者が一般の個人などの事例です。この場合は事前調査と言っても、その個人がどういう価値観を持って、何を重要視しているか、事前に把握することは困難です。この場合、初回面談を「①アイスブレイク／雑談＋⑤交渉相手へのヒアリング」のみに留め、現状の要望を確認するという位置付けで終始聞き手に徹します。この面談を通して、相手の「現在の懸念事項」「何を重視しているか」「何なら譲歩可能そうなのか」をそれとなく聞き出し、次回以降の交渉シナリオを組み立てる際の判断材料にします。

②大義名分の説明

　アイスブレイク／雑談が終わった段階で、今回の打ち合わせの背景と目的を説明します。この時点で、自社の要求だけを一方的に述べてしまっては、相手は態度を硬化させます。直接的なリクエストに入る前に、まずは今回のお願いに至った背景から説明します。重要なポイントは客観的に見ても、「今回の要求や見直し依頼は妥当である（合理的である）」、または「取引先としても協力せざるを得ない」と思わせる大義名分を準備しておくことです。シンプルで有効な大義名分は、「他社からより好条件の提案／見積もりを受け取った」です。交渉相手にとっては現在の取引を失うリスクがあり、事実として他社からより好条件の提案が出ているなら、自社も条件変更で調整する

図表 2-7-2　代表的な "交渉カード" とその事例

No.	交渉カードを検討する視点	詳細説明
1	【代替】 他社の好条件の見積もりや、代替になりうる商品／サービスを用意できているか	現実的に取引先の変更が不可能だったとしても、本質的に競合／代替がない商品／サービスは存在しない 理論上は代替可能な商品／サービスを想定し、変更した場合のコスト削減メリットを定量的に把握する
2	【社内での条件比較】 同等商品やサービスに関して、社内の拠点間や事業間の違いを把握できているか	同等の商品やサービスに関して、エリア／事業部／ブランド別で別々に購買や契約している場合、条件の違いがないかを確認する
3	【コスト構造分解】 サービスや商品のコスト構造の詳細な内訳を把握し、妥当な単価水準を提案できないか	コスト構造を分析し、何の費用にいくらかかっているのかを分析する。余分な費用、説明できない価格がないかを確認する 取扱量や金額と比例し、変動費としてコストも上がる場合もあれば、量や金額はほとんど関係ない固定費となっているサービスもある
4	【スケールメリット】 取引金額／取扱量の増加によるスケールメリットを活かせないか	前回の契約締結時点の取引金額に対して、直近は数割～数倍増加している場合、スケールメリットを活かした単価引き下げ交渉が可能 複数社からの購買しているが、1～2社への集中購買に変更することで、今後の1社あたりの取引金額を飛躍的に増加できる
5	【相場／トレンド】 市場相場より高価、または相場価格が下落傾向かどうか	現在の契約単価が市況単価よりも高い場合、最低でも市況単価に合わせて引き下げが可能 前回の契約締結／更新時期の市場相場と比較し、直近の市場相場の単価が低下していれば、その変化率分の単価低減が妥当
6	【仕様の見直し】 サービス／商品の仕様を見直し、単価をさげられないか	必要のない過剰な仕様を見直す 契約書や仕様書の記載内容と、現在のサービス実態が大きくずれていないかを確認する サプライヤー企業が過剰なサービスや手間を強いられている場合は、それを解消できないかを確認する
7	【正式な申入れ書面】 社長／役員クラスの署名付きの正式な減額申入書を提出する	社長／役員クラスの署名つきの正式な減額申入書を用意し、相手企業の担当者で無下に断れない状況を作る
8	【契約内容の見直し】 交渉相手に有利な条件を提示することで、単価低減を引き出す	1. 契約の長期化（1年⇒3年長期契約へ変更）サプライヤー企業にとって、今後3年間の売上が確保できるメリットは大きい 2. 違約金の積み増し　設備などの初期投資が大きな案件は、違約金を大きめに積むことで、サプライヤー企業は投資が回収できないリスクを回避できる
9	【インセンティブ／動機付け】 サプライヤー企業が積極的に見積もりを検討したくなるインセンティブ／動機付けを与えられないか	自社の条件を承諾してくれれば、今後更に大きな案件（追加エリア、追加商品等）を依頼する予定であることを示唆できないか？
10	【不満の解消】 交渉相手の不満を見つけ出し、解消してあげられないか	サプライヤー側がクライアントに対して持っている不満／問題点を聞きだし、解決できるものは解決する。その見返りとして単価低減を引き出せる可能性がある

例1. 都市ガスは契約先の変更が困難ですが、
  ・他の都市ガス会社であれば、○○○○㎥なら○○円／㎥という単価基準の提示が可能
  ・東京ガスであれば、○○○○㎥なら○○円／㎥なので、そこから＋○円／㎥程度という単価基準の提示が可能
  ・都市ガスに替わり、設備投資による電気やLPガスなどの代替エネルギーを活用することも可能
例2. 清掃の床ワックス掛けに新商品である「ファインコート」等を採用することで、実施頻度が大幅減

例1. 拠点ごとの電気料金の契約条件を横比較する。「エリア」「契約電力」「負荷率」の3条件が近い案件の中から、電気料金の最安値水準を確認し、どの単価レベルまでなら現実的に見直し可能かを見極める
例2. 現金輸送では、1拠点あたりの月間料金を横比較する。また、取扱い金額高と料金に相関関係がないかをデータで確認

例1. 機械警備は、対象施設の規模で月額料金が設定される。しかし、初回の5年契約が満了し導入設備の償却が終われば、その後は見回りの巡回費用（＝人件費）がメインとなり、サービスのコスト構造が大きく変わる
例2. 店舗消耗品「レジ袋」であれば、「メーカー側の製造原価」＋「卸業者の物流マージン」に分解可能
例3. 「浄化槽清掃」であれば、「浄化槽の清掃費用」＋「汚泥1kgあたりの処理費（＝収集運搬費／kg＋中間処理費用／kg＋埋め立て費用／kg）」にコスト分解が可能。「浄化槽の清掃費用」であれば、何人が何時間、現場で作業するのかの人件費がほとんど・中間処理費用／kgは市町村別に決まっている

例1. クレジットカードの取扱い金額が、前回の料率設定時期（5年前）の取扱い金額と比較して数割増加している場合、スケールメリットによる料率引き下げ要求が可能
例2. 今後、店舗／拠点の新規出店を計画しており、1年後には現在の取扱い金額が数割増加することがほぼ見込まれている場合も、スケールメリットによる単価引き下げ要求が可能
例3. 消耗品などを5社以上から購買している場合、価格競争力のある2社からの集中購買に切り替え、スケールメリットによる単価引き下げ要求が可能

例1. 天然ガスは過去数年にわたり、輸入価格が下落傾向にあり、2年前と比較しても㎥あたりの輸入単価は▲X円／㎥程度は値下がりしているため、その分の単価削減が可能
例2. 警備員の深夜（22時以降5時まで）の時給が2,200円／時間の契約だが、同エリアでの警備員の募集掲載の時給単価相場は1,850円程度であったため、少なくとも▲350円／時間の単価低減は不可能ではない

例1. 清掃の仕様書には、約30箇所の清掃を実施することが記載されているが
  ⇒現場担当者と検証し、20箇所の清掃だけで十分だと判明
  ⇒実際には15箇所しか清掃していなかったので、過剰な仕様分の見直しと減額を申し入れた
例2. 制服のレンタル費用がレンタル枚数で費用が請求されている場合、現場で実際使用されている枚数より、請求書に計上されている枚数の方が多かった
例3. 卸業者がクライアント拠点への商品配送だけでなく、"棚別での仕分け納品"まで要求され、余分に人手がかかっていた。棚別での仕分けはクライアント側で対応することで、配送料金の大幅減額が可能となった

例. 口頭での減額依頼では、担当者レベルで「ゼロ回答」だったが、社長の署名付きの減額申入書を書面で提出したところ、相手企業の役員決裁により減額の受け入れが可能になった

例1. 1年後の規制の自由化を見越して、都市ガス会社へ現状の1年契約を3年の長期契約に切り替えることで、1㎥あたり▲2.5円安い単価を選考して引き出せた
例2. 複合機を新規納入する際に、既存の複合機分の違約金まで新規サプライヤーに持ってもらう交渉をした。次の契約で違約金を多めに積むことで、新規サプライヤーにスイッチングコストをほぼすべて肩代わりしてもらうことに成功した

例. 電気の見積もり案件の対象が数店舗と限定されている場合、電力会社側には「今回提示した条件で受注につながれば、今後他の店舗（150店舗）分も見積もり依頼をお願いする可能性がある」と将来の大型受注の可能性を伝える

例. 深夜の清掃業務の時間帯が厳密に規定されていたので、清掃業者側のシフト組みが大変だった。今後は清掃会社へ店舗の鍵を渡し、22時～7時までの間であれば自由に清掃可能とした。結果、効率的な人員配置／シフト組みが可能となり、月額料金の低減にも応じてもらえた

図表 2-7-3　代表的な交渉シナリオの流れ

No.	交渉シナリオの流れ	目的	押さえるべきポイント
1	雑談（アイスブレイク）	相手の姿勢を軟化させ、発言しやすい雰囲気を醸成（情報が不足している場合、ヒアリングの場として活用）	1. 日頃の取引に対して、感謝の気持ちを述べる 2. 相手企業や担当者に対して、高い関心を示す／褒める 3. 雑談風のトーンを崩さずに、事前に確認したいことを聞き出す
2	大義名分の説明	今回の条件変更は、合理的であり、協力する必要がある主旨を伝える	大義名分1. 市場／業界全体のマクロ経済上、やむをえない事情 大義名分2. 自社の事業や該当する店舗の厳しい外部環境 大義名分3. 現状の取引とは別のより好条件の選択肢の存在 大義名分4. 取引単価の市況／相場が下落傾向にあること
3	自分の立ち位置を説明	交渉相手から、積極的に協力すべきパートナーと見なされること	1. 自分が条件見直し／コスト削減の実行責任者と伝える 2. ただし、本件に関する最終決裁権は持っていない 3. 社内の決裁者に対して、積極的に進言し、今後も取引を継続できるよう進言する姿勢を伝える
4	条件や価格改定の申し入れ	落とし所よりも高めの条件や起点を設定し、そこからの譲歩自体が交渉カードとして利用できる	1. 他社の見積もりなど客観的根拠（コスト構造分解や市況調査など）に基づいた妥当性を伝える 2. 希望通りの条件変更であれば、取引継続に向けて尽力する旨を伝える（ただし、確約はしない） 3. 条件や価格の見直しが不十分である場合、決裁者によって、他社への切り替えの可能性があることを伝える（すぐ他社へ変更出来ない場合でも、将来的に切り替えを検討する可能性があると伝える）
5	交渉相手へヒアリング	交渉をさらに進めるためのヒント／糸口を掴む	1. 相手に出来る限り多く話をさせ、相手の思考を知る 2. 相手の決裁権者が誰かを特定し、今回の要求を承諾するための条件や考え方を聞き出す 3. 現状の取引に対する愚痴や不満、面倒と考えていることを引き出す
6	回答期日の設定	申し入れの回答をうやむやにされないように、回答期日を合意	1. 相手の今後の検討プロセスと必要な所要時間／日数を確認 2. 回答期日は厳格に時間まで設定する（「3月12日の15時まで」など） 3. 回答期限に重要な意味を添える（「その翌日の経営会議の議題にかける」など）

のが自然な流れだからです。

　ここで気をつけるべき点は、交渉担当者本人が他社提案を武器に、相手に要求を突き付けて、マウントポジションを取っているという構造にしないことです。あくまで、条件変更や値下げの指示は親会社／社長／他部署の役員などの役職者や決裁者からの指示であり、自分や所属部署は今回の交渉をせざるを得ない立場という位置付けにすることで、交渉相手と対決構造になることを避けられます。むしろ、条件を見直してもらうことで、今後も取引を継続していただけるように働きかけている"調停役"や、自社の役職者や決裁者をともに説得してもらうための"協力者"としてのトーンを明確にします。

　一方で、自社の売上減少などによる利益圧迫などを背景とした値下げ要請は、自社都合という性質上、なかなか大義名分として機能しづらい可能性があります。そういった場合は、取引先とは事業の運命共同体のようなものなので、「厳しい局面では共に耐える」「今後の改善や巻き返しに向けて共に取り組む」といった連帯感をベースに誠意を示すことが重要です。

③自分の立ち位置を説明

　今回の条件交渉となった背景や目的を伝えた後に、自分自身の今回の役割も明確にします。まず、伝えるべきポイントは、交渉の場に出てきた本人は、今回の「条件見直しの実行責任者」ではあるが、「最終的な決裁権は持ち合わせてない」という立ち位置だということです。

　1点目として、「条件見直しの実行責任者」と伝えることで、交渉相手先からは協議すべき相手だと認識されます。この前提がないと、初回の打ち合わせの後に、別途、自分の上長や他の役職者へ個別に連絡が入り、自分の頭を飛び越えて、相手から別ルートでの交渉が始まってしまうことがあり、それを防止する必要があります。

　2点目の「最終的な決裁権は持ち合わせてない」も重要な前提条件であり、もし、自分が決裁権を持ち合わせていた場合、交渉の場で各種の決断を迫られてしまうためです。また、自分自身が決裁者の場合、相手との利害関係が衝突しやすく、交渉の場において対決関係になりやすいのも大きなデメリッ

トです。最終決裁者が親会社／社長／他部署の役員などの自分から距離がある存在の場合、"敵の敵は味方"という関係性を活かして、交渉相手先と協力して、なんとか決裁者を説得していい落としどころに着地できるように検討しましょう！という流れが作りやすくなります。

④条件や価格改定の申し入れ

交渉相手に対して、はじめに希望する単価や料率を具体的に伝える場合、その単価や料率のことを"ターゲット単価／料率"、または"指値（さしね）"といいます。ここで注意が必要なのは、交渉の結果、最終的に落としどころとして想定している単価や料率が、初期段階で申し入れる"指値"とは違うということです。最終的な落としどころである単価／料率は、交渉を経た上で"現状の条件"と"指値"との間のどこかに落ち着くわけなので、"指値"自体は交渉中に譲歩することを踏まえた上で、できる限り要求レベルを高くしておきます。

これを交渉の専門用語では「アンカリング効果」と呼びます。「アンカリング効果」とは、まだ双方でどこの何を基準にすべきか明確でない状況において、最初に示された価格や条件が協議の起点／基準となって判断されていくという効果です。

条件／価格の改訂は、口頭もしくは書面で申し入れることになりますが、申し入れる条件や価格に関して、まだそれほど相場観を把握しておらず自信がない場合は、口頭で留めておきましょう。一度、書面やメールで通知してしまうと、会社として正式な申し入れとして証拠が残るため、万が一、まだまだ見直し余地があると後になって判明した際に、追加で交渉しづらくなります。

一方で、書面の申し入れが効果を発揮するのは、交渉先の担当者がろくに検討もせずに、手元でこちらの要求を握りつぶしている可能性がある場合です。通常、営業担当者にとって価格や料率の引き下げは、自身の営業成績にとってマイナスなので、取引を失うリスクが顕在化するまでは、値下げなどの要求に対してはすべて拒否し続けるのが常套手段です。しかし、代表取締

役の署名が入った正式な書面による通知を受け取った場合は、手元で握りつぶすわけにもいかず、会社として正式なルートにあげて検討せざるを得ないからです。

⑤交渉相手へヒアリング

　「②大義名分（コスト削減をせざるを得ない状況）の説明」、「③自分の立ち位置を説明」、「④条件や価格改定の申し入れ（口頭もしくは書面）」と、立て続けに自社からの説明や申し入れを通して、一方的に話し続けるような状態になっていますが、交渉の場では、相手に十分話をさせることが重要です。"交渉の成否は事前の準備で決まる！"は基本ですが、申し入れに対して、相手がどのように反応するのかは、交渉を開始してみないとわかりません。まずは申し入れに対する相手の感想や考え方を十分に聞き出しましょう。

　そもそも現状の取引で、相手が日頃から抱いている不満や要望があれば、しっかり聞き出すことが重要です。今後、こういった不満の解消や、要望に積極的に対応することで、交渉を優位に進めるための交渉カードの一つになるからです。

　このヒアリングを通して、今後、相手側で誰が何をどう検討することになるのか、回答までの検討プロセスや意思決定する決裁権者を確認します。今回の検討に必要なおおよその期間を確認し、最終的には具体的な回答期限（日時）を見定めます。

⑥回答期日の設定

　交渉相手先との打ち合わせをした最後には、必ず相手と申し入れに対する回答期限を確認します。回答期限は日付だけでなく、具体的な時間（「15時迄」等）まで指定することが重要です。時間まで指定することで、回答期限の重要度合いを高める効果があります。例えば、「回答期限の日時の翌日に、他社の提案を含めて社内の決裁権者に判断を仰ぐ予定」という建て付けであれば、その期日に間に合わなければ、現在の取引を失うことになるためです。

　こちらの都合で回答期限を設定するとそれ自体が要求の一つとなってしま

うため、相手の都合を考慮した上で設定するか、または、「貴社の提案を弊社の経営会議でしっかり検討したいため」といったように、相手の回答を尊重しているという姿勢を示すことで、相手の協力を引き出します。

反論に対するトークスクリプト（話法）の準備

　交渉のシナリオにおいて、全体の流れを設計した後、具体的な想定問答集を準備します。まずは、交渉相手先から想定される"反論"に対して事前に回答を準備します。反論に関しては、いったん、相手の言い分を受け入れた上で、相手の立場に立って、誠意を持って丁寧に返答することを心がけてください。交渉相手からのさまざまな反論は、「感情的な反論」と「論理的な反論」に分類することができ、どちらの種類の反論かによって、回答姿勢が変わります。

　感情的な反論の場合、交渉相手が息をつく間もなく批判を続ける場合もありますが、それほど論理的な根拠に基づいたものではありません。感情的な反論は今回の交渉リクエスト内容に対する、一時的な反発・怒り・敵意が瞬発的に湧き上がったものであり、この場合はある程度、低姿勢で真摯に相手の意見に耳を傾けることに徹しましょう。いったん、感情的な反論が出尽くし、相手も共感を示してくれていると感じれば、時間の経過とともに相手の姿勢も軟化します。一般的なアンガーマネジメントの論理を交渉に応用したものです。

　また、交渉相手からの「これ以上は減額できない」というコメントも感情論なので、実際に減額余地があるのかどうかとは別問題です。よって、減額できない理由を論理的にヒアリングすることで、単なる感情論なのか、論理的な根拠があるのかを確認します。

　一方で、「論理的な反論」に関しては、交渉相手が「できる限り譲歩したくないと反論すること」と、「実際に譲歩できない事実」とにさらに枝分かれしますが、こちらは客観的な論理性をもってまずはヒアリングし、事実関係を確認していくことに徹してください。

「感情的な反論」の事例

1. 「自社の経営が厳しいので、条件を受け入れられない」
2. 「今まで何度か（一度）見直したので、それ以上は難しい」
3. 「決裁者（社長／役員／拠点長）がOKを出さない」
4. 「そんな条件ならもともと取引していない。当初と話が違う」
5. 「現在の条件が飲めないなら、うちは取引を打ち切っても構わない」

「論理的な反論」の事例

1. 「他社と比較しても好条件なはずなので、見直す必要はない」
2. 「貴社は弊社よりも高い利益率を上げているのだから、弊社が条件を見直す必要はない」
3. 「前回、見直した際に、これ以上の要求はしないと発言していたはずだ」
4. 「市場は値上り基調にもかかわらず、価格を据え置いているので実質すでに減額している」
5. 「契約締結時の際に、契約期間中は条件を変更しないと約束してくれた」
6. 「条件見直しが必要という根拠を詳細に示していただかないと、社内で検討できない」

交渉上のFAQ

　前段では交渉相手からの反論に対する対応を確認しましたが、一方で"反論"以外にも先方からさまざまな質問や確認が投げかけられます。例えば、交渉相手先から「この条件が飲めなければ、取引が打ち切りになるということですか？」という典型的な質問に対して、自社の担当者が正直に「現在の取引は継続する前提で考えています。ですので、できる限りご協力いただきたい」と誠心誠意回答したとします。一見、自社の姿勢を包み隠さず伝え、交渉相手に誠意を示した上で協力してもらおうという回答に聞こえますが、交渉の観点から言えばこの時点でゲームセット（交渉終了）となる致命的な失言です。

図表 2-7-4　交渉における想定問答（Q&A）

No.	相手からの質問／コメント	返答方針
1	「当面は弊社しかサービスを提供できません。他社への変更は不可能ですよね。」	1. 現時点で他社への変更が困難だとしても、将来を見据えて変更の検討もありうることを伝える 2. 詳細までは話さない
2	「サービス／商品の値下げには応じていません」 「現在の提供金額は充分安いと思います。現状が限界水準です。」	1. ある程度の根拠があれば、その概要を述べて、ある役員（上位の役職者）が妥当な水準であり、出来ない理由がないと主張していることを伝える 2. 詳細、または不利になるような情報までは話さない
3	「他社からの見積りがあるのであれば、内容を確認させていただけますか？」	1. ある企業の見積りを、競合他社にみせることは絶対に NG 2. コンプライアンス／倫理上、他社の見積もりは開示できないことを伝える
4	「今回の減額を検討するにあたり、代わりにサービス A を新たに契約いただけないでしょうか？」	1. まずは「前向きに検討させていただきます」と伝える
5	「ただ減額するだけだと、社内で承認が取れません。」	1. 相手にとってのメリットを伝える 2. メリットがない場合、「契約継続」自体がメリットであると感じてもらえるように伝える

　"取引は継続することが前提"という見解を伝えた時点で、交渉相手先は取引を失うリスクがないとわかり、「今回の申し入れは検討するフリだけして、後でゼロ回答をすればいい」という結論になるからです。この状態になってしまうと、まず間違いなく見直しは実現できません。

　こういった落とし穴に陥らないためにも、事前にFAQの想定問答を洗い出すと同時に、絶対に言ってはいけないNG回答や言い回しも確認しておきましょう（図表2-7-4）。

交渉や条件協議

　実際に交渉が始まれば、事前準備では想定していなかったリクエストや展

例1.「弊社は本件に関して強い課題意識を持っており、今すぐ変更ができないとしても、将来を見据えて、投資も含めた代替案の検討を始めています。」
例2.「現状は確かにおっしゃる通りです。一方で、弊社としては、中長期的な視点で代替品／代替サービスの検討を進めており、条件次第ではゼロベースで見直すことを検討しています。」

例1.「弊社の役員いわく、同規模の他社では、これと同水準の金額／価格で取引していると確認している／聞いているようです。その金額で弊社に出来ない理由がないと強く申しております。」
例2.「実は、他社（または、その会社からの転職した人物）から聞いた話によると、貴社からの同等商品を定価よりもかなり安い値段で購入しているとお聞きしました。」
例3.「他社からは貴社の提示価格よりもかなり安価な提案をしてきています。」
例4.「詳しくは言えませんが、根拠はあります。ありえない金額だとは思っておりません。」
例5.「弊社としては、現状の基準金額を下らない場合、今後、取引先の見直しも含めて検討せざるえません。一方、弊社としては御社と今後とも継続して取引をお願いしたいと考えております。」

例1.「お出しすることは出来ません。ある企業様からご提出いただいた見積りを、他社様にお見せすることはコンプライアンス違反（契約違反）となります。」
例2.「見積もりをいただいた企業様の許可がない以上、お出しできません。弊社から申入れさせていただいている金額と同水準とお考え下さい。」

例.「御提案、ありがとうございます。いったん社内に持ち帰り、前向きに検討させていただきます。」
（注：但し、新サービスAの導入が価格改定の条件にならないように注意）

例1.「今後の出店計画もございますので、将来的な取引の増加も見越してご検討いただきたいと思っております。」
例2.「社内では、御社の他製品についても興味があり、ぜひ提案して欲しいと聞いています。」
例3.「他社様からはより積極的な提案をいただいており、取引先の変更も含めて検討せざるを得ない状況です。個人的には、長年お付き合いしている御社とは取引を継続したいと考えていますので、何とか契約を継続できるように、ご検討いただけないでしょうか。」

開になったりします。その中で、交渉をより優位に展開するためのテクニックをいくつか紹介していきましょう。

どのように新条件や見積もりの回答を出してもらうべきか

　交渉では相手に値下げや条件変更を申し入れるわけですが、単純に価格を「下げてください」⇔「下げられません」の押し問答で、一向に検討が前に進まないケースは珍しくありません。"価格"という変数が1つだけでは交渉の幅が広がらないことが原因です。そこで、第一変数の"価格"に加えて、第二変数として"取扱量"、第三変数として"仕様／サービスレベル"を加えて、3つの変数を駆使して新たな提案や見直し依頼することが有効です。
　具体的には、図表2-7-5に示すように第二変数の"取扱量"を横軸にとっ

図表 2 − 7 − 5　価格以外の変数（取扱量と仕様）を追加し、最安値の見積もりを探る

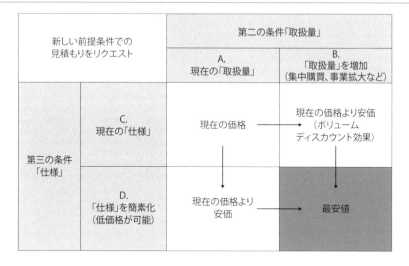

た場合、A.「現在の取扱量」、B.「現在の取扱量のX.X倍」と取扱量が増加し
た場合のシナリオを設定します。取扱量の増加は、事業の成長／拡大だけで
なく、全社での取扱量の集約化や、子会社／関連会社分も取りまとめたとい
う前提で構いません。B.「現在の取扱量のX.X倍」のシナリオの場合は、ボ
リュームディスカウント効果により、自然とA.「現在の取扱量」よりも安価
な価格を提示しやすくなります。

　また、第三変数の"仕様"を縦軸にとり、C.「現在の仕様」、D.「仕様を簡
素化」と、こちらも仕様やサービスレベルを現状よりも安値で実現できる条
件を設定します。結果、価格に関しては、AよりもBが、CよりもDが現状よ
りも安価になって当然だという合理性が働き、B.「取扱量の増加」× D.「仕
様を簡素化」とした最も理想的な条件における価格の底値を探ることが可能
です。

指値（さしね）の使い方と注意点

　交渉相手に示すターゲット価格をここでは"指値（さしね）"と呼んでいま

す。"指値"は、相見積もりなどを取得し、現在の市況相場や各社の提案水準を参考に設定します。しかし、そういった水準がわからない場合は、初回交渉の場では"指値"は不要です。交渉相手先から「どの程度まで見直せばいいんですか？」と質問される可能性はありますが、隠すことなく「まずは各社様の判断で提案を頂いている段階です」と返答すれば問題ありません。

　一方で、「最低この程度は見直してほしい」「現在の市況相場から、この価格あたりが落としどころかな」とある程度は交渉の落としどころが見えているのであれば、事前に先方へ"指値"を伝えましょう。

　この際、前述したとおり、「落としどころとして想定している価格」が「指値」ではありません。例えば、落としどころとなる価格の削減率が現在より▲7％〜▲10％を期待している場合は、▲15％あたりが交渉相手先に申し入れる"指値"となります。結果的に「現在の価格」と「指値」との間のどこかに落としどころがあるわけなので、"指値"は"落としどころ"の倍くらいの削減率とするのが基本ルールです。

　また、交渉相手へ指値を提示する場合、決して、「▲5％」「▲10％」や「単価10,000円」、「月額30万円」のような丸まった数字で提示してはいけません。見直し幅であれば必ず、「▲5.8％」「▲10.8％」、単価や月額料金であれば、9,150円や28万7,500円など有効数字3桁以上の何かリアリティーがある半端な数字を提示することが重要です。「▲10％程度下げてください」といった丸まった数字のリクエストだと、交渉相手先も「とにかく価格を下げてほしい程度なんだな」「何か具体的な根拠や背景があるとは思えない」という受け取り方となり、結果、「まずはお断りしよう」となります。

　一方で、「なんとか▲10.8％の見直しをお願いします」とリクエストされると、「なぜ▲10.8％なのだろうか？」「他社からその価格の見積もりが出ているなら、少なくとも同水準の見直しをしないと取引を失う可能性があるかも」と勝手に想像し、真剣に検討し始めてくれる可能性が上がります。交渉相手へリクエストする数字は、必ず、なにかしらリアリティーがある中途半端な数字にすべきです。

コンサルタントも目からウロコ
明日から役立つ交渉TIPS

『交渉担当者は決定権を持ってはいけない』

　基本的に決定権を持つ決裁者は交渉の席に同席しないことが原則です。たとえ、取引先企業側の決裁者が交渉の場に同席する場合でも、自社の決裁者は同席させません。どうしても決裁者相当の上長の同席が求められる場合は、あくまで一人の判断では決定できず、社内の正式な会議（経営会議など）上での合意が必要という体にします。

　決裁者を同席させない理由の一つは、交渉中に相手から直ぐには返答しづらい質問を受けた際に、持ち帰り決裁者と相談するという理由でその場での即答を避けることが可能です。即答は避けて持ち帰るという前提で、決裁担当者が交渉に臨んだとしても、ついつい話の流れの中で返答してしまうものだからです。必ずいったん持ち帰り、冷静に分析した上で返答の内容を精査することが重要です。

　また、相手企業にとって厳しい条件を突き付ける場合、自社の決裁者（社長や担当役員等）を悪役にすることで、交渉相手との対決構造を緩和できます。敵の敵は味方ということで、取引先の交渉相手と協力して自社の決裁者をどう説得するか、という建て付けにすることで、交渉相手を"協力者"という位置付けにし、より条件の譲歩を引き出せます（図表2-7-6）。

〈交渉担当者に決裁権がないことのメリット一覧〉
A）相手の厳しい質問に対し、持ち帰って冷静に返答内容を検討できる
B）相手から即断即決を求められない
C）自社側の考えや本音、必死度合いなどを見抜かれにくい
D）相手に厳しい条件や答えづらい内容を伝えやすい（伝言役で済む）
E）相手と直接的な対立構造を回避できる

図表 2-7-6　交渉相手と対決構造にならない。敵の敵は味方

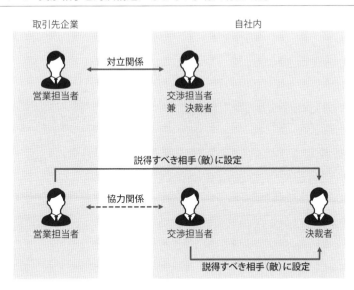

『交渉相手と対立せず、同じ方向を向く（共通の敵を設定する）』

　相手と交渉する際の姿勢として、「交渉相手側のスタンスで話す」ことを常に意識します。冒頭からいわゆる"対決姿勢"で臨んでしまうと、その後の交渉がそのまま膠着状態で止まってしまう可能性が高いためです。相手企業側と協調し、自社の決裁者（社長や担当役員）を一緒になって説得していきましょうというスタンスで交渉を進めていきます。

　例えば、相手企業側から「こちらの条件でなければ、契約できません」と迫られた際には、こちらとしては「わかりました。ご指定の条件でなんとか上司を説得しようと思うので、協力をお願いします。今回の条件でなければ契約できない理由は何でしょうか？　その理由を踏まえて、上司に話してみます」というように、相手側の立場に立って返答し、相手の条件提示の背景や本当に譲れないラインを探っていきます。

　相手企業の業界やサービスに関してそれほど知見がない場合には、素直に交渉相手に"相談する"というくらいのスタンスで接した方が交渉はうまくいきます。「今回のサービス／商品は初めてなので、色々と教えていただけませ

図表 2-7-7　サービス・オプションはすべて金額換算して検討（例）

	サービス・オプション	金額換算（円）	計算根拠
A	「3年間のメンテナンスフィー」無料	200万円相当	・年間保証金額が1万円なので、2年目と3年目が無料で2万円お得（1年目のフィー無料は標準仕様） ・2万円×100台分＝200万円
B	「○○ソフトのインストール」無料	112万円相当	・○○ソフトは通常だと1万円、またソフトのインストールに30分必要 ・事務員の時給を2,400円／時とすると、1台あたり1,200円（30分相当） ・1.12万円×100台分＝112万円
C	「独自仕様の設定代行」＋「メモリ増設」無料	248万円相当	・メモリの増設が通常は1台あたり2万円で、独自仕様の設定含めて2時間 ・事務員の時給を2,400円／時とすると、1台あたり4,800円（2時間相当） ・2.48万円×100台＝248万円

んか？」といった謙虚な姿勢で臨むほうがいいでしょう。

『定性的な条件含めすべて金額換算し、必ず数字で評価する』

　価格の交渉からその他の条件や追加オプションの交渉へ発展した時に、定性的な条件含めて、すべての選択肢を金額換算して評価することをお勧めします。

　オフィス用PCを100台購入する場合、交渉先からPC本体価格の割引ができない代わりに、追加オプションを付ける提案を受けました。下記の3つのオプションのうち、一つを選択できるとすれば、どれを選ぶでしょうか？

　A）3年間のメンテナンスフィー無料
　B）○○ソフトの無料インストール
　C）自社独自仕様への設定代行＋メモリ増設無料

　どれも異なる条件であるため、一見しただけではどれを選択すべきなのかわかりません。そこでAからCのオプションをまずは金額換算してみましょう（図表2-7-7）。

図表 2−7−8　価格以外の条件の金額換算（例）

条件	金額換算（円）	計算根拠
コピー用紙 1万枚無料	6,000円	・0.6円／枚×1万枚＝6,000円
1,000万円を2分割で 残りは1年後に支払い	50万円	・500万円×10％＝50万円 　✓手形の割引率は大手銀行で1％～3％、信用金庫 　　で3％～5％、民間専業だと5％～20％が相場
担当者を10日間 無料で派遣	50万円	・5万円／日／人×10日間＝50万円
オフィス家具の組み立て 無料	20万円	・5万円／日／人×2人×2日間＝20万円
内製化までの 技術習得サポートを無料	300万円	・50万円／月×6カ月＝300万円

　結果としては、C「自社独自仕様への設定代行＋メモリ増設無料」が248万円と最も高額となるため、金額的には一番お得と言えます。実際には、現場の利用状況などに応じた優先順位なども考慮する必要はありますが、金額換算することでもともと定性的に横比較できなかったものを同じ評価軸で比較できます。

　相手企業との交渉においても、それぞれの条件がどの程度の金額インパクトがあるのかを定量的に把握しておくことが重要です。条件Aを追加した際に、必要以上に料金が加算された場合は反論が可能ですし、条件Bを取り上げることで想定以上に価格が下がるのであれば、条件Bは譲歩すべきポイントだからです（図表2−7−8）。

『ざっくりとした数字は提示しない』

　米国の社会心理学者が、とある実験をしました。ホームレスが通行人に小銭を求めた際に、依頼するセリフによって、その成功率に影響があったというものです。

A）「いくらか小銭をもらえないでしょうか」：成功率44％

B）「25セント硬貨をもらえないでしょうか」：成功率64％

C）「37セントをもらえないでしょうか」：成功率75％

　結果はCの「37セントをもらえないでしょうか」が最も成功率（75％）が

図表 2-7-9　ざっくりと丸まった数字を提示しない（例）

効果なし	効果あり
200 万円	213 万円
1 割、10%	10.3%
2 ～ 3 割	24.7%
2 週間程度	9 営業日、X 月 X 日 XX 時まで
2 ～ 3 人	2 人を 8 日間（1 日は 8 時間稼働）

高い結果となりました。提示する条件や数字によって、相手のなんとかしようとする気持ちを引き出す確率に影響があったということです。この場合では、ざっくりとした条件（「いくらか小銭を…」）や切りのいい数字（「25 セント硬貨を…」）ではなく、端数を含めたリアルな数字が最も効果があったということです。

　取引先のサプライヤー企業が部材のコスト削減を求められた場合、ざっくりと「▲20%下げてください」と頼まれるよりも、「▲21.3%下げてください」と頼まれるのでは、後者の方が条件を飲んでもらう可能性が高まるということです。全社の「▲20%」といった丸まった数字では、相手側も「あまり根拠があるわけでなく、とにかくできるだけ下げてほしいという要望だけ」と解釈します。一方で「▲21.3%」と端数を含めたリアルな数字にすることで「この条件で他社から提案が来ているのでは？　この条件をクリアできないと他社へ切り替えられるリスクがありそう」というような想像を喚起させます（図表2-7-9）。

『見直し依頼を断られてからが本当の交渉スタート』

　現在の取引先企業の担当者に、「▲10%の値下げをお願いできないでしょうか」と伝えても、「正直、我々もギリギリです。これ以上値下げすると採算割れなんです」、「すべての取引先企業に対して、統一単価なので価格改定できません」といった内容で必ず断られます。

　ほとんどの方が、「見直しはできません」という返答が返ってきた時点で諦めてしまいますが、本当の交渉は断られてからがスタートと肝に銘じましょ

う。サプライヤー企業の担当者は日常的に取引先から値下げ依頼を受けているため、値下げ余地があろうがなかろうがまずは断ることが習慣付いています。本質的に大きな見直し余地がある場合でさえ、まずはゼロ回答が返ってくると認識すべきです。

　相手の担当者も単純な値下げに応じることに何のメリットもありません。本気で交渉のテーブルに座ってもらうためには、客観的な見直しの根拠や、他社への変更の可能性があることを示す必要があります。

　また、交渉相手がこれ以上は見直しできませんと提示する 「ボトムライン」でさえも、本当の限界ラインではありません。我々のコスト削減プロジェクトにおける交渉上で、ボトムラインを示された後、それを下回る条件を引き出せた確率は40％以上です。もちろん、そう簡単に値引きに応じてはくれませんが、相手にとって有利な譲歩条件を織り交ぜつつ、コスト削減を実現する努力をしていきましょう。

『提案や条件の根拠を必ず確認する』

　交渉相手が何らかの提案をしてきた場合、その提案の主旨や意図は必ず確認します。「この値上げの根拠は何ですか？」「コスト高ならば、その内訳と値上げ幅を開示してください」「作業工数が余分にかかるなら、現場を直接視察させてください」など、相手の提案に対する疑問点は必ず確認し、後日その根拠を開示してもらうように迫ります。

　相手の優先順位や目的を推測できると同時に、相手が譲歩してきた場合は、なぜ譲歩できたのかの理由も確認することで、どのような意図で交渉を進めているのかが把握できます。交渉の中盤や終盤に揉めごとがあった場合、冒頭で確認した理由や根拠を利用できることもあります。

『合意できる回答であっても、その場で即答しない』

　交渉相手が提示した条件が文句なしの好条件であっても、交渉の場で合意してはいけません。そもそも、好条件だという判断自体が甘い可能性があることに加え、後ほどやはり合意すべきでなかったと判明した段階では挽回す

ることがなかなか困難です。

　合意できる条件が提示された場合でも、いったんは社内で検討することを伝え、再度交渉条件を確認した上で、後日返答する旨を伝えます。確認ミスや条件漏れを防ぐことができ、相手に対して追加の条件を提示する余地も残せます。

STEP 8

契約書のチェックポイント

リスクは自社でマネジメント可能な範囲に留める

　取引先企業との取引条件の全体を捉える場合、商品やサービス自体の価格や仕様がすべてではありません。実際に取引先となるサプライヤー企業と正式に契約書や発注書を交わす際には、取引上の制約条件や将来的に追加で支払いが発生する可能性がある費用の諸条件が記載されています。例えば、「契約期間」「途中解約とその違約金」「損賠賠償」に関する条項は、どの契約書においても必ず記載されていますが、事業経営の観点から潜在的に発生しうるすべてのリスクは必ず自社でマネジメント可能な範囲に留める必要があります。

　最適な仕様やサービスレベル、及び適正価格で契約できたとしても、契約期間中やその満了時に享受してきたコストメリットがすべて吹き飛ぶようなリスクや追加支払いが発生したという事態は珍しくありません。

　契約書において、特に注意すべきは下記の4点です（図表2-8-1）。

図表 2-8-1　契約書を締結する際に注意すべきポイント

	ポイント	概要説明
注意① 契約期間	契約期間は 短期間が基本	・長期契約による割引率が、必ずしもベストではない ・長期契約はサプライヤー側に有利な契約条件になっていることも多い ・短期契約の更新毎に、他社の提案と比較し、競争環境を維持すべき
	長期契約期間中でも 条件変更は可能	・長期契約中でも、契約条件や価格の見直しは可能 ・解約は困難でも、適正な条件や単価への見直しは交渉すべき
注意② 中途解約と 違約金	違約金の総支払額は 事前にチェック	・中途解約条項や違約金の条件変更は困難なことが多い ・違約金の想定支払額を事前に確認した上で、各社の提案を評価すべき
	契約期間の 満期タイミングを揃える	・各施設や工場ごとに別契約の場合、満期のタイミングがバラバラだと、いつまで経っても中途解約の違約金がネックとなり、他社からの包括提案を受けられない
注意③ 「レンタル」⇔ 「リース」⇔「買取」 の選択	「レンタル⇔リース ⇔買取」別の財務 シミュレーションは必須	・複合機では表面上、本体のレンタル料0円等のプランも多いが、契約期間全体で見た時の総支払金額のシミュレーション比較が必要
	長期利用が前提なら "買取"がお得	・長期で安定した利用が見込めるのであれば、他社による中間マージンが含まれない"買取"が有利な可能性が高い
注意④ 原状回復工事	原状回復工事の条件は 契約締結前に交渉すべき	・交渉上優位な賃貸契約の締結前に交渉し、好条件を引き出す
	退去予定が無くとも、 原状回復に関する見積も りを入手し精査	・退去が確定する前から、先行して原状回復工事費用の精査を始める（退去確定後では、スケジュール上時間がなく、十分な検討が出来ない）

契約書を締結する際に注意すべき4つのポイント

注意①契約期間

契約期間は短期間が基本

　契約書において、必ず記載されている「契約期間」から精査します。取引先企業から「長期契約であれば、現状よりも高い割引率を適用可能です！」といった提案を受ける機会は多いと思います。通常の契約と比較して、長期契約であればさらに料金が割り引かれるため、十分メリットがありそうですが、中長期的にみると結果的に"割高"となってしまう可能性があります。

通信費（携帯電話料金等）やクレジットカード手数料では、中長期的に市場相場や料率が値下がり傾向であるため、できるだけ頻繁に見直すことが重要です。また、損害保険料や電気料金は、海外のグローバルスタンダードと比較して、日本はまだまだ規制によって業界自体が守られ、企業側も高コスト体質のままであるため、最終商品も割高な料金水準です。今後、技術革新や規制緩和による新規参入企業の増加や業界の構造改革により、継続的な値下がりが見込める費目に関しても、本当に長期で契約すべきなのかは見極めが必要です。

　そもそも、世の中で提供されている長期契約は、一般的に提供側にとって有利に設計されています。将来の市場相場や金利／物価／為替の変動等は誰も予想し得ない中で、どちら側にどう転んでも提供企業側が最低限の利益を確保できる条件設定となっているからです。

　例えば、個人向け金融商品の事例として、住宅ローンの「フラット35」は一見"長期的には固定金利の方が安心"という風に見えますが、固定金利（2022年4月次点で1.4％〜1.7％）は同時期の変動金利（同0.4％〜0.6％）と比較しても＋1.0％以上とかなり割高です。将来、金利高になるリスクを回避するためのプレミアム（保険料）という説明ですが、実質的に「金利が変更しないための保険料」として、借入直後から借入金額の1%を支払い続けることを意味しています。

　この「金利が変更しないための保険料」はそもそも銀行側が、中長期的な観点からも損失を出さない固めの基準で設定されています。結果として、借入側にとっては割高な料率となっており、実際に固定金利の住宅ローン商品は銀行にとって数少ない"稼げる"金融商品の一つになっています。そもそも変動金利がそこまで上昇するのであれば、世の中の最低賃金の上昇や大手企業のベースアップも同時に実現されているはずなので、借入直後から割高な固定金利を支払い、金利上昇リスクを回避しないといけないのかは疑問です。

長期契約期間中でも条件変更は可能

　一般的に「契約期間内は契約締結時に取り決めた単価／料率で、取引を継

続する義務がある」という前提で考えている方も多いと思いますが、必ずしもそうとは限りません。確かに、中途解約となると契約書に規定されている違約金の支払義務が発生しますが、市況相場や事業の変化に応じて取引条件の見直しを交渉することは問題ありません。

　2021年の年末以降の原油／天然ガス価格の高騰に乗じて、電力会社各社からは契約期間中に「基本料金の値上げをお願いしたい。本条件を受け入れてもらえないなら、供給契約は解約となります」という申し入れが発生しました。中には契約締結後、2カ月も経過していないタイミングで強制的な値上げ要請を受けた企業もありました。長期契約を締結していたとしても、価格や料率の値上げの抑制に対しては、あまり効果がないというのが実情です。現在の契約条件が著しく市況単価や他社からの提案条件と乖離していれば、契約期間中であったとしても、遠慮せず条件の見直し交渉を申し込みましょう。

　コスト見直しに着手しようとした際、「契約満了まではまだ数年あり、条件見直しの対象外です」というコメントを担当者から聞きますが、長期契約期間中であっても条件面の見直しは可能です。ただ、契約条件の見直しやすさは、長期契約の性質により大きく変わるため、長期契約のタイプ別に見た場合に何をどこまで交渉可能なのかを確認していきます。契約締結段階で「初期投資が発生している↔発生していない」によって、長期契約の特性が異なります（図表2-8-2）。

　初期投資が必要になる長期契約（Ⅰ）では、"長期の契約期間"が実質的には、"初期投資を回収しきるまでの期間"として位置付けられています。一般的に複合機（5年償却）や法人車両（5年償却）などの場合は、初期投資の回収期間：5年のリース契約といったように契約期間と投資回収期間が同じになります。また、初期投資の負担をサプライヤー企業側が負担している場合もあります。

　機械警備では監視カメラやセンサーなどの必要機器の購入とその設置工事費といった初期投資が必要であり、投資コストを通常は5年間かけて月額の利用料金から回収していきます。機械警備の場合は、投資回収期間と同じく、初回の契約期間が5年と契約書に明記されています。一方でレンタルマット

図表 2-8-2　長期契約の特性別での分類

	長期契約の特性		該当する費目
〈長期契約 I〉 初期投資あり	初期契約の段階で、機器／設備／資材への初期投資が伴う場合	クライアント側が負担し、リース契約や直接投資	✓複合機 ✓カーリース ✓携帯電話
		サプライヤー側が負担し、月額料金の中から投資回収	✓機械警備 ✓クレジットカード手数料 ✓レンタルマット ✓物流（3PL）
〈長期契約 II〉 初期投資なし	初期契約の段階でも特に投資は必要なし（長期契約はサプライヤー企業側の顧客囲い込み施策）		✓電気 ✓ガス ✓固定電話 ✓損害保険 ✓賃料

の場合は、サプライヤー企業が初期投資を負担し、投資回収には1～2年必要にもかかわらず、契約期間は初年度から単年契約というように紳士協定的に成り立っているものもあります。

初期投資を伴う長期契約（Ⅰ）の場合、途中解約すると未回収分の投資金額や残債の処理が伴うため、通常は大きな違約金が伴います。一方で、契約期間以降も継続した取引関係が見込めるのであれば、各種条件見直しに応じてもらえる余地があります。条件の見直しに関しては、ある程度投資回収にメドがつくタイミングが現実的です。費目にもよりますが、概ね契約締結後から1年以上経過し、リース契約の残債や投資未回収分が全体の半分程度まで進んでいれば、さらに好条件を提案してきた他社への切り替えも現実味を帯びます。

複合機や携帯電話のように半分程度まで償却が進めば条件見直しが可能な費目もあれば、機械警備においては初期の5年間の契約が満了しない限り、条件の見直しには応じてもらえないものもあります。費目別での条件の見直しタイミングに関しては図表2-8-3の一覧をご確認ください。

初期投資を伴う長期契約（Ⅰ）の契約とは異なり、より積極的に条件を見直していきたいのが、初期投資を伴わない長期契約（Ⅱ）です。初期投資を伴わないため、ユーザー企業が他社へ変更するスイッチングコストも必然的に低くなります。そのため、サプライヤー企業はなんとか中長期的に顧客企

図表 2-8-3　費目別：一般的な契約期間と条件見直しが可能になるタイミング

	費目	一般的な契約期間	条件の見直しが可能なタイミング
Ⅰ 機器／設備／資材への初期投資が伴う契約	複合機	5年	3年目以降
	カーリース	5年	3年目以降
	携帯電話	2年〜4年	2年目以降
	機械警備	5年（6年目以降は1年）	設備導入してから6年目以降
	クレジットカード手数料	1年	新端末を導入から3年目以降
	レンタルマット	1年	1年目以降
	エレベーター保守	1年	いつでもOK
	POSレジ保守	1年	いつでもOK
Ⅱ 初期投資がない契約	電気	1年〜3年	いつでもOK
	ガス	1年〜7年	
	固定電話	2年〜3年	
	損害保険	1年〜5年	
	賃料	2年〜3年	

業を囲い込みたいという思惑から、より大きな割引率や低料金を提示することで、単年よりも長期での契約を推奨します。確かに単年契約よりもさらに＋▲10％〜＋▲20％といった値引きが追加される長期契約も少なくないため、ユーザー企業にとってもメリットがあります。

　条件の見直しを打診した場合、サプライヤー企業の担当者はまず「契約期間中は契約書の条件が前提となり見直しは困難です」や「現状でも利益が出ていない／赤字です」などの漠然とした理由で反論してきます。ここで見直しをあきらめる必要はなく、「現在の条件を見直してもらえないのであれば、1年／2年後の契約更新時には他社の提案含めて検討するしかない」というように毅然とした態度で臨めば、なんらかの条件変更の回答が得られるはずです。

　長期契約期間中での条件見直しにはいくつかのパターンがあるため、自社にとって最もメリットがある順番（パターン1→2→3の順）にトライしてみましょう。

〈長期契約を見直すための3つのパターン〉

パターン1. 現在の長期契約を維持したまま、月額料金や料率のみを見直す

パターン2. 長期契約自体を再度巻き直す

パターン3. 中途解約し、違約金や残債は切替先の新規取引先企業に処理してもらう

　まず、「パターン1. 現在の長期契約を維持したまま、月額料金や料率のみを見直す」は自社にとってデメリットが一切ありません。料金／料率の引き下げに関して、その根拠となる客観的な事実（「他社から現在の条件よりも安価な提案が来ている」「市況相場から見て、現在の条件が割高であることが明白」等）がある場合は、契約期間中であっても見直しに応じてもらえる可能性が高いです。たとえサプライヤー企業側にメリットがなくとも、市況相場や他社の見積もりとの大きな乖離という事実が条件見直しの大義名分になるからです。

　現在の取引条件が妥当な水準である場合、サプライヤー企業にとって料金や料率の引き下げは何のメリットもないため、見直しに応じてもらうことは困難です。その場合は「パターン2. 長期契約自体を再度巻き直す」というアプローチを打診してみましょう。例えば、3年の長期契約でまだ1年しか経過していない段階で価格／料率の引き下げを打診した場合、サプライヤー企業側にとっては引き下げることにメリットはありませんが、1年経過した時点で、新たに3年の長期契約を新規で巻き直すことで、サプライヤー企業側にも下記の2つのメリットが発生します。

サプライヤー企業側に発生する2つのメリット

メリット1. 長期契約で顧客囲い込みという本来の目的を＋1年追加できた

メリット2. 企業によっては長期契約の「契約更新」が営業担当者の成績にプラスとなる

最後に、長期契約の中途解約により違約金が発生、または残債が残る場合でも、より好条件の新規取引先へ変更するパターンです。この時、「パターン3. 中途解約し、違約金や残債は切替先の新規取引先企業に処理してもらう」ように、変更先の企業が違約金や残債を巻き取ってくれる可能性もあるため、相談することをお勧めします。例えば、複合機の場合は残りの残債が3年未満、携帯電話であれば半年未満まで減っていれば、費用を吸収してもらえる可能性があります。

事例. 「携帯電話」の契約期間

- 現場あるあるの事例
  - ・より高い割引率を適用するために、4年の長期契約を締結（通常は2年契約が一般的）
- 何が課題なのか？
  - ・長期契約の条件よりも、現在の市況単価の方が明らかに安い
  - ・4年の長期契約の満期を迎えるまで、料金は当初のままで据え置き
- 具体的な解決策
  - ・長期契約期間中でも料金やプランの条件は見直し可能
  - ・携帯端末の残債が25％未満なら、中途解約による他社への変更も現実的
  - ・今後は最短の2年契約（端末価格の償却期間）で締結

事例. 「物流（3PL）」の契約期間

- 現場あるあるの事例
  - ・初期投資（倉庫や設備機器、システム構築など）の回収期間が必要という名目で10年の長期契約を締結
- 何が課題なのか？
  - ・長期での運営委託が前提となり、相手からの値上げ要請を受け入れざるを得ない
  - ・現場の運用が効率化されていても、色々理由をつけて減額に応じても

らえない

・経営環境の変化や事業拡大に伴い、現在の委託先が最適でなくなった場合でも、当面他の選択肢を検討できない

・取引関係に競争環境が醸成されないため、物流会社側はできるだけ手間／コストをかけずに利益率を上げる方向へ流れがち

● 具体的な解決策

・3PLとは3年契約（その後は1年ごとの自動更新）が基本

　✓ 3PL側からは5年契約の提案が多いが交渉可能

　✓ 3年契約でも減価償却費は5年分割のまま（3年目で解約をする場合は残債一括支払い）

・3PLと大型投資が伴う10年契約は締結しない

　✓ 土地の取得や倉庫の新設、大型設備の導入は自社で直接投資

注意②中途解約と違約金

中途解約した場合の違約金の総支払額は事前にチェック

　大手企業の場合、「中途解約」や「違約金」に関する条項は全社的に規定されているため、現場担当者に変更の余地がありません。例えば、一般電気事業者（東京電力や中部電力などの大手電気会社）や一部の複合機メーカーでは、長期契約を中途解約した場合、「今までに享受した長期契約の割引価格と正規料金の差分の累積金額をすべて違約金として返金しなければならない」という厳しいペナルティが科せられている場合もあります。こういった条項は全社的にある程度統一されているため、窓口担当者と交渉しても条件の変更はできません。

　契約締結前に、例えば、3年の長期契約の場合、満2年が経過した時点で中途解約すると具体的に違約金がいくらになるのかを確認しましょう。契約更新のタイミングで、複数社から見積もりを取得し比較検討する場合、仮に価格や料率が同水準の提案内容であれば、中途解約条項はできる限り制約がなく、違約金も少ない方を選択すべきです。

契約期間の満期タイミングを揃える

　中途解約による違約金が莫大な金額になる場合、本来は他社への切り替えなどで見直せるはずの条件や単価ががんじがらめの制約によって見直せません。例えば、拠点や工場ごとにバラバラで各電力会社と長期契約を締結している場合、契約が満期となるタイミングも揃っていません。その状況で他の電力会社から、全社的な包括契約により▲数十％以上の大幅なコスト削減提案があったとしても、中途解約に伴う違約金が法外な金額になるため、いつまで経っても見直せないという状況に陥ります。

　そこでまずは、全社的に契約満期となるタイミングを揃える必要があります。長期契約が満期を迎えた施設や工場から、今後は他の拠点や工場と契約満期のタイミングが同じになるように順次契約に巻き直します。

事例. 「電気料金」の中途解約と違約金

- 現場あるあるの事例
  - ・単年契約よりも割引率が高い3年の長期契約を締結
  - ・中途解約した場合、法外な違約金のペナルティがある（「過去の割引された累積金額をすべて違約金として支払う必要がある」等）
  - ・拠点や工場ごとに長期契約の期間と満期タイミングがバラバラ
- 何が課題なのか？
  - ・長期契約期間中のため、市況単価よりも高額な電気料金を払い続けている
  - ・中途解約の場合、莫大な違約金になることを事前に把握できていなかった
  - ・拠点や工場ごとに満期時期がバラバラで、他社からの全社的な包括契約をいつまで経っても導入できない（莫大な違約金が足かせになるため）
  - ・長期契約期間中であっても、電力会社から値上げ要請は来る（また、値上げ要請を受け入れなければ、供給停止という強制力を伴う）
- 具体的な解決策

- 長期契約期間中であっても、料金やプラン内容の見直し交渉は可能
- 中途解約した場合の違約金の金額は事前に確認した上で契約を締結
- 拠点や工場間の契約期間の満期タイミングを揃えるために調整
- 基本は単年契約を更新し、都度複数社から新規見積もりを取得（相見積もり）

事例.「複合機」の中途解約と違約金

- 現場あるあるの事例
  - 5年契約を中途解約しようとした際に、違約金として法外な加算金基本額が設定されていた
- 何が課題なのか？
  - 中途解約の際に発生する違約金の妥当性を検証しないまま契約締結している
  - 他社から良い提案を受けても、違約金の金額が大き過ぎて変更できない
- 具体的な解決策
  - 中途解約の違約金に関する条件を複数社間で比較し、明らかに法外な違約金設定の場合は他社水準まで見直してもらう
  - 違約金の設定金額（「加算金基本額」など）は交渉により変更可能

　複合機の中途解約による違約金は、複合機メーカーごとに支払金額の算出ロジックが異なります。例えば、複合機メーカーF社の場合、中途解約時の経過年数によって、違約金の金額は「加算金基本額×何倍」という形で設定されています。この加算金基本額自体は個社ごとに独自で設定されているため、契約前に設定金額の交渉が可能です。また、別の複合機メーカーS社の場合は、契約期間中の残りの月数に応じて、違約金は「残りの契約月数×解約基本金額」といったように異なる計算式になっています。

　いずれの場合も違約金の大小に影響する「加算金基本額」や「解約基本金額」は個別企業ごとに設定されていますが、いくらが妥当な金額なのかは曖

昧です。違約金の妥当な水準を見極めるためには、契約締結後3年目や4年目に中途解約した場合の違約金の想定金額を複数社間で比較します。複数社間での相対的な比較にはなりますが、基本的には一番安価な違約金条件の企業を基準として、他の企業にはその水準まで金額水準を調整してもらうように交渉します。

事例.「物流3PL」の中途解約と違約金

- 現場あるあるの事例
  - 中途解約した場合、契約満了までの賃料や作業料を全額請求される
  - 中途解約した場合、設備やWMS等の残存償却費用を一括返済が必要
  - 解約する場合は、解約の12カ月前までに申し入れが必要
- 何が課題なのか？
  - 中途解約した場合、必要以上に高額な違約金の条件となっている
  - 中途解約だけでなく、満期解約の場合でさえ、追加でいくらの支払いが必要になるのか見通せていない（原状回復費用など）
- 具体的な解決策
  - 契約締結前に、下記の項目を業務委託契約書へ反映
    - ✓中途解約の違約金は初期投資（WMS／マテハン／設備）の残債のみ
    - ✓中途解約時の一括返済は分割返済に変更可能
    - ✓解約の申し入れ時期は解約の3〜6カ月前が基本

注意③「レンタル↔リース↔買取」の選択

支払方式別での総額シミュレーション

　商品の仕様や単価を十分に検討した後、最終的にその商品の購入方法として、「買取」、「リース」、「レンタル」のどれを選択するかによって総支払金額が変わってきます。特に複合機やオフィスPC、法人車両などは購入時のファイナンス方法が複数あるため、比較検討が必要です。

一般的には「レンタル」は、購入手続きや各種雑作業をすべてサプライヤー企業が対応してくれる半面、月あたりのレンタル料金は高めになる傾向があります。一方で、「買取」は直接メーカーから購入すると本体自体は最安値になることが多い半面、購入に伴う諸手続きや資産計上、必要なソフトウェアのインストール作業などは自社で対応せねばなりません。また、短期で不要となる可能性がある場合は、自社で下取りなどの対応が必要になるなどの作業が発生します。

　そこで、まずは定量的に比較検討可能な価格面に焦点をあて、「買取」「リース」「レンタル」それぞれの総支払金額をシミュレーションし、財務への影響の違いを確認することから始めましょう。

事例. 「複合機」の支払方式別での総額シミュレーション

- 現場あるあるの事例
  - ・複合機は5年間の「リース」契約が当たり前という前提で契約を締結
- 何が課題なのか？
  - ・「買取」や「レンタル」といった別の選択肢を検討していない
- 具体的な解決策
  - ・「レンタル」↔「リース」↔「買取」別で総支払金額を比較

　まずは複合機を事例に、「買取」「リース」「レンタル」による支払総額の違いを確認します。下記の事例では複合機316台の新規導入を検討した際に、カウンター単価などの条件を取り決め、最後に複合機本体の購入に関して、「買取」「リース」「レンタル」の3つの支払方法それぞれの場合で、導入後の年間支払金額をシミュレーションした結果です（図表2-8-4）。

　一般的に「買取」と「リース」では、カラー／白黒印刷のカウンター単価は同じになることが多いでしょう。「レンタル」契約の場合、本体のレンタル料金を無料にする提案が多いですが、一方でカウンター単価が割高な設定となります。年間の総支払金額を算出するために、カラー／白黒の印刷枚数は過去12カ月の実績枚数を元に算出します。「レンタル」契約の場合は通常、

図表 2-8-4　複合機　買取⇔リース⇔レンタルの財務メリット比較表

■複合機：316 台分の本体契約形態別（買取、リース、レンタル）での年間支払金額シミュレーション
・カラー印刷及び白黒印刷の年間印刷枚数は直近の過去 12 カ月分の枚数で換算
・レンタル契約のみ、複合機本体のレンタル料金が無料となる代わりに、カウンター単価が割高な料率設定

		「買取」⇔「リース」⇔「レンタル」契約別の財務メリット比較表		
		買取	リース	レンタル
複合機　本体	本体料金／年 （千円）	87,216	94,192	（本体無料）
カラー印刷分	カウンター単価／枚 （提案単価：円）	6.0	6.0	14.6
	印刷枚数／年 （過去実績：枚）	8,739,936		
	カウンター料金／年 （千円）	52,440	52,440	127,603
白黒印刷分	カウンター単価／枚 （提案単価：円）	0.6	0.6	1.46
	印刷枚数／年 （過去実績：枚）	25,893,840		
	カウンター料金／年 （千円）	15,536	15,536	37,805
年間の総支払金額 （千円）		155,192	162,168	165,408

固定の月額基本料金が設定されますが、本シミュレーションでは簡略化のため、いったんは毎月の最低利用枚数（基本料金分）は常に上回っている前提で比較します。

　結果的に、本事例では「買取」契約の年間支払金額1.55億円が一番安価となりました。とはいえ、初年度に大きなキャッシュアウトは困る、資産計上を避けたい、または購入やその後の下取りが面倒ということであれば、「買取」に近い支払金額となるように「リース」や「レンタル」での契約条件を再度交渉するといいでしょう。

事例. 「物流資材／設備」の支払い方式別での総額シミュレーション

- 現場あるあるの事例
  - 倉庫で使用する資材や設備を日割りのレンタルで契約

図表 2-8-5　物流関連資材をレンタルから買取に切り替えた事例

■ 3PL 経由でレンタルしていたが買取に切り替えた事例

			「レンタル」⇔「買取」の支払総額比較		
			レンタル	買取	「レンタル」と「買取」の差額
事例 1『T11 型樹脂製パレット』	契約条件	単価	1 枚＝3 円／日	2,200 円／枚	－
		枚数	500 枚利用		－
	総支払金額（万円）	1 年後	55	110	＋55
		2 年後	110		± 0
		3 年後	164		▲ 54
		5 年後	274		▲ 164
事例 2『逆ネステナー（T11 用）』	契約条件	単価	1 基＝13 円／日	12,000 円／枚	－
		枚数	500 基利用		－
	総支払金額（万円）	1 年後	237	600	＋363
		2 年後	475		＋125
		3 年後	712		▲ 112
		5 年後	1,186		▲ 586
		10 年後	2,373		▲ 1,773

- 何が課題なのか
  - ・2〜3 年以上利用する場合は、買取の方が割安
- 具体的な解決策
  - ・定常的な利用が見込める資材／設備は買取

　3PL（物流の業務委託）では物流倉庫内の各種マテハン設備やシステム、その他搬入／運搬用の機器や資材を多数取り扱っています。3PL業者へオペレーション全般を業務委託し、合わせて現場の資材（樹脂製パレットやネステナーなど）は3PL業者とレンタル契約している場合も多いでしょう。物流関連資材は、買取とレンタルで比較しても数年以内に買取の方が割安になることが多いため、自社で買取できそうかどうかを常に検討しましょう。

　図表2-8-5の事例1：樹脂製パレットは5年以上、事例2：逆ネステナーは10年以上使用しても問題ないため、3PLと長期契約を締結しているのであれば、こういった機材／資材はクライアント企業側による直接購入が断然お得です。また、初期投資金額に不安がある場合は、まず3PL業者側で購入して

もらい、その後、分割払いで請求支払いをする方法もあります（ただし、所有権は3PL側となり、一定の手数料や利率を支払う必要があります）。レンタル契約の場合は解約段階で、破損費用や紛失補償費用などで思わぬ大きな金額を請求される場合もあるため、契約前に解約時の追加費用条件は確認が必要です。

注意④原状回復工事

原状回復工事の条件は契約締結前に交渉

オフィスや店舗等へ入居する際の賃貸契約書や、物流の3PLなどの業務委託契約書に記載されている「原状回復工事」に関する条件です。一般的には原状回復工事の費用とは、契約の解約を申し入れ、施設から退去する前に借りる前の状態に戻すための工事費用を実費精算した金額です。しかし、契約書上では原状回復工事費用の支払金額が明記されていないため、いざ退去時になってから思いもよらない高額な工事費を請求されるリスクを伴います。

実際に原状回復費用の請求額を精査すると、市況相場よりも1割〜5割程度は割高な見積もりで請求されていることが多く、本来であれば不動産／施設オーナー側が責任を持つべき工事箇所や追加の更新工事も合わせて含まれている場合が少なくありません。オフィスの原状回復工事の場合、工事／建築に関して専門知識に乏しい総務部で対応することが多いため、割高な見積もり料金でも了承されやすいためです。また、不動産オーナーや管理会社にとっては取引関係が切れるタイミングであるため、理不尽に割高な見積もりを送りつけてくることもあります。

原状回復工事費用を適正な水準で管理するポイントは、解約通知後や退去直前に慌てて対処するのではなく、むしろ契約締結前（入居する前）に他社の物件や賃貸条件と競争させて好条件を引き出します。以下では、具体的にオフィスの賃貸契約書を元にその対処方法を紹介します。

事例. オフィスの賃貸借契約における「原状回復費用」

- 現場あるあるの事例
  - 賃貸契約書の原状回復工事の費用に関する条文は雛形のままで契約締結
  - オフィス退去時に請求された原状回復費用が思わぬ高額だったが、工事着手まで時間がなかったため、請求された金額をそのまま支払った
- 何が課題なのか？
  - オフィスを退去するタイミングでは、価格交渉を優位に進められない
  - 賃貸借契約書の雛形のままだと、原状回復費用が実際いくらになるのか不明
  - オフィス退去までのスケジュールの中で、原状回復費用の見積もりを十分に精査する時間がない
- 具体的な解決策
  - 賃貸借契約書の締結前であれば、原状回復費用含めた条件交渉を実施
  - 賃貸借契約書をすでに締結済の場合、退去予定の有無にかかわらず、原状回復費用の見積書を依頼して妥当性を精査

　賃貸オフィスの退去時に発生する原状回復費用を適切にマネジメントするための対処方法として、まず対処すべきタイミングが2つあります。理想的には、まずタイミング1.「賃貸借契約書の締結前（物件の選定中）」で賃貸料金に加えて原状回復費用に関する条件も合わせて交渉し、その結果を賃貸借契約書に覚書として追記します。一方、すでに賃貸借契約書を締結済という場合は、今後の退去予定の有無にかかわらず、先行して原状回復工事の見積もりを取得し、その見積もり内容を精査します。

〈オフィスの原状回復費用の対処方法〉
タイミング1. 賃貸借契約書の締結前（物件の選定中）
- 物件選定中の条件交渉は、賃料だけでなく、原状回復費用も実施
- 賃貸借契約書の締結時に、原状回復に関する覚書を追加する

・原状回復費用の免除や減額

　　・原状回復費用の支払金額を確定／明記

　　・原状回復工事の実施義務なくし、費用相当分の金額支払いのみ

　　・原状回復工事の対象範囲の合意

タイミング2.　賃貸借契約書がすでに締結済の場合

● 退去予定の有無にかかわらず、先行して原状回復費用の見積もりを取得

● 下記の観点で工事見積もりの妥当性を検証

　　・工事の対象範囲の確認（対象外となる工事を除外）

　　・工事単価の妥当性確認（タイルカーペット張りの㎡単価、等）

　　・C工事が可能な範囲の分離

　「タイミング1.　賃貸借契約書の締結前（物件の選定中）」に、原状回復工事に関する条件を取り決めることが理想です。入居するオフィス物件をまだ決めていないという状況であれば、賃貸契約上の条件交渉を優位に進められるため、賃料だけでなく原状回復工事費用も交渉します。オフィス退去時に原状回復工事の費用に関して減額交渉する場合、ビル管理会社やオーナーにとっては積極的に減額するインセンティブがないため、明らかに市況よりも高額過ぎるという部分以外はなかなか見直してもらえません。

　オフィス賃貸の条件に関して、通常は「月額賃料の減額」や「数カ月間分のフリーレント」等を中心に交渉していきますが、合わせて原状回復工事の費用に関する取り決めや条件も見直します。

　原状回復工事に関する条件提示の候補は何段階かありますが、まずは一番高い要求レベルである「原状回復工事、及びその費用の免除（0円）」からリクエストし、アンカリング効果を狙う方法もあります。ただし、最終的にはビルグレード等を勘案した上で、条件提示してください。

　他の条件候補として、「原状回復工事相当の金額支払いのみで、賃貸契約期間に原状回復工事の実施責任はない」という条件も有効です。金額のみの支払いにすることで、結果的にオフィスビルから退去し引っ越しするタイミ

ングを1〜2カ月後ろ倒しできるため、オフィス賃料1〜2カ月分のコスト削減効果になります。

　また、シンプルに「事前に原状回復工事の見積もりを元に支払金額を合意」しておくことも有効です。退去時のタイミングになってから工事の見積もりを依頼すると、市況単価よりも1割〜5割程度割高であることが少なくありません。賃貸借契約書の締結前であれば、賃料自体の条件が交渉のメインで、テナントを決めることが最優先事項となるため、原状回復費用で市場相場と乖離した見積もりは出してこないでしょう。

原状回復工事におけるリクエスト条件（例）

　〈高い要求レベル〉〜〈低い要求レベル〉

1. 原状回復工事、及びその費用の減額（▲◯◯%引き）
2. 原状回復工事相当の金額支払いのみ（工事なし）
3. 原状回復工事の範囲の見直しや限定
4. 事前に原状回復工事の見積書を元に支払金額を合意
5. 原状回復工事の施工会社を自社で指定できるC工事指定へ変更
6. （最初に提示された賃貸契約書の条項のまま）

　原状回復工事の詳細内容は、賃貸契約書内の「原状回復工事細則」で定められていますが、そもそも何のどこまでを対象範囲にするかによって工事金額も大きく変わってきます。上述の「3. 原状回復工事の範囲の見直しや限定」にあるように、実際に原状回復費用の詳細な見積もりを取得すると、本来は借主側に工事責任がない箇所や内容まで含まれていることが珍しくありません。また、原状回復の内容が全面改装（すべて新品へ交換）という条件になっている場合、あくまで修繕が必要な箇所のみに限定することも有効です（図表2-8-6）。

　すでに賃貸契約書を締結済みであり、現在、オフィスに入居中という「タイミング2. 賃貸借契約書がすでに締結済みの場合」のアプローチです。ここ

図表 2-8-6　原状回復工事：工事範囲や実施内容の見直し事例

		一般的な記載内容	修正事例
床	タイルカーペット	全面貼替	修復の必要のある個所のみ
	OAフロア	全面不陸調整及びOA下の全面清掃	欠損のあるOAフロアのみ交換
巾木	ビニル巾木	全面貼替	クロス貼替に伴い発生する範囲の貼替、及び欠損のある範囲の交換
壁	ビニルクロス石膏ボード	補修後、全面色合わせクロス貼替	破損部、著しい汚れが認められる部分のクロス貼替（ボード欠損部についてはボード貼替含む）
天井	岩綿板	補修後、全面色合わせ再塗装	破損部についてはボード補修を行い、塗装
ブラインド		工場での清掃	現場清掃
ブラインドボックス		焼付塗装の傷や凹みの補修の上、色合わせ全面再塗装	著しい傷や凹みの補修
テナント名表示板		文字消去	（名札取り外しで済む場合は）対象外
照明器具		管球の全交換	管球の清掃

で一番重要なことは、オフィス移転を意思決定し、6カ月前の解約通知を提出する前に、先行して原状回復工事の見積もりを取得することです。見積もりの詳細内容まで分析し、支払金額の交渉期間を十分に確保できるからです。

　陥りやすい失敗事例は、6カ月前の正式な解約通知後に原状回復工事の見積もりを依頼し、その後、入手した頃には1カ月後に工事着手の期限が迫っているというパターンです。この場合、見積もり内容の詳細を分析し、相手側と見直し交渉する時間がなく、ほぼ提示された見積もり金額のまま了承せざるを得ません。オフィスの退去時期が確定していなくても、先行して原状回復工事の見積もりを取り寄せ、いち早くその内容の精査に着手することに意味があります。

　原状回復工事の見積もりの精査にはいくつかポイントがあります。まずは「原状回復工事対象範囲が適正か」を見極める必要があります。本来であればビルオーナー側や管理会社側が負担すべき工事内容が見積もり内容に組み込まれていたり、工事内容の仕様自体が過剰（アップグレード）であったり、数量が実際よりも多く記載されている等の事例は頻繁に見られます。こういった余分または過剰な工事内容が組み込まれている場合、該当する箇所は

すべて対象外にできるため、概ね初期見積もりから▲3割以上減額できることも少なくありません。

次に確認すべきポイントは「工事単価の妥当性」です。具体的には「㎡あたりのタイルカーペット張り単価」「1㎡あたりの産業廃棄物の処理単価」などの妥当性を一つひとつ見極めていく必要がありますが、最低限の専門的な知見が必要になるため、予め積算事務所や設計事務所などに「原状回復工事対象範囲が適正か」と「工事単価の妥当性」の検証は依頼する必要があります。

また、一般的に原状回復工事はB工事（テナント側負担で、オーナー側の指定業者が実施する工事）指定となっていますが、その中でも造作工事、什器処分、OA機器撤去などはC工事（テナント側負担で、テナント側の指定業者が実施する工事）として分離し、自社指定の業者へ変更することで費用を削減することも可能です。

その他の契約書における注意事項

「損害賠償」に関する条項はどの企業でも必ず法務部が詳細にその内容やリスク範囲を精査しているはずです。最悪のケースが発生した場合でも、損害賠償金額が青天井にならないよう最大金額に制限をかける内容での締結が必要です。

「支払時期／方法」に関して、相手の企業次第では、総支払金額の減額が可能かもしれません。通常、オフィスや店舗の賃貸借契約などは毎月の月額賃料を支払うのが一般的ですが、相手企業側にとって事業の運転資金の重要性が高い場合、支払いタイミングを見直すことで減額を引き出せる可能性があります。例えば、年間または半年分の賃料を前倒しで一括で支払い、その見返りとして総支払金額を割り引いてもらいます。受け取り企業側の運転資金状況が厳しい場合、短期の借入利率や手形の割引率相当の数％～10％分が財務メリットになりうるため、その分だけ減額してもらえる可能性があります。

PART 3

継続的な間接材コストマネジメント
の取り組み

ここまで、間接材のコスト削減に向けて、取引先企業であるサプライヤーとの取り決め条件（単価や仕様、その他の契約条件等）とそれを実現する方法について紹介してきました。PART3ではサプライヤー企業との間で諸条件を取り決めて契約を締結した後の自社内部におけるユーザーマネジメント（使用量の削減）を検討していきます。

　本書におけるユーザーマネジメントの定義は、自社内で日々の事業活動や現場を運用していく中で、主には現場担当者の試行錯誤により「使用量」や「所要時間」、または「発生頻度」を削減することにより、さらに踏み込んだコスト削減を推進することです。

　まずは、社内ユーザーマネジメントにおける4つのアプローチを紹介します。さらに、筋肉質で柔軟な経営に欠かせないBSM（Business Spend Management）の実現に向けて、その3つの段階（Phase）について解説します。またBSMの発展の歴史を確認して、その将来像を探っていきます。

1

社内ユーザーマネジメントにおける4つのアプローチ

　ユーザーマネジメントに関しては、施設管理費のようにそもそもユーザーマネジメントの余地がまったくないものや、クレジットカード手数料のように顧客側の消費活動に依存しており、自社でのコントロールが不可能なものは対象外となります。一方で、電気や水道のように「使用量」が自社の現場の裁量によって増減するものや、旅費交通費や接待交際費のように発生頻度や、業務委託費のように所要時間により料金を加算されるものは自社の積極的なマネジメントにより大きな改善が可能な領域です。ユーザーマネジメントのアプローチ自体は下図のように4つに分類することができます。

アプローチ1. 使い方のルールやガイドラインを設定
　ポイント1. 事業部や部署ごとに応じたきめ細かいルール／ガイドラインの設定
　ポイント2. ルール／ガイドラインを形骸化させないための組織への浸透方法
アプローチ2. ハード機器や設備の導入
　ポイント1. 費用対効果の事前シミュレーション
　ポイント2. 政府による補助金の適用有無（電気料金の場合）
アプローチ3. 最新IT ／デジタルソリューションの活用

ポイント1. 生産性改善とコスト削減効果の事前シミュレーション
　　ポイント2. リアルタイムでのモニタリングと投資対効果の検証
　アプローチ4. 見える化による抑止力
　　ポイント1. 使用量や時間の見える化による、改善点の特定
　　ポイント2. 各従業員のアクションにつながる定量データ／評価のフィー
　　　　　　ドバック

　まず、はじめに検討すべきは、「アプローチ1. 使い方のルールやガイドラインを設定」です。個人の裁量に任せている領域に対して、社内統一または部署ごとで最適化したルールやガイドラインを策定します。電気使用量や水道使用量のように使い方のルールだけではなかなか結果が出づらい費目もありますが、一方で複合機や接待交際費などは方針次第では、費用がすぐに半減、場合によっては9割削減することも可能です。いずれにしても、ガイドラインやルールを設定する前にまずは現状の使用状況を詳細に把握し、どこに改善余地があるのかを明らかにすることから始めます。また、いったん、ルール／ガイドラインを設定したとしても形骸化しては意味がないため、運用していく中で現場のニーズに応じた改善や調整が必要です。

　次に「アプローチ2. ハード機器や設備の導入」や、「アプローチ3. 最新IT／デジタルソリューションの活用」に関しては、該当する設備やITソリューションに投資することで、直接的な使用量の削減や、間接的に生産性を上げることで、結果的にコスト削減につながります。アプローチ2.「ハード機器や設備の導入」に関しては、導入前にかなり正確に削減効果を試算できるため、事前のシミュレーションによりコストメリットができるのであれば投資すべきでしょう。
　一方で「アプローチ3. 最新IT／デジタルソリューションの活用」で取り上げるようなITサービス／ソリューションは、事前に期待した削減効果が、実際に稼働開始後に実現できるとは限りません。ITベンダーなどは営業トークとして、必ずキャッチーな削減効果を謳っていますが、実際導入後もほと

んど効果が実感できなかった、または使いづらくて結局利用していないということが少なくありません。よって、ITサービス／ソリューションな導入後に当初期待していた効果が実現できているのかのモニタリングを必ず実施し、6カ月経っても当初の期待した効果が得られない場合は利用の中止／解約という可能性があることを十分理解した上で導入を進めていきましょう。

最後に、「アプローチ4. 見える化による抑止力」ですが、そもそもユーザーマネジメントを検討する上で、いったんは現在の利用実態を詳細に"見える化"し、改善余地を正確に見極める必要があります。そのうえで、この「見える化による抑止力」はその後も継続的に、場合によってはリアルタイムに利用状況を"見える化"し、現場の担当者や従業員にフィードバックすることで、自律的な改善を促すと同時に、コストに対する管理意識を高めることも可能です。

間接材コストの中でもユーザーマネジメントが該当する主要な費目に関して、アプローチ別で該当する具体的なソリューション事例を掲載していますので、ご参照ください（図表3-1-1）。

事例.「複合機」の使用量の削減

複合機はカラーまたは白黒でプリントアウトするごとに課金されるカウンター単価の見直し（単価の削減）が有効なアプローチですが、同時に複合機から出力する枚数を減らしたり、出力する形式を変更したりする（ユーザーマネジメントによる使用量の削減）だけで支払金額が半減、場合によっては10分の1まで劇的に削減できる可能性があります。使用量の削減の主要なアプローチは下記の3つとなっています（図表3-1-2）。

複合機の使用量の削減に向けたアプローチ
1. 出力枚数の低減（両面印刷や2in1形式を活用、不必要な印刷物見直し）
2. 過剰品質の見直し（カラー印刷⇒モノクロ印刷へ、専用用紙の見直し）
3. 紙業務の廃止（請求書や稟議書の電子化、デジタル端末や大型ディスプ

図表 3-1-1　ユーザーマネジメント（量や時間、頻度の削減）：費目別アプローチ

削減の対象	費目	ユーザーマネジメント（使用量の削減）のアプローチ			
		使い方のルール／ガイドライン	設備／機器	IT／デジタルツール	見える化による抑止力
「量」	電気	空調と照明のON／OFF 照度や温度設定 ピーク電力の抑制	LED照明、人感センサー 二重窓や断熱シート 空調などの設備更新	―	デマンド 監視システム
	水道	―	節水コマ		
	事務消耗品	各人が自前調達			個人別の利用履歴 在庫管理
	ガソリン費	―	低燃費車	WEB／電話会議	法人向け ガソリンカード
「量」＋「金額」	複合機	印刷／カラー禁止ルール 両面や2in1印刷	大型ディスプレイ	タブレット端末 デジタルファイル	個人ID承認制
	廃棄物処理	ごみの分別処理 資源ごみの買取			
「時間」	電話	端末のアプリ管理 （業務関連のみ）		無料通話／チャット アプリ WEB会議	個人別の 利用実態管理
	業務委託費	残業ルール 出社要請（リモート禁止）		PC作業のリモート 管理ツール	業務実績の集計 労働生産性の指標測定
	清掃費	デスク周りは 自分で掃除	自動清掃ロボ		
「頻度」	配送費	まとめ配送 （本社⇔支社／営業所）		紙／アナログ品を デジタル化	
「頻度」＋「時間」＋「金額」	旅費交通費	出張／往訪ルール 事前承認制 リモートワーク	大型ディスプレイ	WEB／電話会議	BTMツール
	接待交際費	開催可否や人数ルール 事前承認制 ディナー→ランチへ変更			

レイの導入

1.　出力枚数の低減（両面印刷や2in1形式を活用、不必要な印刷物見直し）

　まずは直接的に出力枚数を低減するため、"不必要なものは印刷しない"ことが重要です。特に社内の打ち合わせや外部の商談で利用する打ち合わせ用の資料において下記のような事象が当てはまる場合、見直し余地がある可能性が高いです。

図表 3-1-2　複合機のユーザーマネジメント

「枚数」の削減にフォーカスし、不必要なコピーや過剰品質のプリントアウトを見直す

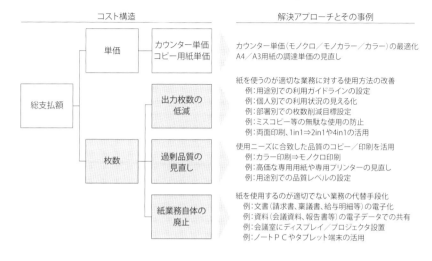

〈紙の資料が不必要な可能性が高い事例〉

・会議や打ち合わせの出席者全員に紙の資料を準備している
　⇒本当に全員分が必要なのか？
・会議や打ち合わせで配られた資料をその後、一切活用していない
　⇒その場で必要なだけなら、紙は必要なし（ディスプレイへの投影だけ
　　でOK）
・会議や打ち合わせ後に余分な部数が余っている
　⇒事前に必要部数を確認した上で印刷すべき

　同じ社内でも部署や利用する用途に応じて、印刷物の種類や必要性が異な
るため、今後どういう方針に変更すべきかについて各部署内のガイドライン
を定めていきます。必要性の低い場合は極力印刷しないという方針にします
が、現場からの抵抗が少なからず発生します。その際には、まず試験的に
"印刷物なし"の打ち合わせや商談を実際に実施してみることをお勧めしま
す。実施する前は「営業の受注率が下がりかねない」など、想定される懸念

事項や心配事、不都合などの意見が出てきますが、実施してみると案外問題ないことが多く、心配したことはほとんど杞憂だったとわかります。

　また、社員ごとの個人IDを元にすべてのコピーやプリントアウトの枚数などを個人別で集計し管理できます。個人名ごとに週または月単位で、「印刷枚数」「カラー印刷比率」「片面印刷比率」などの切り口で集計し結果を開示します。個々人の利用実態が白日の下にさらされるため、印刷枚数が無駄に多い人や、カラー印刷比率が高い人が誰かが特定されるため、該当する本人自身に今後は極力必要のないプリントアウトは止めておこうという改善意識が芽生えます。

　次に、複合機からの印刷が必要な場合でも、その印刷形式に気を付けるだけで枚数は大きく削減できます。当たり前ですが、以下のようになります。

〈印刷設定の変更による枚数の削減効果〉
・片面印刷　⇒　両面印刷　（▲50％削減）
・1in1　　　⇒　2in1　　　（▲50％削減）
・1in1　　　⇒　4in1　　　（▲75％削減）

　例えば、「片面印刷」で「1in1（1枚のスライドを1枚に印刷）」していたものを、「両面印刷」で「2in1（2枚のスライドを1枚に印刷）」に変更できた場合、4枚分が1枚に集約されるため、▲75％の削減を達成できます。

　この時に、個人用PCの初期設定自体が「片面印刷」かつ「1in1印刷」になっていると、ついついその条件のまま印刷ボタンを押してしまうものです。組織全体に枚数削減アプローチを浸透させるためには、PCの初期設定自体を「両面印刷」かつ「2in1」としておいて、必要な場合は都度、手動の条件変更で「片面印刷」や「1in1」に戻すといったやり方であれば、自然と「両面印刷」かつ「2in1」が標準仕様として浸透します。

図表3-1-3　事例：営業拠点別のカラー印刷比率

■69の営業拠点ごとに、各拠点内での複合機のカラー印刷比率を算出
■拠点によるカラー印刷比率は大きく異なり、最大と最小の差は4倍以上も開いていた
　・最もカラー印刷比率が高かった拠点は63.8%、一方でも最も比率が低い拠点は14.2%
　・拠点間の平均カラー印刷比率は、29.5%

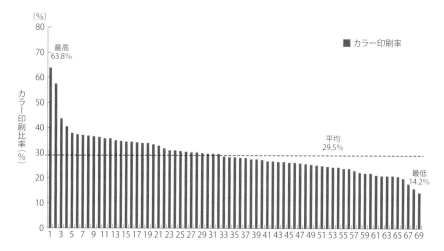

2.　過剰品質の見直し（カラー印刷⇒モノクロ印刷へ、専用用紙の見直し）

　必要な印刷物を出力する際に、単純に枚数だけではなく、印刷の仕様によっても大きくコスト削減できます。最もシンプルで効果的な手法は、できる限りカラー印刷ではなく、モノクロ印刷を活用することです。例えば、モノクロ印刷のカウンター単価を0.6円／枚で契約している場合、カラー印刷のカウンター単価はおよそ6円／枚でモノクロ印刷の約10倍にもなります。従来、なにげなくカラー印刷していたものを、モノクロ印刷に変更するだけで、その印刷物のコストは▲90%削減できます。あまりに単純ですが、意外とどの企業も無駄なカラー印刷を山のように毎日刷っています。

　図表3-1-3ではある企業の全国の営業拠点（全69拠点）における複合機のカラー印刷比率の実績データ集計し、横軸ではカラー印刷比率の高い拠点順に左から右へ並べています。全拠点のカラー印刷比率の平均は29.5%でした。各拠点は基本的に同じ業務内容や役割を担っているにもかかわらず、最もカ

ラー印刷比率が高い拠点は63.8％と、平均29.5％の約2.2倍に達していました。さらに最もカラー印刷比率が低い拠点の14.2％と比較するとその差は約4.5倍の開きがありました。

この場合では、最低でもカラー印刷比率を平均値（29.5％）以下にするための印刷ルールを設定しましょう。また、20％前半の水準で運営できている拠点も多数あるため、目標値としては"カラー印刷比率を20％未満にする"というくらいの目標を掲げて取り組むことをお勧めします。

3. 紙業務自体の廃止（請求書や稟議書の電子化、デジタル端末や大型ディスプレイの導入）

業務自体を抜本的に見直し、紙を扱う業務自体を廃止していきます。昨今ではリモートワークの定着化や、DX（デジタルトランスフォーメーション）による生産性向上の観点から、従来の紙ベースの業務を完全にデジタル上で処理できるITサービスが充実しています。また、従来であれば初期投資に数千万円必要で大企業しか導入できなかったようなITソリューションも、最近はSaaS型での月額課金式も普及しているため、中堅／中小企業にとっても導入ハードルが劇的に下がっています。

営業担当者にタブレット端末を持たせたり、会議室に大型ディスプレイやWEB会議システムを常設したりすれば、紙の資料の配布が必要なくなります。最近では社内外ともにWEB会議形式での打ち合わせも増えてきたため、社内の打ち合わせはペーパーレスを標準として運用していきましょう（図表3–1–4）。

複合機の使用量削減に関するアプローチは、比較的シンプルで当たり前という内容が多かったかと思います。しかし、当たり前の改善を組織全体に展開し浸透させることができていない企業が意外と多いのも事実です。コスト削減とは、劇的なアプローチで改善するといったものは少なく、むしろ当たり前の施策をどこまで徹底してやり切れるかが重要となります。ユーザーマネジメントによる使用量削減は、日常業務の中で現場従業員が取り組む必要

図表 3‐1‐4　現場の課題と解決への方向性

■印刷枚数を減らしたいけど減らせない職場では、基本的な取り組みがなされていない
　・まずは基本的な取り組みを徹底することで、数十%以上改善することも珍しくない

顕在化している課題	具体例	改善に向けたアプローチ
利用ルールがない（不明確、不適切）	・コピーやプリントアウトに関する社内ルールがない ・拠点や部署、人によって使い方がバラバラ	適正な利用ルールや禁止事項の設定
PCや複合機の設定が過剰品質、または無駄を助長している	・社員用PCの初期設定がカラー印刷／片面印刷／1in1 ・ミスプリントや営業FAXが全て自動的に印刷される	複合機や社用PCの設定を最適化
利用実態が見えていない	・社員本人が何をどの程度使っているか意識してない ・管理側が部署別／個人別での利用状況を把握していない	見える化／モニタリング体制の構築
総務やIT管理部の啓蒙活動止まり	・総務やIT管理部からの注意喚起のみ ・改善出来なくても、ペナルティなし	経営陣／管理者のコミットメント人事評価へ反映
IT／デジタル投資が不十分	・会議室や打ち合わせスペースにディスプレイなどがない ・ノートPCやタブレットの活用が進んでいない	AI／ITデバイスの活用

があります。

事例．電気の使用量の削減

　電気料金におけるユーザーマネジメント（電力の使用量の削減）に関しては、企業側でも従来より節電のための取り組み（こまめな消灯や空調の利用制限）や省エネ機器（LED照明など）の導入など比較的関心が高く、すでにあの手この手で取り組んでいる企業が多いでしょう。昨今（2022年10月時点）ではエネルギー価格の高騰で電気料金の単価が値上げ傾向にあるため、改めてユーザーマネジメントによる電気の消費量削減のための施策の全体像を確認していきます。

　電力の使用量の直接的な削減のアプローチとしては、「1. 省エネ関連機器の活用」と「2. 電気の使用方法の見直し」の2つに大別されます。また、そ

図表 3-1-5　電気使用量を削減するためのソリューション

	最新設備や 省エネ機器の導入	電気の使用方法の見直し	電気の使用量の見える化
空調	・空調設備の更新 （＋補助金の活用） ・ブラインド、遮熱 フィルム、二重窓な どの断熱の活用 ・サーキュレーターの 設置	【電気利用マニュアルの作成】 ・現地調査及びヒアリング実施 ・用途や場所別のON／OFFルール、 スケジュール見直し 〈空調と照明〉 ・空調／照明の稼働スケジュール 設定 ・照明や空調の間引き ・換気や外光の活用 ・空調の温度設定の見直し ・空調／室外機の清掃頻度の見直 し ・照明の消灯ルールの徹底 〈その他の主要設備〉 ・電力ピーク警告時の対応手順 ・機器の多重稼働の防止 ・冷蔵ケースの霜取り頻度の見直 し　など 【現場への訓練／教育】 ・現場責任者へのレクチャー実施 ・店舗や事業所ごとに従業員へ全体 研修	【"見える化"＆事前診断】 ・拠点別の30分電力量 デマンド値を分析 ・機器別での電力消費量 を把握 ・デマンドコントロール やその他の見える化 ツールの導入 ・現場責任者へのヒアリ ング
照明	・LED照明への切替 ・人感センサーの設置		
OA機器	－		
冷蔵／冷凍 ショーケース	・設備の更新 （＋補助金の活用）		
その他 （エレベーターや ポンプ等）	・コジェネ設備 ・蓄電池 ・太陽光発電 （＋補助金の活用）		

もそも現在の電気の使用状況を把握し、課題をあぶり出すという観点から、「3. 電気の使用量の見える化」も間接的に重要なアプローチとなります。電気の使用状況は、リアルタイムで見える化し、現場の従業員にとって使いすぎに注意を払うようになり、何をどう利用するとどの程度の影響があるのかを具体的に認識できます（図表3-1-5）。

1. 最新設備や省エネ機器の導入（LED照明、空調設備の更新など）

　電力の使用量を削減する主要な手段の一つが、最新設備や省エネ機器の導入です。一般的には設備投資が伴うため、適用できる施設やタイミングは限定的となりますが、その分、大きな削減効果が期待できます。通常のオフィスや営業所のようなオフィスビルに関しては、LED照明の導入やパッケージエアコンの更新など比較的手軽なものから、全体空調設備の更新やコジェネ設備、太陽光パネルの導入など大きな投資を伴う場合もあります。

　どのケースが投資対効果でメリットがあるかどうかが投資するか否かの判

断基準になりますが、比較的大規模な投資の場合は、政府の補助金が適用できるのか否かもぜひ参考にしましょう。導入設備の種類や投資金額、事業者の属性（大企業か中小企業か）によって補助金の適用は変わってきますが、中には投資の最大3分の2を補助金で賄えるような場合もあります。

参考〈令和3年度　経済産業省による省エネ補助事業　一覧〉

工場や事業場において実施されるエネルギー消費効率の高い設備への更新などを以下の取り組みを通じて支援している

A. 先進事業

該当条件：「省エネ率：30％以上」、「省エネ量：1,000kl以上」、「エネルギー消費原単位完全率：15％以上」のいずれか一つ

「先進的」な省エネ設備等の導入に対する支援。対象となる設備については、「先進的な省エネ技術等に係る技術評価委員会」等での検討の後、公募によって決まる。対象となる設備・システムのリストはホームページ上に公開されている。補助対象は、該当する設備の設計費・設備費・工事費となる。

B. オーダーメイド型事業

該当条件：新規設計の設備（フルオーダー品）、類似設計の設備（カスタマイズ品）、システム設計を伴う設備（生産設備等を組み合わせた製造ライン）、システム設計を伴う設備（自動化装置等を組み合わせた製造ライン）のいずれか一つに該当

個別設計が求められる特注設備の導入や設備更新、プロセス改修、複数事業者が連携した省エネの取り組みに対して支援する。

C. 定設備導入事業

該当条件：該当するユーティリティ設備（9区分）、または生産設備（5区分）

空調や業務用冷蔵庫など、省エネ性能の高いユーティリティ設備や生産設備などへの更新を支援。「指定設備」の一覧はホームページで公表されている。

D. エネマネ事業

該当条件：求められる省エネ率は、原油換算量ベースで2％以上。「EMS
の制御効果と省エネ診断等による運用改善効果」として実現する。

エネマネ事業者と連携しながらのEMS制御や運用改善といった取り組み
への支援。該当する設備の導入にかかわる設計費・設備費・工事費が補
助対象となる。対象となるエネマネ事業者は、全158社

2. 電気の使用方法の見直し（空調や照明の利用ルール、ピーク電力の抑制など）

各種施設の既存設備を前提として、どのように運転管理していけば最も省
エネになるのか？という視点から使い方のルールやガイドラインを策定して
いきます。一般的な施設では、空調設備と照明設備が大きな電力使用量をし
めるため、運用に改善点がないのかを確認していきます。

〈空調設備〉
- ・空調設備の運転スケジュール（ON ↔ OFF、ピーク電力の平準化）
- ・空調設備の設定温度
- ・外気換気や遮光の活用
- ・空調設備／室外機の清掃頻度

〈照明設備〉
- ・照明のON／OFFのスケジュール
- ・照明の輝度調整
- ・照明の間引き
- ・自然光／外光の活用
- ・こまめな消灯ルールの徹底

■電力データ（30分電力量デマンド値）を元にした、電力量のピーク時間帯の把握
■拠点によって、電力量のピークが異なるため、その原因を確認すること自体が改善機会の発見につながる

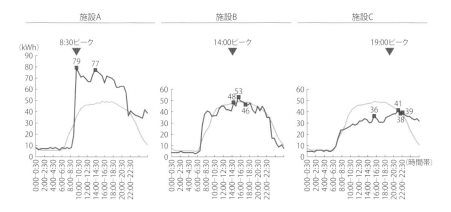

3. 電気の使用量の見える化（30分電力量デマンド値、機器別の消費電力測定など）

　前述の電気の使用方法の見直しに着手するにあたり、事前に「電気の使用量の見える化」による分析を実施することで、より正確かつ効率的に改善余地を特定できます。特に電力会社からもデータが提供されている拠点別の30分デマンド電力量を確認することで、各拠点の時系列での使用電力量及びピーク電力量のタイミングを把握できます。図表3-1-6の例にあるように同じ機能や役割での営業拠点でも、ピーク電力の時間帯がそれぞれ異なることもあるため、まずは実態把握を行い、事前に改善余地がどこにあるのかを正確に見極めることが重要です。

　電力使用量の削減に関して、「最新設備や省エネ機器の導入」「電気の使用方法の見直し」「電気の使用量の見える化」の内容を確認しましたが、どれも専門性が高く、自社内に専門知識を保有した担当者がいない限り、自社で取り組むことが困難です。各種施設の省エネ診断に関しては、専門のコンサルティング会社などが提供しているため、検討を着手する段階では、外部の専門家に意見を求めることをお勧めします。

図表 3-1-7　電気使用量の削減方法の概要と実施時のポイント

電気使用量の削減方法		概要および実施時のポイント	電気使用量の期待削減効果（大／中／小）	使用者のストレス（大／中／小）
ルール／規則の変更	空調	空調機スイッチに空調範囲を表示	スイッチに空調範囲を表示し、無駄な運転、停止忘れを防止します。	中	小
		ロビー、ホール、事務室等、部屋・場所に応じた温度設定	空調場所、部屋の用途に応じた適切な空調温度に設定し無駄な運転を防止します。（事務所における政府推奨の夏期冷房設定温度は28℃、冬期暖房設定温度は19℃）	大	中
		起動時のルールづくり	全部屋（ロビー、式場、事務所等）の空調を一括で起動させず、使う部屋から順次起動していきます。	大	中
		温度計等による室温の把握と調整	実温度と設定温度の差があれば設定を変更し、目標温度に維持します。	中	大
		残熱利用による運転時間の短縮	終業時刻より15〜30分早めに空調を停止することで、消費電力を削減できます。	中	中
		室外機、室内機のメンテナンス	室外機のフィンコイルや室内機の熱交換部分を定期的に清掃し、放熱効果、吸熱効果の低下を防ぎます。	小	小
		室外機周辺の障害物の除去	室外機の近くに障壁あるいは障害物がある場合は、室外機との間に適正なスペースを確保し、室外機周辺の吸熱効果を高めます。	小	小
		窓の断熱対策	ブラインド等を昼間は開けて外光を採り入れ、夜間は閉めて断熱対策することにより、窓ガラスからの熱の放散を減少させて空調負荷を軽減します。	中	中
	照明	照明スイッチに点灯範囲を表示	スイッチに照明範囲を表示し、無駄な点灯、消し忘れを防止します。	中	小
		採光を利用した消灯	採光のある時間帯（日中）は積極的に採光を利用して、消灯します。	中	中
		就業時間外の消灯	昼休みは、照明、空調をオフにします。	中	中
		ランプ等の定期的な清掃・交換	ランプ、反射板の清掃、定期的なランプ交換により照度が上昇したぶん、照明を間引きします。	小	大
		外光等の点灯時間の季節別管理	屋外照明（屋外灯、駐車場灯、看板灯等）は、季節に応じた点灯時間の管理を行います。	中	大
		照明の間引き	執務室エリア、店舗等の照明をJIS照度基準を考慮し可能な範囲で間引きします。	中	小
	その他	個人用端末の不使用離席時の停止	個人用パソコン等は、離席時等の不使用時（2時間程度）、待機電力削減のため電源をOFFにすることを徹底します。	小	中

電気使用量の削減方法		概要および実施時のポイント	電気使用量の期待削減効果（大／中／小）	使用者のストレス（大／中／小）
ルール／規則の変更	その他	昇降機（エレベーター・エスカレーター）の一部停止	エレベーターやエスカレーターが複数台ある場合は、利用の少ない時間帯には稼働台数を減らします。	大	中
		屋内駐車場換気の不要時間の停止	駐車台数が少ないとき等換気が不要な時間帯に、CO、CO_2濃度が環境基準を超えない範囲で換気設備を停止することで、消費電力を削減します。	中	大
		温水洗浄便座の節電	夏期は温水洗浄便座の便座ならびに温水ヒータの電源をOFFにします。電源をOFFにできない場合、省エネモード（低温設定）が搭載されていれば、それを活用します。	中	中
		事務用機器を業務終了後に停止	コピー機、プリンターに省エネモードがある場合は、設定し、業務終了時は速やかに電源をOFFにします。	小	小
		節水	節水は上下水道設備（給水ポンプ等）の節電につながります。	小	中
		自動販売機の冷却停止時間の延長	自動販売機の管理者の協力のもと、冷却停止時間を延長します。	小	小
機器導入	導入のみ	LED照明	白熱電球に比べ電力の利用効率が高く、例えば、「白熱電球60W型に相当する明るさ」というLED電球の消費電力は10W程度となっています。	中	小
		人感センサー	トイレ、会議室等の使用時だけの点灯が必要な場所への設置が効果的。従来の消し忘れ時間分の省エネを実現できます。	中	小
		ガス空調システム	室外機のコンプレッサーをガスエンジンで駆動するシステムです。電気モーターヒートポンプと比べると総消費電力が約10分の1で済みます。	大	小
		二重窓や断熱シートによる断熱性改善	窓ガラスの断熱性を高め、夏は室内に入る熱を抑え、冬は室内の熱を外に逃げにくくします。そのため空調の電気代削減が可能になります。	小	小
		噴霧器	空調の室外機に取りつける散水システムです。打ち水効果により高温になったアルミフィンの温度を下げ、熱交換率を高めます。	中	小
		コンデンサ	空調の室外機に取りつけ、コンデンサを増設することで負荷を分散させ、空調能力を上げて少ない電力で大きな空調効果が得られます。	中	小
	導入＋使い方の変更	デマンド監視システム	高圧受電の電力需給者の電力消費量を監視して、目標の設定値に収まるように警告したり、空調等を自動制御します。	中	小
		個別空調機器	小型の扇風機や、暖房器具を利用し、全体空調稼働を抑えます。	中	中
		事務室の扇風機、サーキュレーターの活用	天井部に滞留する空調の暖気を、扇風機やサーキュレーター（空気循環器）により、上から下方へ室内循環することで、体感温度の快適性が向上します。	中	中

2

BSM（Business Spend Management）の実現に向けて

筋肉質で柔軟な経営に欠かせないBSM

　売上の急落や調達価格のインフレ（企業物価指数の急騰）といった予期できない事態により、多くの企業が業績悪化に直面する中、企業としては無駄な支出を省き、迅速に筋肉質な事業体制へ変革することが求められます。まずは重要な経営指標を"見える化"するために、近年さまざまな経営管理ツールやSaaS型サービスが登場しています。主要な領域では、営業状況や売上予測を管理するSFA（Sales Force Automation）や顧客管理のCRM（Customer Relationship Management）、人的資源管理のHRM（Human Resource Management）、そして原価／調達管理のSCM（Supply Chain Management）などがあります。次に注目を集めているのが支出管理マネジメント、「BSM（Business Spend Management）」です（図表3-2-1）。

　BSMとは「会計データや購買データを用いて、企業の支出を管理・適正化する一連のプロセス」を意味し、昨今では特に間接材（主に一般販売管理費に含まれる勘定科目）を対象としたマネジメントシステムが注目を集めています。すでに欧米を中心にグローバル企業の多くは筋肉質な経営体質づくりのために積極的に導入しています。企業内でBSMに取り組むことで、無駄な

図表 3-2-1　間接材購買の DX 化：Business Spend Management

支出を省き、企業の成長のために意味のあることに絞って投資することができれば利益を底上げできます。

　限られた経営資源を有効活用するためには、まず支出を透明化し、企業の財務状況を正しく把握します。その中で、BSMの達成度合いにより、次の3つの段階（Phase）に分類できます。

Phase1　間接材コストの支払いを"見える化"
Phase2　サプライヤー＆ユーザーのマネジメント
Phase3　戦略的な投資効果の見極め

　BSMの第一歩として、まずは「Phase1. 間接材コストの支払いを"見える化"」から取り組んでいきます。企業の支出データを通じて間接材のコスト削減を実現するためには、現在の支出状況の詳細を正確に把握する必要があります。購買担当者の個人的な経験や勘といった属人性にとらわれず、データ上で部署別／費目別に最適な支出ができているのか、いつでも確認できるようにします。また、支払状況や金額が"見える化"されることで、継続的に不要なコストを見直す意識が組織内で醸成され、自律的なチェック機能が働き始めます。

　次の段階で取り組むべきは、「Phase2. サプライヤー＆ユーザーのマネジメ

ント」です。サプライヤー企業との条件交渉によるコストの最適化や、社内の従業員（ユーザー）が無駄に使い過ぎているコストがないかを管理し、現在の事業ニーズに合わせた調達や発注条件へと変更するよう働きかけます。定期的に複数のサプライヤー候補企業から相見積もりを取得し、適正条件の実現に向けて条件交渉をします。闇雲な値下げ交渉や最安値ばかりを追いかける姿勢は事業上のリスクになりかねないため注意が必要です。

　［Phase1. 間接材コストの支払いを“見える化”］と［Phase2. サプライヤー＆ユーザーのマネジメント］は支出をうまく減らし、利益の改善を実現していくための“守りのBSM”と言えます。次にもう一段階上の“攻めのBSM”として、「戦略的な投資効果の見極め」（Phase3）を検討します。

　すべての支出に対して、“最低限必要な支払いコスト”という前提にはせずに、“戦略的に投資し、それ以上の効果やメリットを得る”という視点から、「本当に支払いが必要なのか？」「必要であれば、どの程度の支払いが最も費用対効果が高いのか」を見極めます。

　例えば、社内へのシステム導入に際して、コスト削減のために月額利用料が最も安い製品を選択したとしても、社員にとって使い勝手が悪いシステムであれば、現場の生産性やサービス品質の低下につながります。結果的に、利用料の削減効果以上に、現場での人件費が増えてしまっては意味がありません。支払金額が大きく増えた（投資）としても、それ以上に社員の業務効率が上がり、人件費を低減（効果）できれば、正しい支出だと評価できます。

企業の間接材コストの支出を大きく変えるBSM

　一般的に、企業にかかるコストは大きく「直接材」と「間接材」の2種類に分類できます。「直接材」とは、商品を製造する際の原材料や部品、工場での製造コストといった、売上や利益に直結するコストである一方で、「間接材」とは光熱費や通信費、広告宣伝費など直接材以外を指します。企業にとって大きな支出となる直接材に加えて、設備投資費や研究開発費、人件費

などの一部の間接材に関しては、企業が主体的に予算を組み立てており、コストの支払いを"見える化"や投資対効果を測る指標で管理しています。

上記の主要費目には該当しない事務消耗品費や施設管理費、通信費、各種手数料などの雑多な間接材コストに関しては、BSMの入り口である「Phase1.間接材コストの支払いを"見える化"」がなかなか実現できていません。その背景としては、下記のような理由が挙げられます。

理由1. 間接材の購買／発注を専門で扱う部署がない
理由2. 調達担当者の個人経験や直感的な判断に頼って購買している
理由3. 間接材自体が多種多様で細分化されている
理由4. 事業部やエリアごとに発注・請求が統一されていない

管理部の経理支払いデータでは、勘定科目名とその支払金額として一元管理されていますが、詳細に"どのような仕様／条件で"、"単価がいくらのものを"、"どれだけ購入したのか（量）"などの情報は含まれていません。多くの企業の財務責任者でも、間接材コストに関しては金額の大小くらいはわかるものの、それ以上の中身の話となるとほとんど実情を把握できていません。

そこで、今後は間接材コストのマネジメントに、ITやシステムをうまく活用していくことが有効です。「コストの見える化」からスタートし、「見積もりの取得や購買」、「契約管理」、そして「支払い・請求」あたりをシステムで管理できると、比較的全社的な間接材の取引内容を一元管理できるようになります（図表3-2-2）。

BSMの発展の歴史と将来像

①BSM草創期

1990年代初頭から企業におけるコスト管理は「部署ごとの分散的管理」から、「企業内での集中的管理」へと移行していきました。当時は企業での間接

図表 3-2-2　システムでサポートが可能な間接材コストの BSM 領域

❶ コストの見える化 Spend Analysis	❷ 見積・購買 Sourcing／Purchase	❸ 契約 Contract	❹ 支払・請求 Payment／Invoice
✓ 会計データから費目ごとの支出状況を分析 ✓ 請求書から費目ごとの単価や量の状況を分析	✓ 優良サプライヤーリストへの相見積もりの実施 ✓ カタログ機能などを活用した購買の効率化	✓ 契約書の管理、検索、アラート機能、電子捺印 ✓ 賃貸借契約書管理に関しては、交渉履歴も蓄積可能	✓ 請求書の電子発行による経理処理業務の効率化 ✓ 請求書の電子化により、Spend Analysisにて支出データの見える化が進む

費に対応したP2P（Procurement-to-Pay）システムが存在しなかったため、間接材に関してはどのサプライヤー企業とどの程度の年間取引が発生しているのかの管理が困難でした。また大がかりな購買システムも存在しなかったため、支出状況をリアルタイムで正確に把握できませんでした。

　そういった企業側の課題意識を受け、経営コンサルティング会社を中心に、集中的に支出を管理するための支援やサービスが活況になりました。支援内容としては、購買の履歴データや各種契約書／覚書の管理など、当時はほとんどが紙媒体でやり取り／管理されていたものをデータへ変換し、分類や分析が可能なインフラ整備を進めていきました。その後、徐々にシステムとして発展し、処理プロセスも自動化され、支出データの分析エンジンへと発展していきました。

②P2PやS2P

　1990年代後半になると、欧米を中心に購買システムと債務管理システムを統合したプロセスP2P（Procurement-to-Pay）やS2P（Source-to-Pay）といったERPモジュールソリューションが誕生し、CommerceOne、VerticalNet、Aribaといった企業が躍進してきます。これらの企業が提供するシステムは、カタログのような購買チャンネルに加えて、請求業務や承認作業のシステム化や半自動化を可能にしました。調達・購買プロセスのデジタル化によって、紙やエクセルファイルでの手作業による業務が削減され、間違いや処理エ

ラーも大きく減少しました。同時に、購買システム上で簡単に推奨サプライヤー企業からボリュームディスカウントが十分に効いた価格や条件での購入が可能になりました。

　一方で、これらのシステムは使用条件の設定の煩雑さや使い勝手の悪さ、カタログ形式による柔軟性に欠ける購買により、組織内及びサプライヤー企業間での導入には大きなハードルがありました。その結果、初期投資に数百万ドル（数億円）を費やしたにもかかわらず、十分なメリットを享受できない事例が後を絶ちませんでした。

③ SAPによるAribaとConcurの買収

　2010年代からは、SAP（独）がBSM領域に参入し、管理する支出範囲の拡大に取り組み始めました。2012年、SAPはAriba（米）を43億ドルで買収し、SAP AribaとしてORMS（Operational Resource Management Systems）と呼ばれるシステムを展開しています。SAPの主力商品であるERPによる情報を一元化する強みと、Aribaが持つ資材調達業務を支援するサービス（バイヤーとサプライヤー企業をプラットフォーム上でマッチング）をネットワーク上で統合させ、より柔軟かつ便利なものへと進化させました。

　さらに、2014年、SAPは83億ドルでConcurを買収し、経費管理や請求書管理などを含めた支出マネジメントソリューションも組み込んでいます。SAPは予約や経費の申請、その後の請求書の処理や支払いといった企業の購買活動に関わるプロセスをすべて統合し一元管理できる体制を構築しています

④ Coupa Software

　Coupa Software（米）もSAPと同じ領域で事業を展開している代表的な企業です。Coupa Softwareが提唱するBSMとは、「Source to Contract」、「Procure to Pay」、「Travel & Expense Management」、「Risk & Supplier Management」、「Spend Insights」という5つのコアソリューションとしています。つまり調達や支払いだけではなく、請求書発行、サプライヤー管理、契約管理など、購買／調達に関わる補助的なプロセスを含めてサポートする仕組みを目指して

います。

　Coupa Software は、クラウド上で調達／購買関連のプロセスに関わるソリューションを提供することでで、クライアント別に比較的柔軟なシステムを提供しています。クラウド化によって組織内ユーザーやサプライヤー企業の登録・利用とその連携を容易にし、より多くの支出データをリアルタイムに可視化しています。さらに、クラウド上で各種データとの連携と分析が容易になったことで、自社主導での積極的な支出の最適化に向けた取り組みが可能になりました。

⑤現在のBSM

　現在（2022年時点）、企業の購買／調達業務を支援する支出管理プラットフォームは、国内外の多くの企業に導入されています。SAP Aribaが提供するプラットフォーム上には世界中の420万社のサプライヤー企業が登録されており、Coupa Software においても200万社に達しています。また、Coupa Software のBSMプラットフォームは、グローバル大手企業を中心に 2,000社を超える顧客が活用しています。

　顧客の中にはSalesforce、P＆G、ユニリーバなどといったグローバルのメガエンタープライズ企業に加えて、日本企業においてもトヨタやNECといった大手企業が採用しています。採用されている業界も、小売、製造業、医療、公共機関など幅広く普及してきています。BSM関連市場は2018年の70億ドルの市場規模から、今後10年にわたり年率10％超えの成長率が予想され、2027年には170億ドルを超える市場規模になるとみられています。

⑥次世代の購買／調達管理ソリューションを目指す『Pro-Sign』とは

　現時点で、全社の間接材コストを一元管理できる企業向けのツールでお勧めのものがあるかというと難しい状況です。グローバル企業や大手企業の中には、「Coupa」（米国　Coupa Software）や「SAP Ariba」（SAP）などの管理ツールに対して、初期投資に数千万円、さらに年間利用料を数千万円〜数億円も支払っていますが、高額な投資となるため、現実的に導入し利用できる企業

は売上5,000億円以上に限られます。

　私たちプロレドは、現在間接材コストの管理ツールとして『Pro-Sign』というSaaSサービスの提供を開始しています。前述の「Coupa」「SAP Ariba」とは異なり、月額8万円からというリーズナブルな料金体系と、売上数十億円規模の企業でも十分活用できる仕様であり、次世代型の間接材コスト管理ソリューションとして位置付けています（図表3-2-3）。

　現時点で間接材コストの支出管理に関して、専用のシステムやソフトウェアを導入していない場合は、「支出管理／支出の見える化」から着手していきましょう。単純に"間接材コストの支払いを"見える化"するに留まらず、『Pro-Sign』のようなITツールを活用することで、初期的には下記のような効果が得られます。

〈間接材コストの専用管理ツール『Pro-Sign』導入によるメリット／効果〉
1. 調達コストの削減
　　✓ 支出が見える化されるため、過去の取引データ、市場価格等によりコ

ストを削減する費目が容易に判断できます。

- ✓ 複数のサプライヤー候補からの見積取得が容易になることで、コスト削減を実現することができます。
- ✓ プロレド・パートナーズがおススメする優良サプライヤーリストから見積を取得することで適性な価格で比較することができます。
- ✓ Pro-Sign独自の共同購買「Pro-Signコミュニティ」を通じて、特価商材をご提供しており、よりリーズナブルな商品を購入することができます。

2. 購買業務を簡略化／削減
- ✓ 見積取得から契約締結、発注・検収、そして請求・支払いにわたる一連の業務を効率化または削減
- ✓ 「一度利用すると、二度目からはコピーのみ」等の業務短縮化

3. ガバナンス向上
- ✓ 購買に関する情報を一元化することで、見積書、発注書、納品書、請求書を一気通貫で見ることができます。
- ✓ 取引先のコンプライアンスチェックの自動化や、大型取引の継続的な監視など、不正や不可解な購買を抑制することができます。

4. 法令順守
- ✓ 見積書、契約書、発注書、納品書、請求書の電帳法対象の書類がすべて、Pro-Signでは自動的に対応可能
- ✓ インボイス制度にも対応

次世代の購買／調達管理ソリューションを目指す『Pro-Sign』と、完全成果報酬型の『コスト削減コンサルティング』の両輪となるソリューションを通して、クライアント企業のBusiness Spend Management（企業の支出マネジメント）を通した支出の健全化をお手伝いしています。支出状況の見える化・状況の認識から、改善のアクションまで、支出の健全化までのステップを一気通貫で支援が可能です。

刊行に寄せて

プロレド・パートナーズ代表

佐谷　進

　コスト削減については、すでに多くのノウハウが世に共有されています。コスト削減を手がけるコンサルティングファームが多数存在し、その多くがある程度体系化されたサービスを提供している上、私たちのようにコスト削減を主力としたファームも少なくありません。関連書籍はおそらく100冊以上出版されているでしょう。情報提供による支援から現場における実行支援まで、今日ほどコスト削減に関するコンサルティングサービスが充実している環境はないとも言えます。

　また、外部からの支援だけでなく企業経営においても、売上向上と同じくらいコスト削減が重要であることを多くの企業が認識してもいます。自社内で定期的かつ継続的にコストを見直し、抜本的な改善に取り組んでいる企業も珍しくなく、中には購買部などの専門部署を立ち上げて、コンサルティングファーム顔負けのコスト削減ノウハウを有している企業もあります。

　しかしながら、である。コスト削減に取り組む企業が増えるにつれ、そのレベルの差もまた広がっています。コスト削減の努力によって筋肉質な経営を実現し、長年黒字化を達成している企業もあれば、赤字を垂れ流し続けている企業もあります。継続的に利益を出すことはどの企業にも共通する目的であるはずなのに、このような差が生まれるのはなぜか。本書ではその本質的な原因を明らかにし、それに対する施策を提供することを目的としました。

　繰り返しになりますが、今日、コスト削減に関しては書籍やインターネットで数多くの情報が出回り、ノウハウが明らかにされています。しかしそれらの情報を見ていくと、ほとんどの情報が断片的です。計画を立てる参考にはなっても実践の助けにならなかったり、姿勢や方針の話に終始して実務の

話に辿り着かなかったりするものばかりなのです。そのため、本書のもう一つのゴールには「実際のプロジェクト事例を元にした具体的な内容」＋「網羅的である」＝「クライアント企業の担当者が本書を見て、相応のレベルのコスト削減を実践できる」ことを掲げました。

一つ目の目的に関してはかねてからぜひ実現したいと思っていましたが、二つ目の目的に関しては、個人的には若干の躊躇もありました。クライアント企業の担当者が自力で十分なコスト削減を実現できてしまえば、弊社のサービスは必要なくなってしまうからです。しかし、執筆者の遠藤昌矢さんの強いこだわりのもと、最終的には「ここまで開示するのか」という内容まで書きました。

遠藤さん曰く「これまで出てきた書籍と同じレベルのものを目指しては、出版する理由がない。真に読者にインパクトを与える書籍にすると決めた以上、それを実現しよう。その上で我々は新たなノウハウを生み出せばいい。それが責務なのだから」というのです。そんなやりとりを経て、今回の出版の目的に立ち返り、我々のコスト削減ノウハウを余すところなく紹介する内容となりました。

プロレド・パートナーズを設立して12年半になります。遠藤さんとはもともとジェミニ・コンサルティング・ジャパン（現Strategy＆）時代の新卒同期で、かれこれ20年以上の付き合いになります。新卒入社時から遠藤さんは、私と違って仕事がたいへんよくでき、クライアントからも信頼されていました。ですから、8年近く前にプロレドに入ってくれた時はとてもありがたく思いました。

その後、遠藤さんはコンサルティング本部長となって会社の上場を実現させ、今は新規事業推進の中心的な役割を担ってくれています。仕事ぶりには隙がなく、一見すると合理性の塊のような人で、感情を出さずにタフかつ淡々と理にかなった議論を進める彼を、まるでサイボーグのようだと思う人も多いかもしれません。

しかし、長く付き合う中で見えてくる実際の彼は、人情味あふれる性格で

す。人懐っこく、何よりとても優しく、愛情深い。普段そのような姿はほとんど見せないが、実は経営においてシビアな決断を迫られたときや、重い業務を担うことになったときにこそ、彼の本質的な優しさが垣間見えます。

　コスト削減という仕事は、結果を残そうと大きなプロジェクトにすればするほど関係部署から反対を受けたり、サプライヤーから忌み嫌われたり、精神的にも業務量的にもきつい場面が出てきます。ですから胆力が必要であるし、継続的な見直しを確実にやり切るマシーンのような処理能力や、何かに肩入れしない冷静かつ合理的な判断力も求められます。一方で、企業の中長期的な成長を支えるコスト削減は、関係部署や取引先といったビジネスパートナーとの持続的な関係構築や、場合によっては企業体質の変革をも求められる場合があります。合理性や知識だけではできない仕事です。そういう意味で本書には、遠藤さんの知識・経験に基づくハードスキルと、思いやりや優しさといったソフトスキルの両方が詰まっています。これまでのどのコスト削減本とも違う本書は、必ずや、読者の社内改革に役立つ一冊になると考えています。

　本書の刊行にあたって、いつもプロジェクトを依頼してくださり、貴重な経験を与えてくださっているクライアントの皆様に御礼を申し上げます。
　執筆に関するノウハウの共有や資料作成では、プロレド・パートナーズの仲間の皆さんから多大なる協力を得ました。特にコンサルタントの守家礼真さん、髙田歩さん、上野智一朗さん、田中大士さん、木村圭輔さん、河野信平さん、山下敦史さん、小林稜さん、菊地剛平さん、入山徹さん、大橋雄輝さん、朝倉直人さん、関根佑さん、生沼佑太さん、牧真一郎さん、本多恵太さん、氷見真一さん、八住朝日さん、今野拓也さん、広報の高橋琳子さん（順不同）には多くのサポートをいただきました。ありがとう！
　そして、通常の仕事に加えて、本書の執筆に多くの時間をとられて、間接的に迷惑をかけたかもしれない遠藤さんの奥様とお子さんたち。遠藤さんに代わって、私から感謝を申し上げます。

本書で学んでくださった方々が、そのノウハウを現場で実践することで、社内の中核リーダーとして成長すること、そのことによって本書が読者の皆さんの企業成長の促進及び経済の活性化に寄与することを心より願っています。

〈成果報酬型でのコスト削減支援とは〉

　成果報酬型でのコスト削減支援とは、文字どおりに何年何月から損益計算上での支払金額が具体的にいくら下がったという事実をもって"成果"と定義しています。具体的な成果を出せなければ、コンサルティング報酬は本当に0円です。従来の大手コンサルティング会社のような詳細な分析や提案、アドバイスをベースとしたスタイルではなく、徹底的に結果を出すための実践と現場力に磨きをかけてきました。結果を出すための実践スキルは、まさに事業会社の現場担当者にとって必要であり、本書が改善活動の一助となることを願っています。

　また、大手コンサルティング会社は固定報酬で売上1,000億円以上の大企業を主要顧客としているのに対して、弊社プロレドは大企業から売上50億円程度の地方の中堅企業まで幅広く支援しています。プロジェクトベースでのコスト最適化により創出された利益の一定割合を報酬でいただく仕組みなので、"今期赤字で予算がない企業"、"経営再建中の企業"、"地方の中堅／中小企業"といった場合でもご支援が可能です。本来、こういった企業こそ社内人材に乏しく、プロの経営コンサルタントによる支援を必要としています。金銭的にとても大手コンサルティング会社にプロジェクトを発注する余裕がないという場合でも、成果報酬型とすることで支援を可能にしてきました。

〈プロレド・パートナーズの紹介〉

　弊社プロレド・パートナーズは2009年の創業以来、一貫して間接材コストの適正化を成果報酬型で支援しています。現在では2,000社を超える支援実績とそのコンサルティングノウハウをベースに、間接材に留まらず直接材コストの適正化や業務改善、テーマ別のPMO（物流・購買・建設・環境・新規事業等）までサービスを拡充しています。また、クライアントも民間企業やプライベートエクイティ（PE）ファンドなどの純粋なビジネス領域に留まらず、大学や病院、地方自治体にいたるまでさまざまなクライアントへサービスを提供し始めています。

　社内にはコスト削減のコンサルタントというよりは、特定領域に詳しい専門家（エネルギー／通信／物流／不動産／工事に特化したエネルギーコンサルタント、通信費に特化したコンサルタント、物流に特化したコンサルタントなど）が多数在籍しています。それぞれのコンサルタントは1年間に数十社という案件を担当し、関連するサプライヤー企業との現場協議の回数は数百を超え、間接材に関する知識、知見を深めています。本書ではそれぞれの費目の専門知識というよりは、費目横断的に共通する知見やスキル、テクニックを中心に紹介しています。

【著者紹介】
遠藤昌矢（えんどう　まさや）
プロレド・パートナーズ　執行役員
外資系コンサルティング会社Booz ＆ Company（現在はPwCのStrategy＆）にて9年間のコンサルティング経験、その後ITモバイルサービス大手のDeNAで4年間勤務した後に、株式会社プロレド・パートナーズへ参画。コンサルティングは、コスト削減領域のほか、製造、IT、流通、小売等を中心に、中期経営戦略の立案、アジア市場への参入戦略、新規事業立ち上げ、M&A支援、R&Dテーマ選定など幅広い経験を有する。
京都大学理学部卒業、同大学大学院修了（細胞免疫学専攻）。

コスト削減の最強戦略
企業競争力を高める間接材コストマネジメント

2023 年 1 月 5 日発行

著　　者──遠藤昌矢
発行者──田北浩章
発行所──東洋経済新報社
　　　　　〒103-8345　東京都中央区日本橋本石町 1-2-1
　　　　　電話＝東洋経済コールセンター　03(6386)1040
　　　　　https://toyokeizai.net/
ＤＴＰ…………アイランドコレクション
印　刷…………ベクトル印刷
製　本…………ナショナル製本
編集担当………藤安美奈子
©2023 PRORED PARTNERS CO., LTD.　　　Printed in Japan　　　ISBN 978-4-492-55818-8